LA
CONVERSATION
USUELLE

2920-81 — Corbeil. Typ. et stér. Crété.

LA CONVERSATION USUELLE

GUIDE PRATIQUE DES VOYAGEURS EN PAYS ÉRTRANGERS

A L'AIDE DUQUEL

IL EST IMPOSSIBLE D'ÊTRE EMBARRASSÉ

dans aucune des circonstances

QUI SE PRÉSENTENT EN VOYAGE

PAR

L. BOURDIER ET DE BUSTAMANTE

FRANÇAIS-ESPAGNOL

PARIS

THÉODORE LEFÈVRE ET Cie, ÉDITEURS

RUE DES POITEVINS

PRÉCIS

DE LA

GRAMMAIRE ESPAGNOLE

ALPHABET

Il se compose de vingt-huit lettres.

A, B, C, Ch, D, E, F, G, H, I, J, K, L, LL, M, N, Ñ, O, P, Q, R, S, T, U, V, X, Y, Z.

Les lettres se divisent en voyelles et consonnes.

On peut dire que, sauf quelques exceptions, l'espagnol se prononce comme on l'écrit.

Voici les lettres qui ont en espagnol un son ou une articulation différente du français.

C, Z. — *C* devant *a, o, u*, a le même son qu'en français, ex. : *cabo*, cap, *cola*, queue, *curioso*, curieux. — Devant *e, i*, le *c* se prononce comme le *z*, en mordant un peu le bout de la langue, qu'on retire en émettant l'haleine : *zapato*, soulier, *cepa*, cep, *cilicio*, cilice, *zorra*, renard, *zumo*, suc.

Ch se prononce de même que dans le mot français *chameau*, mais avec plus de force, et comme s'il était précédé d'un *t*. Ex. : *macho*, mulet, *mucho*, beaucoup, *chupar*, sucer ; prononcez *matcho*, *moutcho*, *tchoupar*.

E a toujours le son de l'*é* fermé, comme *padre*, père, *madre*, mère, *constante*, constant, *encargo*, commission, qu'on prononce *padré*, *madré*, *constanté*, *éncargo*.

G, J. — *G*, devant les voyelles *a, o, u*, ou devant une consonne, a le même son qu'en français. Devant les voyelles *e* et *i*, il prend un son guttural qui, ainsi que la *jota*, *j*, se rapproche du *h* aspiré, en exagérant sa prononciation ; ex. : *general*, général, *genio*, génie, *giro*, tour, *ginete*, écuyer. *Alhaja*, bijou, *jóven*, jeune, *juez*, juge ; prononcez *hhénéral, hhenio, hhiro, hhineté, alhahha, hhóvén, hhuéz*.

H. — Cette lettre n'est jamais aspirée ; ainsi *los hombres*, les hommes, *las horas*, les heures, *los heroes*, les héros, doivent se prononcer *lossombrés, lassoras, losséroés*. Ainsi donc, l'*h* n'est qu'un signe orthographique.

Ll se prononce toujours comme dans le mot *famille* : ex. : *llegar*, arriver, *llover*, pleuvoir, *lluvia*, pluie ; prononcez *lhiégar, lhiovér, lhiouvia*.

Ñ a le même son que *gn* dans le mot *agneau* ; ainsi *señor*, seigneur, *señoria*, seigneurie, *añadir*, ajouter, *sueño*, songe, se prononcent *ségnor, ségnoria, agnadir, suégno*.

S a toujours le son de *ss* : ainsi *paseo*, promenade, *pesadumbre*, chagrin, *pasar*, passer, *pasion*, passion, se prononcent *passeo, pessadoumbré, passar, passion*.

T a toujours le son fort d'*amitié*, jamais celui celui du *t* dans le mot *impatience*.

U a le son de *ou* : ainsi *ufano*, fier, *orgullo*, orgueil, *orgulloso*, orgueilleux, se prononcent *oufano, orgoulhio, orgoulhioso*. — Cette voyelle ne se fait pas sentir lorsqu'elle est précédée d'un *g* ou d'un *q*, et suivie de *e* ou de *i*, ex. : *guerra*, guerre, *guerrero*, guerrier, *guisar*, apprêter, *guisado*, ragoût, *conquistar*, conquérir, *conquista*, conquête, *que*, que, *quien*, qui ; prononcez *ghérra, ghérrero, ghissar, ghissado, conqistar, conqista, qé, qién*. Mais si l'*u* qui suit ces deux consonnes est surmonté d'un tréma (*ü*), il conserve le son de *ou* ; ainsi *vergüenza*, honte, *antigüedad*, antiquité, se prononcent *vergouénça, antigouédad*.

V. — Les Espagnols confondent fréquemment la prononciation de cette lettre avec celle du *b* ; mais, d'apres les observations de l'Académie espagnole, dans son *Traité d'orthographe*, il serait mieux de les distinguer, en les prononçant comme en français.

X, nommé *equis*, prend le son de *cs* ou de *gs* ; ex. : *examinar*, examiner, *exagerar*, exagérer, *exonerar*, décharger, *exigir*, exiger, *reflexion*, réflexion, *axioma*, axiome : prononcez *égssaminar*, *égssahhérar*, *égssonérar*, *egssihhir*, *réflécssion*, *acssioma*.

DES ACCENTS ET DE LA PRONONCIATION

Les seuls accents dont les Espagnols font usage aujourd'hui, sont : *á*, *é*, *í*, *ó*, *ú*, aigus, et *ü* tréma.

L'accent aigu rend longue la syllabe sur laquelle il est placé, c'est-à-dire qu'on appuie sur cette syllabe, et qu'on prononce brèves celles qui suivent ; comme aussi, par la même raison, si le mot est terminé par une voyelle accentuée, on appuiera sur cette dernière syllabe, et on prononcera brève celle qui précède.

Ainsi *águila*, aigle, *acá*, *acullá*, çà, là, *época*, époque, *epidérmis*, épiderme, *haré*, je ferai, *idolo*, idole, *idolatría*, idolâtrie, *tahalí*, baudrier, *óbice*, obstacle, *apóstol*, apôtre, *habló*, il parla, *úlcera*, ulcère, se prononcent *á-guila*, *acá*, *acoulhiá*, *é-poca*, *epidér-mis*, *ha-ré*, *i-dolo*, *idolatri-a*, *taalí*, *ó-bice*, *após-tol*, *habló*, *oúl-ce-ra*.

Dans tous les mots terminés par une voyelle non accentuée, on prononce cette syllabe brève, et on appuie sur la pénultième. Ainsi, *musa*, muse, *boda*, noce, *botica*, pharmacie, *botella*, bouteille, *bribonada*, friponnerie, se prononcent *mou-ssa*, *bo-da*, *boti-ca*, *bothe-lhia*, *bribona-da*. Mais si la syllabe qui précède la pénultième est accentuée, alors on appuiera sur celle-là, et on prononcera brèves les deux dernières.

Comme on vient de le voir, la prononciation en espagnol n'offre aucune difficulté pour les Français : ils n'ont d'autres sons nouveaux à apprendre que *ce*, *ci*, *za*, *zo*, *zu* ; car le *j* (*jota*) est un *h* aspiré en exagérant sa prononciation, et le *ch* espagnol ressemble au *ch* français.

Ajoutons que toutes les lettres se prononcent en espagnol, excepté l'*u* dans les syllabes *que*, *qui*, *gue*, *gui* ; qu'il n'y a pas de sons nasaux, ni de combinaisons de voyelles, pas de *ph*, pas d'*h* aspirée, et enfin que les seules lettres qui se redoublent sont les voyelles *e*, *i*, *o*, et les consonnes *c*, *n*, *r*.

Ex. : *preeminencia*, prééminence, *piisimo*, très-pieux ; *loor*, louange ; — *Acceso*, accès ; *innovacion*, innovation ; *corrector*, correcteur.

Pour se familiariser avec la prononciation, on pourra s'exercer sur le morceau suivant tiré du *Don Quichotte :*

« Despues que Don Quijote hubo bien satisfecho su estómago, tomó un puño de bellotas en la mano y mirándolas atentamente soltó la voz á semejantes razones :

« Dichosa edad y siglos dichosos aquellos á quien los antiguos pusiéron nombre de dorados, y no porque en ellos el oro, que en esta nuestra edad de hierro tanto se estima, se alcanzase en aquella venturosa sin fatiga alguna, sino porque entónces los que en ella vivian ignoraban estas dos palabras de *tuyo y mio*.

« Eran en aquella santa edad todas las cosas comunes : á nadie le era necesario, para alcanzar su ordinario sustento, tomar otro trabajo que alzar la mano, y alcanzarle de las robustas encinas que libremente les estaban convidando con su dulce y sazonado fruto

« Las claras fuentes y corrientes rios, en magnifica

« Déspoués qé Don Qihhoté oubo bién satisfétcho sou éstómago, tomó oun pougno dé bélhiotass én la mano, y mirándolass aténtaménté, soltó la voç, á séméhhantés raçonés :

« Ditchossa édad i siglos ditchossoss aqélhioss á qién loss antigouos poussiéron nombré dé dorados, i no porqé én élhioss él oro, qé én ésta nouéstra édad dé iérro tanto sé éstima, sé alcançassé én aqélhia véntourossa sin fatiga algouna, sino porqé éntonçés los qé én élhia vivian ighnoraban éstas dos palabras dé touïo i mio.

« Éran én aqélhia santa édad todas las cossas comounés : á nadié lé éra nécéssario, para alcançar sou ordinario sousténto, tomar otro trabahho qé alçar la mano, i alcançarlé dé las roboustass énçinas, qé libréménté léss éstaban convidando con sou doulçe i saçonado frouto.

« Las claras fouéntés i corriéntés rios, én maghnifica

« abundancia, sabrosas y « transparentes aguas les « ofrecian. En las quiebras « de las peñas y en lo hueco « de los árboles formaban « su república las solicitas y « discretas abejas, ofreciendo « á cualquiera mano sin in- « terés alguno la fértil cose- « cha de su dulcísimo tra- « bajo.

« Los valientes alcorno- « ques despedian de sí, sin « otro artificio que el de su « cortesía, sus anchas y li- « vianas cortezas con que se « comenzáron á cubrir las « casas sobre rústicas esta- « cas sustentadas no mas que « para defensa de las incle- « mencias del cielo.

« Todo era paz entónces, todo amistad, todo concor- « dia : aun no se habia atre- « vido la pesada reja del « corvo arado á abrir ni vi- « sitar las entrañas piadosas « de nuestra primera madre, « que ella sin ser forzada « ofrecia por todas las partes « de su fértil y espacioso seno « lo que pudiese hartar, sus- « tentar y deleitar á los hijos « que entónces la poseian.

« Entónces sí que andaban « las simples y hermosas za- « galejas de valle en valle, « y de otero en otero, en « trenza y en cabello, sin mas

aboundançia, sabrossass i transparéntéss agouas léss ofréçian. En las qiébrass dé las pegnass i én lo ouéco dé loss árbolés formaban sou répoública las soliçitass i diserétass abéhhass, ofré-çiéndo á coualqiéra mano sin intéréss algouno la fértil cos-sétcha dé sou doulçissimo trabahho.

« Los valiéntéss alcornoqés déspédian dé si, sin otro ar-tifiçio qé él dé sou cortéssia, souss antchass i livianas cor-téças con qé sé coménçáron á coubrir las cassas sobre roústicas éstacas sousténta-das no mas qé para défénsa dé lass incléménçias dél çiélo.

« Todo éra paç éntonçés, todo amistad, todo concor-dia : aoun no sé abia atré-vido la péssada réhha del corvo arado á abrir ni vissi-tar lass éntragnas piadossas dé nouéstra priméra madré, qé élhia sin sér forçada ofréçia por todass lass partés dé sou fertil i espaçiosso séno lo qé poudiéssé artar, sous-téntar i déléitar á loss ihhoss qé éntonçés la posséian.

« Éntonçés si qé andaban las simpléss i érmossas çaga-léhhas dé valhié en valhié, i dé otéro én otéro, én trén-ça i én cabélhio, sin mas

« vestidos de aquellos que « eran menester para cubrir « honestamente lo que la ho- « nestidad quiere y ha que- « rido siempre que se cubra, « y no eran sus adornos de « los que ahora se usan, á « quien la púrpura de Tiro « y la por tantos modos mar- « tirizada seda encarecen, « sino de algunas hojas de « verdes lampazos y yedra « entretejidas, con lo que « quizá iban tan pomposas « y compuestas, como van « ahora nuestras cortesanas « con las raras y peregrinas « invenciones que la curio- « sidad ociosa les ha mos- « trado.

« Entónces se decoraban « los conceptos amorosos del « alma simple y sencilla- « mente, del mismo modo y « manera que ella los con- « cebia, sin buscar artificioso « rodeo de palabras para « encarecerlos.

« No habia la fraude, el « engaño, ni la malicia mez- « cládose con la verdad y « llaneza. La justicia se es- « taba en sus propios térmi- « nos, sin que la osasen tur- « bar ni ofender los del favor « y los del interés, que tanto « ahora la menoscaban, tur- « ban y persiguen.

« La ley del encaje aun

véstidos dé aqélhios qé éran ménéstér para coubrir onéstaménté lo qé la onéstidad qiéré i a qérido siémpré qé sé coubra : i no éran souss adornos dé los qé aora sé oussan, á qién la poúrpoura dé Tiro, i la por tantos modos martiriçada séda éncaréçén, sino dé algounass ohhas dé vérdés lampaçoss i iedra entrétéhhidas, con lo qé qiça iban tan pompossass i compouéstas, como van aora nouéstras cortéssanass con lass rarass i pérégrinass invénçionés qé la couriossidad oçiossa léss a mostrado.

« Éntónçés sé décoraban los concétoss amorossos dél alma simplé i sénçilhiaménté, dél mismo modo i manéra qé élhia los conçébia, sin bouscar artifiçiosso rodéo dé palabras para éncaréçérlos.

« No abia la fraoudé, él engagno, ni la maliçia méscladossé con la verdad i lhianéça. La hhoustiçia sé éstaba én sous propios términos, sin qé la ossassén tourbar ni oféndér los dél favor y los dél intérés, qé tanto aora la ménoscaban, tourban y pérssighén.

« La léy dél éncahhé aoun

« no se habia sentado en el « entendimiento del juez, « porque entónces no habia « que juzgar, ni quien fuese « juzgado. Las doncellas y « la honestidad andaban co- « mo tengo dicho, por donde « quiera, solas y señeras, « sin temor que la ajena de- « senvoltura y lascivo intento « la menoscabasen, y su per- « dicion nacia de su gusto y « propia voluntad.

« Y ahora en estos nues- « tros detestables siglos no « está segura ninguna, aun- « que la oculte y cierre otro « nuevo laberinto como el de « Creta : porque allí por los « resquicios ó por el aire, con « el zelo de la maldita soli- « citud, se les entra la amo- « rosa pestilencia, y les hace « dar con todo su recogi- « miento al tra-te. »

no sé abia séntado én él énténdimiénto dél hhouéç, porqé éntonçés no abia qé hhouçgar, ni qién fouéssé hhouçgado. Las donçélhiass i la onéstidad andaban, como tengo ditcho, por dondé qiéra, solass i ségnéras, sin témor qé la ahhéna dé-sénvoltoura i lascivo inténto las ménos-cabassén, i sou pérdiçion naçia dé sou gousto i propia volountad.

« I aora én éstos nouéstros détéstablés siglos no éstá sé-goura ningouna, aounqé la ocoulté i çiérré otro nouévo labérinto como el dé Créta : porqé alhí por los résqiçioss ó por él airé, con él çélo dé la maldita soliçitoud, sé léss éntra la amorossa péstilén-çia, y léss açé dar con todo sou récohhimiénto al trasté. »

DES PARTIES DU DISCOURS

La langue espagnole est composée de neuf espèces de mots, savoir : l'*article*, le *nom*, le *pronom*, le *verbe*, le *participe*, l'*adverbe*, la *préposition*, la *conjonction* et l'*interjection*.

DES GENRES

Il y a trois genres en espagnol, le *masculin*, le *féminin*, et le *neutre*.

On ne se sert du genre neutre que lorsque certains adjectifs sont pris dans un sens indéterminé ou indéfini ; ex. : *lo bueno*, le bon, *ou* ce qui est bon ; *lo peor*, le pire, *ou* ce qui est pis. On voit par là que ce genre, qui n'a point de pluriel, ne s'applique ni aux personnes ni aux choses, mais seulement aux adjectifs pris substantivement, et aux substantifs pris adjectivement : ex. Tout était grand dans saint Louis : le roi, le saint, le capitaine. *Todo era grande en san Luis : lo rey, lo santo, lo capitan.*

DES NOMBRES

Il y a deux nombres, le singulier et le pluriel.

DE L'ARTICLE

L'article a trois genres en espagnol : *el* pour le masculin, *la* pour le féminin, *lo* pour le neutre.

On les emploie de la manière suivante :

SINGULIER.

Masculin.	Féminin.	Neutre.
El, le, l'.	*La*, la, l'.	*Lo*, le, l'.
Del, du, de l'.	*De la*, de la, de l'.	*De lo*, du, de l'.
Al, au, à l'.	*Á la*, à la, à l'.	*Á lo*, au, à l'.

PLURIEL.

Los, les.	*Las*, les.
De los, des.	*De las*, des.
Á los, aux.	*Á las*, aux.

Quoique l'article *el* n'appartienne qu'au masculin, néanmoins on peut le placer devant les substantifs féminins commençant par un *a* long, c'est-à-dire, sur lequel on appuie quand on prononce ; ex. : *el agua*, l'eau, *el ala*, l'aile, *el águila*, l'aigle. Cependant au pluriel on dira : *las aguas*, *las alas*, etc., parce qu'alors le choc des deux voyelles n'a pas lieu. Mais *América*, Amérique, *Arabia*, Arabie, *ale-*

gria, joie, etc., prendront l'article féminin *la*, parce que ce n'est pas sur le premier *a* qu'on appuie.

Les articles *du*, *de*, *de la*, *des*, placés devant des noms substantifs pris dans un sens indéterminé ou partitivement, ne s'expriment pas en espagnol; ex. : *Dame pan, vino y queso*, donne-moi *du* pain, *du* vin et *du* fromage ; et non *dame del pan*, etc. *Tiene prudencia*, il a *de la* prudence : et non *de la prudencia*.

Si, au contraire, le nom est pris dans un sens déterminé, il doit être précédé de l'article; ex. : *Dame del paño, de las manzanas que tú has comprado*, donne-moi *du* drap, *des* pommes que tu as achetées. *Dame de tu pan*, donne-moi de ton pain. Enfin si ce même nom est au pluriel, et que *de* ou *des* exprime le mot *quelque*, on les traduit par *unos*, *unas*, *algunos*, *algunas*, suivant le genre du nom; ex. : *Comeré unos, ó algunos higos*, je mangerai *des* figues, ou *quelques* figues. Mais si *quelque* désigne une quantité absolument indéterminée, alors *de* ou *des* ne s'exprime point; ex. : *Tiene amigos*, il a *des* amis.

DU NOM

Il est substantif et adjectif. Les substantifs sont masculins ou féminins.

Les noms qui se terminent au singulier par une voyelle brève, c'est-à-dire non accentuée, forment leur pluriel par l'addition d'un *s* ; ex.: *carta*, lettre, *cartas*, lettres; *madre*, mère, *madres*, mères ; *tiempo*, temps, *tiempos*, temps. Ceux qui se terminent par une voyelle longue, c'est-à-dire accentuée, ou par une consonne, prennent au pluriel *es* ; ex.: *borcegui*, brodequin, *albalá*, passavant, *razon*, raison, *reloj*, horloge; plur. *borceguies*, *albálaes*, *razones*, *relojes*. Il faut excepter les mots terminés par *é* long, tels que *café*, café, *té*, thé, dont les pluriels sont *cafés*, *tés* ; et les mots polysyllabes terminés par un *s*, dont la dernière syllabe est brève, qui ne changent pas au pluriel; ex. : *el lunes*, le lundi, *la hipótesis*, l'hypothèse, etc., dont les pluriels sont *los lunes, las hipótesis*.

L'article se place devant les noms substantifs de la manière suivante :

Substantif masculin.

SINGULIER.	PLURIEL.
El señor, le seigneur.	*Los señores*, les seigneurs.
Del señor, du seigneur.	*De los señores*, des seigneurs.
Al señor, au seigneur.	*Á los señores*, aux seigneurs.

Substantif féminin.

La señora, la dame.	*Las señoras*, les dames.
De la señora, de la dame.	*De las señoras*, des dames.
Á la señora, à la dame.	*Á las señoras*, aux dames.

DES NOMS PROPRES

Les noms propres d'hommes, de femmes, de villes, de villages, de mois, etc., ne prennent point d'article, et s'emploient dans le discours à l'aide des prépositions *de* et *á* de la manière suivante :

Pedro, Pierre.	*Juana*, Jeanne.
De Pedro, de Pierre.	*De Juana*, de Jeanne.
Á Pedro, à Pierre.	*Á Juana*, à Jeanne.

Mais si le nom propre devient nom commun, alors il est précédé de l'article ; ex. : *Calderon fué el Aristófanes de la España*, Caldéron fut l'Aristophane de l'Espagne.

Les noms propres et appellatifs d'hommes et d'animaux mâles, ainsi que les noms qui expriment des arts, des sciences, des dignités, des professions, des métiers, etc., propres aux hommes, sont du genre masculin ; ex. : *hombre, caballo, poeta,* homme, cheval, poëte, etc. Ils sont féminins, s'ils désignent des êtres de ce genre, ou des professions, des métiers, etc., propres aux femmes ; ex. : *mujer*, *yequa*, *lavan-*

dera, *abadesa*, etc., femme, jument, blanchisseuse, abbesse, etc.

Tous les noms de rivières sont masculins. On excepte parfois *la Esgueva* et *la Huerva*.

On connaît, en général, le genre des noms substantifs par leur terminaison.

Ceux terminés en *a*, *de*, *z*, *is*, *en*, *ion*, *ante*, *be*, *ce*, *bre* et *erte*, sont pour la plupart du genre féminin. Cette règle a pourtant de nombreuses exceptions.

Les substantifs terminés en *e*, *o*, *u*, *l*, *r*, *s*, *an*, *in*, *on*, sont du genre masculin : il y a toujours des exceptions.

Le pluriel des adjectifs se forme de la même manière que celui des substantifs.

Les adjectifs qui ont leur terminaison masculine en *o*, *ete*, ou *ote*, forment leur féminin en changeant leur dernière voyelle en *a* ; ex. : *hermoso*, *hermosa*, joli, jolie ; *docto*, *docta*, savant, savante ; *regordete*, *regordeta*, trapu, trapue ; *altote*, *altota*, très-grand, très-grande.

Ceux qui se terminent au masculin par une autre lettre n'ont en général qu'une seule terminaison pour les deux genres ; ex. : *un hombre cortés*, un homme poli ; *una mujer cortés*, une femme polie ; *un hombre grave*, un homme grave ; *una materia grave*, une matière grave.

Il y a cependant quelques adjectifs terminés par une consonne, qui prennent l'*a* au féminin ; ex. : *holgazan*, fainéant, *holgazana*, fainéante ; *mamanton*, *mamantona*, celui ou celle qui tette beaucoup, etc., ainsi que ceux qui expriment des noms de pays ; ex. : *francés*, français, *francesa*, française ; *inglés*, anglais, *inglesa*, anglaise ; *español* espagnol, *española*, espagnole, etc. Parmi ces derniers, il en est qui finissent en *a* et qui n'éprouvent aucun changement au féminin. Ce sont généralement des termes de nationalités ; ex. : *persa*, persan, persane, etc.

Il en est de même pour les noms terminés par une consonne, qui indiquent une dignité, un métier, une action, appliqués à l'homme, et auxquels on ajoute *a*, pour la femme ; ex. : *coronel*, *coronela*, colonel, *trabajador*, *trabajadora*, travailleur, *albañil*, *albañila*, plâtrier, etc.

Remarques sur quelques adjectifs.

Alguno, bueno, malo, ninguno, uno, primero, tercero, postrero, perdent l'*o* devant le substantif masculin singulier qui les suit ; ex. : *buen amo*, bon maître ; *un buen libro*, un bon livre ; *el primer hombre*, le premier homme, etc. Mais s'ils sont placés après le substantif, ils conservent l'*o :* ex. : *un hombre malo,* un homme méchant ; *el dia tercero* (1), le troisième jour, etc. — *Uno* perd l'*o* devant l'adjectif comme devant le substantif ; ex. : *un hábil médico*, un habile médecin. — Mais si le substantif n'est point exprimé, l'adjectif qui s'y rapporte ne perd alors aucune lettre : *es bueno*, il est bon ; *es malo*, il est méchant ; *el primero de todos*, le premier de tous ; *uno de esos señores*, un de ces messieurs.

Santo perd la dernière syllabe devant les noms propres des saints ; ex. : *san Pedro, san Juan,* saint Pierre, saint Jean, etc. On exceptera de cette règle générale les noms de *Domingo, Tomás* ou *Tomé, Toribio*, et on dira : *Santo Domingo, santo Tomás* ou *santo Tomé, santo Toribio.* Mais on dira *la isla de San-Tomas* (sans l'accent ; ex. : *Santo Tomás nunca estuvo en San-Tomas*, saint Thomas n'alla jamais à Saint-Thomas.

Ciento perd sa dernière syllabe lorsqu'il précède un substantif ; ex. : *cien pesos,* cent piastres ; *cien mujeres,* cent femmes. Dans tous les autres cas, il la conserve. *Grande*, grand, perd la dernière syllabe devant un substantif qui commence par une consonne, toutes les fois qu'il signifie *grand en mérite, en qualités ;* ex. : *una gran mujer*, une femme distinguée par son courage ou par ses vertus ; *un gran poeta,* un grand, un fameux poëte ; *un gran caballo*, un cheval excellent. — Mais *grande* conserve la dernière syllabe, s'il exprime seulement l'étendue ou la dimension, ou si le substantif dont il est suivi commence par une voyelle, et alors il vaut mieux mettre l'adjectif *grande* après le substantif. Ainsi on dit : *una casa grande,* une maison

(1) On dit également *el tercer* et *el tercero dia.*

vaste ; *un campo grande*, un champ étendu ; *un amigo grande*, un grand ami ; *el Teatro grande de Burdeos es un gran teatro*, le Grand Théâtre de Bordeaux est un théâtre magnifique.

DES DIMINUTIFS ET DES AUGMENTATIFS

Les *diminutifs* servent à diminuer et à adoucir la signification du mot dont ils dérivent ; leurs terminaisons les plus usitées sont en *ico, ica, illo, illa, cillo, cilla, ito, ita, zuelo, zuela, ucho*, et *ejo* ; ex. : *hombrecico, hombrecillo, hombrecito, hombrezuelo*, petit homme ; *mujercilla, mujercita, mujercica, mujerzuela*, petite femme ; *mozalvete*, petit jeune homme ; *animalucho, animalejo*, petit animal, etc. Les diminutifs terminés en *uelo* ou *zuelo* expriment toujours le mépris.

Les *augmentatifs* sont ceux qui augmentent la signification des mots dont ils dérivent ; ils se forment en ajoutant *on, azo, onazo* ou *ote*, pour le masculin, et *ona, aza* ou *onaza*, pour le féminin ; ex. : *hombron, hombrazo, hombronazo*, gros ou grand homme ; *grandon, grandote, grandazo, grandonazo*, très-gros et démesuré ; *mujerona, mujeraza, mujeronaza*, grosse ou grande femme, etc.

Il y a beaucoup de mots terminés en *azo*, qui ne sont point des augmentatifs, mais qui expriment un mouvement, une action ; ex. : *fusil*, fusil, *fusilazo*, coup de fusil ; *pistola*, pistolet, *pistoletazo*, coup de pistolet ; *cañon*, canon, *cañonazo*, coup de canon, etc. ; et non grand fusil, etc.

Degrés de signification dans les adjectifs.

Il y a trois degrés de signification : le *positif*, le *comparatif* et le *superlatif*. Le *positif* exprime simplement la qualité ; ex. : *prudente*, prudent. Lorsque l'adjectif exprime cette qualité avec comparaison, il est au *comparatif*, qui se forme en ajoutant l'adverbe *mas* au *positif* ; ex. : *mas prudente*, plus prudent. Enfin, lorsque la qualité est exprimée au plus haut degré, l'adjectif est au *superlatif*, qui se forme en ajoutant l'adverbe *muy* au positif, ou *simo* aux positifs terminés par une voyelle que l'on change en *i* et *isimo* à ceux terminés par une consonne ; ex. : *muy prudente* ou *prudentisimo*, très-prudent ; *muy feliz* ou *felicisimo*, très-heureux.

On divise les comparatifs en comparatifs de *supériorité*, d'*infériorité* et d'*égalité*.

Le comparatif de *supériorité* s'exprime par *mas*, plus, et le *que* suivant par *que* ; ex. : il est plus habile que son frère, *es mas hábil que su hermano*.

Placé devant le substantif, l'adverbe, et après le verbe, *plus* n'admet aucune préposition après lui ; ex. : il a plus de bonheur que de science, *tiene mas dicha que ciencia*.

Plus régit sans négation le verbe qui suit le *que* ; ex. : il est plus adroit qu'il ne paraît, *es mas diestro que parece*, ou *de lo que parece* ; et non *que no parece*.

Le comparatif d'*infériorité* est exprimé par *ménos*, moins, suivi de *que*, que ; ex. : il est moins prudent que vous, *es ménos prudente que usted*.

Si on l'exprime par *no—tan*, ne—pas si, le *que* suivant se rend par *como* ; ex. : vous n'êtes pas si sage que votre sœur, *usted no es tan cuerdo como su hermana*.

Moins de—que, ou *pas tant de—que*, se rendent par *ménos* ou *no tanto*, en supprimant la préposition *de*, et traduisant le *que* qui suit *ménos* par *que*, et celui qui suit *no tanto* par *como* ; ex. : il a moins de courage et moins d'ennemis que vous, *tiene ménos valor y ménos enemigos que usted* ; il n'a pas tant d'argent, tant de fermeté, tant d'amis que vous, *no tiene tanto dinero, tanta firmeza, tantos amigos como usted*. — On voit, par ces exemples, que *ménos* est invariable, et que *tanto* s'accorde toujours en genre et en nombre avec le substantif dont il est suivi.

Le comparatif d'*égalité* se rend par *tan—como*, aussi—que ; ex. : vous êtes aussi savant que votre cousin, *usted es tan docto como su primo* ; par *tanto—como*, autant de—que de ; ex. : il agit avec autant de prudence que de valeur, *obra con tanta prudencia como valor*, enfin par *tanto cuanto*, ou *como*, autant que, entre deux verbes : je l'aime autant que je l'estime, *le quiero tanto cuanto*, ou *como lo estimo.*

Le plus, le moins, placés devant un adverbe ou un verbe, se rendent par *lo mas, lo ménos* ; ex. : le plus exactement, *lo mas exactamente* ; le moins que je peux, *lo ménos que puedo.* Placés devant un adjectif précédé de son substantif, sans ponctuation, ou après un verbe, on les traduit par *mas, ménos*, sans article ; ex. : c'est la femme la plus vertueuse que je connaisse, *es la mujer mas virtuosa que conozco* ; c'est l'homme que j'estime le moins, *es el hombre que estimo ménos.*

Plus—plus, moins—moins, répétés dans deux membres différents d'une phrase, dont le second est en quelque sorte la conséquence du premier, se rendent par *cuanto mas—tanto mas, cuanto ménos—tanto ménos*, qui s'accordent avec le substantif qu'ils modifient ; ex. : plus les hommes sont vertueux, plus ils sont heureux, *cuanto mas virtuosos son los hombres, tanto mas felices son* ; moins l'homme est laborieux, moins il s'enrichit, *cuanto ménos trabajador es el hombre, tanto ménos se enriquece* ; plus il s'applique à l'étude des sciences, moins il augmente sa fortune, *cuanto mas se dedica al estudio de las ciencias, tanto ménos aumenta su hacienda* ; plus vous aurez d'amis, plus vous serez puissant, *cuanto mas amigos tenga Vm., tanto mas poderoso será.*

Nous faisons observer l'inversion de ces phrases : là-dessus on peut donner cette règle générale : lorsqu'un adverbe de quantité français se trouve séparé du mot qu'il modifie, on le rapproche en espagnol ; ex. : combien avez-vous de livres? *¿ Cuantos libros tiene Vm.?*

D'autant moins que, d'autant plus que, s'expriment par *tanto ménos, cuanto mas* ; ex. : il était d'autant moins appliqué à l'étude, qu'il avait d'autant plus de facilité pour apprendre, *ou* qu'il avait plus de talent, *era tanto ménos aplicado al estudio, cuanto mas facilidad tenia para aprender*, ou *cuanto mas talento tenia.*

Des nombres cardinaux.

Uno, una, un, une.
Dos, deux.
Tres, trois.
Cuatro, quatre.
Cinco, cinq.
Seis, six.
Siete, sept.
Ocho, huit.
Nueve, neuf.
Diez, dix.
Once, onze.
Doce, douze.
Trece, treize.
Catorce, quatorze.
Quince, quinze.
Diez y seis, seize.
Diez y siete, dix-sept.
Diez y ocho, dix-huit.
Diez y nueve, dix-neuf.
Veinte, vingt.
Veinte y uno, vingt-un.
Veinte y dos, vingt-deux.
Veinte y tres, vingt-trois.
Veinte y cuatro, vingt-quatre.
Veinte y cinco, vingt-cinq.
Veinte y seis, vingt-six.
Veinte y siete, vingt-sept.
Veinte y ocho, vingt-huit.
Veinte y nueve, vingt-neuf.
Treinta, trente.
Treinta y uno, trente-un.
Cuarenta, quarante.
Cincuenta, cinquante.
Sesenta, soixante.
Setenta, soixante-dix.
Ochenta, quatre-vingts.
Noventa, quatre-vingt-dix.
Ciento, cent.
Ciento y uno, cent un.
Ciento y diez, cent dix.
Doscientos—as, deux cents.
Trescientos—as, trois cents.
Cuatrocientos — as, quatre cents.
Quinientos—as, cinq cents.
Seiscientos—as, six cents.
Setecientos—as, sept cents.
Ochocientos—as, huit cents.
Novecientos—as, neuf cents.
Mil, mille.
Mil y ciento, onze cents.
Mil y doscientos - as, douze cents.
Dos mil, deux mille.
Cien mil, cent mille.
Doscientos mil, deux cent mille, etc.
Millon, million.
Dos millones, deux millions.

Les nombres cardinaux sont invariables, excepté le premier, lorsqu'ils sont pris adjectivement ; mais ils suivent la règle des substantifs, lorsqu'ils sont pris substantivement ; ex. (pour ce dernier cas) : un jeu de cartes a quatre quatre, quatre cinq, quatre huit, etc., *una baraja tiene cuatro cuatros, cuatro cincos, cuatro ochos*, etc.

Des nombres ordinaux.

Les nombres ordinaux marquent l'ordre et le rang, et sont adjectifs.

Primero—a, ou *primo—a*, premier, première.
Segundo—a, second, seconde ou deuxième.
Tercero ou *tercio*, troisième.
Cuarto, quatrième.
Quinto, cinquième.
Sexto, sixième.
Séptimo, septième.
Octavo, huitième.
Nono, neuvième.
Décimo, dixième.
Undécimo, onzième.
Duodecimo, douzième.
Décimo tercio, treizième.
Décimo cuarto, quatorzième.
Décimo quinto, quinzième.
Décimo sexto, seizième.
Décimo séptimo, dix-septième.
Décimo octavo, dix-huitième.
Décimo nono, dix-neuvième.
Vigésimo, vingtième.
Vigésimo primo, vingt-unième.
Vigésimo segundo, vingt-deuxième.
Vigésimo tertio, vingt-troisième, etc.
Trigésimo, trentième.
Cuadragésimo, quarantième.
Quincuagésimo cinquantième.
Sexagésimo, soixantième.
Septuagésimo, soixante-dixième.
Octogésimo, quatre-vingtième.
Nonagésimo, quatre-vingt-dixième.
Centésimo, centième.
Centesimo primo, cent-unième.
Centésimo undécimo, cent-onzième, etc.
Ducentésimo, deux-centième.
Trecentésimo, trois-centième.
Cuadringentésimo, quatre-centième.
Quingentésimo, cinq-centième.
Sescentésimo, six-centième.
Septingentésimo, sept-centième.
Octogentésimo, huit-centième.
Nonagentésimo, neuf-centième.
Milésimo, millième.
Ultimo, dernier.

DES PRONOMS

Ils se divisent en pronoms *personnels, possessifs, démonstratifs, relatifs* et *indéterminés.*

Pronoms personnels.

Les pronoms personnels sont trois : de la première, de la seconde et de la troisième personne. A ces trois personnes on en ajoute une autre sous le nom de pronom réfléchi, qui appartient à la troisième personne.

PREMIÈRE PERSONNE.

Singulier.	Pluriel.
Yo, je *ou* moi.	*Nos*, ou *nosotros-as*, nous.
De mi, de moi.	*De nosotros-as*, de nous.
Á mi, à moi.	*Á nosotros-as*, à nous.
Me, me.	*Nos*, nous.

SECONDE PERSONNE.

Singulier.	Pluriel.
Tú, tu *ou* toi.	*Vos* ou *vosotros-as*, vous.
De ti, de toi.	*De vosotros-as*, de vous.
Á ti, à toi.	*Á vosotros-as*, à vous.
Te, te.	*Os*, vous.

TROISIÈME PERSONNE.

Singulier.	Pluriel.
Él, il *ou* lui; *ella*, elle.	*Ellos*, ils *ou* eux ; *ellas*, elles.
De él, de lui; *de ella*, d'elle.	*De ellos-as*, d'eux, d'elles.
Á él, à lui; *á ella*, à elle.	*Á ellos-as*, à eux, à elles.
Le, se, lui; *la*, la.	*Les, se*, leur; *los, las*, les.

Pronom réfléchi de la troisième personne.

De sí, de soi, de lui, d'elle, d'eux, d'elles.
Á sí, à soi, etc. — *Se*, se.

1° On ne se sert en espagnol des pronoms *tú*, *te*, toi, te, et *tu*, *tus*, ton, ta, tes, que dans le discours familier, ou lorsqu'on parle à des enfants, de même qu'en français; ex. : ton maître te gâte, *tu maestro te cria mal.*

Dans le style ordinaire, on parle toujours à la troisième personne, et *vous* se traduit par *usted* (1) au singulier, et *ustedes* au pluriel, qui servent pour les deux genres; ex. : avez-vous vu monsieur le comte? *¿ ha visto vd.* ou (au pluriel) *han visto vds. al señor Conde?* Je passerai la journée de demain avec vous, *pasaré el dia de mañana con vd.* ou *vds.*, et non *con vos* ou *con vosotros*. Lorsque le régime *usted* ou *ustedes* se répète dans la même phrase, il faut le supprimer une fois en le remplaçant par les pronoms personnels *le*, *les*; ex. : avez-vous fait ce que je vous ai dit? *¿ Hizo usted lo que le dije?* Enfin, quand on s'adresse à Dieu, aux saints, aux souverains ou à un grand, *vous* s'exprime par *vos* (et on met le verbe à la seconde personne du pluriel lorsque *vous* en est le sujet), et par *os* lorsqu'il en est le régime; ex. : Prince, vous m'honorez de votre protection, *Príncipe, vos me honrais con vuestra proteccion.* Seigneur, je vous supplie, *Señor, os suplico.*

2° *Avec moi, avec toi, avec soi*, se traduisent par *conmigo, contigo, consigo*; ex. : je porte tout mon bien avec moi, *lo llevo todo conmigo*, et non *con mí*, etc.

3° *Soi-même, lui-même, elle-même*, etc., s'expriment par *si mismo—a*; ex. : il se loue lui-même, *sea laba á si mismo*: elles s'accusent elles-mêmes, *se acusan á si mismas*

4° Les pronoms *me, se, nos, os, le, lo, la, les, los, las.*

---

(1) *Usted, ustedes*, qui sont une contraction de *vuestra merced, vuestras mercedes*, votre grâce, vos grâces, s'écrivent ordinairement *vmd., vmds., vm., vms.,* ou *vd., vds.*

se joints à un verbe qui est à l'infinitif, à l'impératif ou au gérondif, se placent toujours après lui, et s'y unissent de manière à ne former qu'un seul mot ; ex. : il vint hier me voir, *vino ayer á verme ;* te secourir, *socorrerte ;* s'acquitter, *desempeñarse ;* nous gronder, *reñirnos ;* vous châtier, *castigaros ;* s'aimer, *quererse ;* il ne voulait pas te le dire, *no queria decirtelo ;* applique-toi, *aplicate ;* en l'écrivant, *escribiéndolo.* Dans tous les autres cas, on les place devant les verbes ; ex. : je te parle, *te hablo ;* il l'estime, *le estima ;* ils s'aiment, *se quieren*, etc. — On dit cependant : *sucediòme un lance inesperado,* il m'arriva un événement imprévu. On emploie le pronom *se* dans les troisièmes personnes des temps et à l'infinitif des verbes à la voix passive ; ex. : cet homme s'est tué à la peine, *este hombre se ha matado con el trabajo.*

5º *Le, la, les, lui, leur,* suivis d'un verbe dont ils sont le régime direct ou indirect, s'expriment par *le, la, los, las, le, les ;* ex. : je le crains, *le temo ;* je la connais, *la conosco ;* je les admire, *los* ou *las admiro ;* je lui ordonnai de venir, *le mandé que viniese ;* je leur écrirai, *les escribiré.*

6º *Le lui, le leur, la lui, les leur, les lui, les leur,* se traduisent par *se lo, se los, se la, se las ;* ex. : je le lui *ou* je le leur dirai, *se lo diré ;* on dit également : *se lo diré á él* ou *á ella, á ellos* ou *á ellas.* Je le lui promis, *prometíselo* ou *se lo prometí ;* je les leur enverrai, *se los* ou *se las enviaré ;* je la lui adresserai, *se la dirigiré ;* je veux le lui donner, *quiero dárselo.*

DES PRONOMS POSSESSIFS

On les divise en *possessifs conjonctifs* et en *possessifs relatifs.*

Pronoms possessifs conjonctifs.

SINGULIER.	PLURIEL.
Mi, mon, ma.	*Mis*, mes.
Tu, ton, ta.	*Tus*, tes.

Su, son, sa, leur. *Sus*, ses, leurs.
Nuestro—a, notre. *Nuestros—as*, nos.
Vuestro—a, votre. *Vuestros—as*, vos.

Ces pronoms s'appellent *possessifs conjonctifs*, parce qu'ils sont toujours joints à un nom; ex. : *mi abuelo*, mon aïeul; *tu sobrino*, ton neveu; *sus hijas*, ses filles; *nuestra hacienda*, nos biens.

Pronoms possessifs relatifs.

SINGULIER MASCULIN.	SINGULIER FÉMININ.
El mio, le mien, mon, à moi.	*La mia*, la mienne, ma, mon, à moi.
Del mio, du mien, etc.	*De la mia*, de la mienne, etc.
Al mio, au mien, etc.	*Á la mia*, à la mienne, etc.
El tuyo, le tien, ton, à toi.	*La tuya*, la tienne, ta, ton, à toi.
El suyo, le sien, son, à lui, le leur.	*La suya*, la sienne, son, à elle, la leur.
El nuestro, le nôtre, à nous.	*La nuestra*, la nôtre, à nous.
El vuestro, le vôtre, à vous.	*La vuestra*, la vôtre, à vous.

Lo mio, ce qui est à moi.
*Lo tuyo*ce, qui est à toi.
*Lo suyo*ce, qui est à lui *ou* à elle.
Lo nuestro, ce qui est à nous.
Lo vuestro, ce qui est à vous.
Lo suyo, ce qui est à eux *ou* à elles.

Le pluriel de ces pronoms se forme en ajoutant un *s*.

On les appelle *possessifs relatifs*, parce qu'ils se rapportent à un nom énoncé auparavant; ex. : *mi libro y el suyo*, mon livre et le sien; *sus primas y las mias*, ses cousines et les miennes.

Remarques.

1° *Vuestro—a, el vuestro, la vuestra*, ne s'emploient que dans le style élevé, et lorsqu'on s'adresse à Dieu, à la Vierge, aux Saints ou aux grands; ex. : *Señor, imploro vuestro amparo*, Seigneur, j'implore votre secours. Dans tous les autres cas, *votre, vos*, se traduisent par *su, sus*, ou *de vd., de vds.*; ex. : c'est votre ouvrage, *es su obra*, ou *es la obra de vd.*; ce sont vos affaires, *son sus asuntos*, ou *son los asuntos de vd.*, et de *vds.*, si l'on parle à plusieurs.

2° Lorsqu'on se sert en français des pronoms personnels *à moi, à toi, à lui, à elle, à nous, à vous, à eux, à elles*, pour exprimer la possession, on les traduit en espagnol par les pronoms possessifs relatifs *mio, tuyo, suyo, nuestro*, etc., qui s'accordent en genre et en nombre avec la chose possédée; ex. : *este coche es mio*, cette voiture est à moi, *ou* est mienne; *estas quintas son suyas*, ces maisons de campagne sont à lui, *ou* les siennes, etc. Mais on dira : *esta casa es de mi padre* (et non *á mi padre*), cette maison est à mon père; *este sombrero es del señor Alonso* (et non *al señor*), ce chapeau est à monsieur Alonzo.

3° *Un de mes, de tes, de ses*, etc., se rendent par *mio, tuyo, suyo*, etc., qu'on place après le substantif auquel ils se rapportent, avec lequel ils s'accordent en genre et en nombre; ex. : un de mes cousins (*ou* un cousin mien), *un primo mio*; une de mes tantes, *una tia mia*, etc. On dira également : *uno de mis primos, una de mis tias*, etc.

Son se traduit par *su*, et *ses* et *leurs* par *sus*, pour les deux genres.

DES PRONOMS DÉMONSTRATIFS

Ils sont au nombre de trois en espagnol :

SINGULIER.

Masculin.	Féminin.	Neutre.
Este (1), ce, celui-ci.	*Esta*, cette, celle-ci.	*Esto*, ce, ceci.
Ese, ce, celui-là.	*Esa*, cette, celle-là.	*Eso*, ce, cela.
Aquel, ce, celui-là.	*Aquella*, cette, celle-là.	*Aquello*, ce, cela.

(1) De *este* on forme *estotro—a, estotros—as*, cet autre,

Pluriel.

Masculin.	Féminin.
Estos, ces, ceux-ci.	*Estas*, ces, celles-ci.
Esos, ces, ceux-là.	*Esas*, ces, celles-là.
Aquellos, ces, ceux-là.	*Aquellas*, ces, celles-là.

On dit aussi : *aquel otro*, *aquella otra*, etc., cet autre-là, cette autre-là, etc.

Este—a, indique la personne ou la chose qui est près de celui qui parle ; *ese—a*, celle qui est plus pres de celui à qui l'on parle ; *aquel*, *aquella*, celle qui est également éloignée de tous deux.

Celui qui, celle qui, se traduisent par *quien*, ou *el que*, *la que; ceux qui, celles qui*, par *los que*, *las que ;* et *ce qui, ce que*, par *lo que*, *lo cual*.

Les adjectifs *tal*, tel, *semejante*, pareil, et *tanto*, tant, s'emploient comme de vrais pronoms démonstratifs dans les phrases suivantes : *no haré tal*, ou *semejante cosa*, je ne ferai pas cela, je ne ferai pas pareille chose (c'est-à-dire la chose dont il a été question) ; *no lo decia por tanto*, je ne le disais pas pour cela.

DES PRONOMS RELATIFS

On en compte en espagnol quatre, et cinq en français.

ESPAGNOL.	FRANÇAIS.

Que, *quien*, *cual*, *cuyo*, qui, que, quoi, quel, dont.
Que, qui, que, quoi, quel, quelle, quels, quelles.
Quien, *quienes*, qui, que, lequel, laquelle, lesquels, lesquelles, celui qui, celle qui, ceux qui, celles qui.

---

cette autre, ces autres ; et de *ese*, *esotro—a*, *esotros—as*, cet autre-là, cette autre-là, ces autres-là. On peut faire aussi précéder *este*, *ese*, des lettres *aqu*, et dire *aqueste*, *aquese*, celui-ci, celui-là.

El cual, la cual, los cuales, las cuales, lo cual, lequel, laquelle, lesquels, lesquelles, ce qui.
Cual, cuales, quel, quelle, quelles, tel que, telle que, tels que, telles que.
Cuyo—a, cuyos—as, dont, de qui, à qui, duquel, de laquelle, desquels, desquelles.

De ces divers pronoms, *que* et *cual* sont les seuls qui admettent l'article.

Qui, qui, etc., est non-seulement de tout nombre, mais encore de tout genre ; il se dit des personnes et des choses ; ex. : *es hombre que sabe mucho,* c'est un homme qui sait beaucoup.

Quien, quienes, sont de tout genre, et ne se disent que des personnes ; ex. : *él es á quien vd. debe la vida,* c'est celui à qui vous devez la vie.

Cual, cuales, sont de tout genre, et se disent des personnes et des choses ; on les emploie le plus souvent avec l'article ; ex. : *despacharon un correo, el cual nos aseguró la paz,* on expédia un courrier, lequel nous assura la paix ; *es difícil determinar cual de los dos ha hablado mejor,* il est difficile de décider lequel des deux a parlé le mieux.

Cual, cuales, signifient aussi *tel que, telle que,* etc. ; ex. : *es una mujer cual la podia desear,* c'est une femme telle que je pouvais la désirer ; *cual furioso leon,* tel qu'un lion furieux.

Cuyo—a, cuyos—as, dont, de qui, etc., s'accordent toujours avec la chose possédée, et jamais avec le possesseur ; ex. : *aquel cuyo sea el caballo, lo cuide,* que celui à qui est le cheval en ait soin. Lorsque le substantif suit immédiatement *cuyo—a,* on supprime l'article ; ex. : *el autor cuya obra acaba de salir á luz* (et non *cuya la obra*), l'auteur dont l'ouvrage vient de paraître.

Que, cual, quien, cuyo, sont aussi pronoms interrogatifs ; ex. : *¿ qué dices ?* que dis-tu ? *en qué se ocupa vd. ?* à quoi vous occupez-vous ? *¿ quién es aquel ?* quel est celui-là ? *¿ cuál es su opinion ?* quelle est son opinion ? *¿ cúyo es este perro ?* à qui est ce chien ? *¿ cúyas son estas tijeras ?* à qui sont ces ciseaux ? *¿ á quién escribes esa carta ?* à qui écris-tu cette lettre ? On peut dire également : *¿ de quién es este perro ? ¿ de quien son estas tijeras ?*

Que, cual, quien, ne sont plus relatifs dans le sens admiratif, singulier, interrogatif, ou lorsqu'il y a distribution ou disjonction ; ex. : l'un dit oui, l'autre dit non, *cual dice que sí, cual dice que no ;* que la solitude est bonne ! *¡ que dulce es la soledad !* tous se révoltent ; qui saisit une épée, qui un fusil ; *todos se insurreccionan, quien coge una espada, quien coge un fusil ;* qu'il pleuve, qu'il tonne, qu'il neige, qu'il grêle, *que llueva, que truene, que nieve, que escarche.*

Quel, interrogatif, et suivi immédiatement d'un substantif auquel il se rapporte, se rend toujours par *que ;* ex. : quel état exercez-vous ? *¿ qué profesion ejerce vd. ?* Mais si le nom substantif est séparé de *quel* par le verbe *être*, on traduit *quel* par *cuál — es*, lorsqu'il a rapport aux choses, et par *quién — es*, lorsqu'il se rapporte aux personnes ; ex. : quel est le mérite de cet homme ? *¿ cuál es el mérito de aquel hombre ?* quelles sont ses connaissances ? *¿ cuáles son sus conocimientos ?* quels sont ces hommes ? *¿ quiénes son aquellos hombres ?* (et non *cuáles*) ; quelle est cette femme ? *¿ quién es esa mujer* (et non *cuál*) ?

Dont, suivi d'un nom précédé de *le, la, les*, se rend toujours par *cuyo—a, cuyos—as ;* ex. : Dieu dont nous admirons les ouvrages, *Dios cuyas obras admiramos.* Dans tous les autres cas il se rend par *de quien*, s'il s'agit de personnes ; et par *de que* invariable, ou *del cual*, d'après le genre, s'il s'agit des choses ; ex. : l'ami dont vous me parlez, *el amigo de quien vm. me habla ;* l'affaire dont il s'entretient avec moi, *el asunto de que él trata conmigo*, ou *del cual él trata conmigo.*

Lorsque la conjonction *que*, précédée d'un nom ou pronom auquel elle a rapport, peut se tourner par *de qui, à qui*, etc., on la rend par *de quien, á quien*, etc. ; ex. : c'est à Pierre que (*ou* à qui) vous devez vous adresser, *á Pedro es á quien vm. ha de dirigirse ;* c'est de soi-même qu'on (*ou* de qui on) doit se défier, *de sí mismo es de quien uno debe desconfiar.*

L'adverbe *où*, lorsqu'il se rapporte aux choses et qu'on peut le tourner par *auquel, à laquelle, dans lequel, dans laquelle*, etc., se rend par *á que, en que*; ex. : voici le but où (*c'est-à-dire* auquel) il tend, *hé aqui el fin á que aspira*; il y a des circonstances où (*c'est-à-dire* dans lesquelles, il faut agir avec prudence, *hay circunstancias en que es preciso obrar prudentemente.*

DES PRONOMS INDÉTERMINÉS

Alguno—a, algunos—as, quelqu'un, quelqu'une, quelques-uns, quelques-unes, quelques.
Alguien, quelqu'un.
Ninguno—a, aucun, aucune, nul, nulle.
Nadie ou *ninguno*, personne, nul.
Cualquier, cualquiera, plur. *cualesquier, cualesquiera*, quiconque, quelconque.
Quienquier, *quienquiera*, plur. *quienesquier, quienesquiera*, quiconque.
Uno—a, un, une ; *los unos, las unas*, les uns, les unes ; *unos—as*, quelques.
Uno—a y otro—a, unos—as y otros—as, l'un et l'autre, l'une et l'autre, les uns et les autres, les unes et les autres.
Ni uno ni otro, ni una ni otra, etc., ni l'un ni l'autre, ni l'une ni l'autre, etc.
Ni uno, ni una, pas un, pas une.
Otro—a, otros—as, autre, autres. *Los otros, las otras*, les autres.
De otro, de otros, d'autrui. *Á otro, á otros*, à autrui.
Mismo—a, mismos—as, même, mêmes. *El mismo*, le même, etc.
Cada, chaque. *Cada uno*, *cada una*, chacun, chacune.
Mucho—a, muchos—as, beaucoup, beaucoup de, plusieurs.
Poco—a, pocos—as, peu, peu de, un petit nombre de.
Todo—a, todos—as, tout, toute, tous, toutes.
Tal, tales, tel, telle, tels, telles.

Remarques.

Alguien, quelqu'un, est de tout genre et de tout nombre;

il ne se dit que des personnes, et ne s'emploie que dans des propositions affirmatives ; ex. : *¿ entra alguien?* entre-t-il quelqu'un ?

Ninguno—a, aucun, etc., pris dans le sens de *personne*, est substantif, et ne s'emploie qu'au singulier masculin ; ex. : *ninguno debe presumir de sus propias fuerzas*, personne ne doit présumer de ses propres forces.

Cualquiera, pour le singulier, quelconque, pluriel, *cualesquiera*. est de tout genre ; ex. : *cualquiera cosa*, une chose quelconque ; *cualesquiera libros*, des livres quelconques. *Cualquiera*, tant au pluriel qu'au singulier, peut perdre l'*a* à volonté devant un substantif ; ex. : *cualquier libro*. un livre quelconque ; *cualquier mujer*, une femme quelconque.

Quienquiera. quiconque, est invariable, et ne se dit que des personnes ; ex. : *quienquiera que lo diga, se equivoca*, quiconque le dit se trompe.

Uno—a, un, une, *otro—a*, autre, etc., s'emploient souvent avec l'article ; ex. : *el uno decia que sí, y el otro que no*, l'un disait oui, l'autre disait non.

Cada, chaque, est de tout genre, et n'a point de pluriel, mais il peut en accompagner un : *cada hombre*, chaque homme, *cada semana*, chaque semaine : *cada cinco dias vendré á visitar á vm.*, je viendrai vous voir tous les cinq jours.

Tal, tel, etc., est de tout genre ; ex. : *tal vida, tal muerte ;* telle vie, telle mort.

Personne, n'étant point suivi d'une négation et équivalant à *quelqu'un*, se rend par *alguno* ou *otro*, qui dans ce sens sont toujours invariables ; ex. : connaissez-vous personne qui soit plus vertueux que lui ? *¿ conoce vm. alguno* ou *otro que sea mas virtuoso que él?* — Suivi d'une négation, *personne* se rend par *nadie* ou *ninguno*. et la négation ne s'exprime pas ; ex. : personne ne l'a vu, *ninguno* ou *nadie le ha visto.*

Personne, aucun, nul, pas un, ni l'un ni l'autre, rien, *nadie, ninguno, ni uno ni otro, nada,* placés devant un verbe ne prennent point la négation ; mais ils l'admettent lorsque le verbe les précède ; ex. : il ne peut l'égaler en rien, *en nada puede igualarle*, ou *no puede igualarle en nada*.

Personne et *aucun*, dans un sens interrogatif ou exprimant le doute, se rendent en espagnol par *uno* ou *alguno;* ex. : de tous ceux qui traitent avec moi, y en a-t-il aucun qui ait à se plaindre? *De todos los que tratan conmigo, ¿hay acaso uno*, ou *alguno que tenga motivo de quejarse?*

Qui que ce soit, suivi d'une négation, se rend par *ninguno*, ou *nadie;* ex. : qui que ce soit (*ou* personne) n'est venu chez moi, *ninguno* ou *nadie ha venido á casa.*

Quoi que ce soit, précédé d'un verbe avec négation, se rend par *nada ;* ex. : il ne peut réussir en quoi que ce soit (*ou* en rien), *en nada puede acertar*, ou *no puede acertar en nada.*

Quel que, quelle que, quels que, quelles que, quelque — que, suivis d'un substantif auquel ils se rapportent, se rendent par *por mucho—que*, qui s'accorde en genre et en nombre avec le substantif; ex. : quelque mérite que vous ayez, *por mucho mérito que vm. tenga ;* quel que soit son talent, *por mucho que sea su talento ;* quelles que soient ses protections, *por muchas que sean sus protecciones*, etc., et bien mieux par *cualquiera*, en faisant suivre le substantif de la conjonction *que;* ex. : *cualquiera mérito que tenga, cualquiera que sea su talento, cualesquiera que sean sus protecciones.*

Quoi que, quelque chose que, se rendent par *cualquiera cosa que*, ou *por mas que ;* ex. : quoi qu'il dise, *cualquiera cosa que él diga ;* quelque chose qu'il fasse, *cualquiera cosa que él haga ;* ou *por mas que él diga, por mas que él haga*, etc. Mais *quelque*, suivi d'un adjectif, se rend par *por mas ;* ex. : quelque savant qu'il soit, il ne peut tout savoir, *por mas docto que sea, no puede saberlo todo.*

D'autrui, gouverné par un substantif, se rend par *ajeno—a, ajenos—as ;* ex. : le bien d'autrui, *la hacienda ajena*, et non *de otros.*

Beaucoup, beaucoup de, s'exprime par *mucho—a, muchos—as ;* ex. : il a beaucoup de pouvoir et beaucoup d'ennemis, *tiene mucho poder y muchos enemigos ;* a-t-il des enfants? Oui, il en a beaucoup, *¿ tiene hijos? si, tiene muchos.*

Peu, peu de, un petit nombre de, se rendent par *poco—a, pocos—as*; ex. : il y a beaucoup d'appelés et peu d'élus, *muchos son los llamados y pocos los escogidos.*

Un tel, une telle, s'exprime par *fulano—a*; ex. : un tel est venu me voir, *fulano vino á visitarme.* — *Un tel et un tel, une telle et une telle,* se rendent par *fulano—a y zutano—a*; ex. : un tel et une telle vous ont demandé, *fulano y zutana han preguntado por vm.*

Tout, placé devant un substantif suivi de *que,* s'exprime par *aunque*; ex. : tout votre ami qu'il est, *aunque sea su amigo de vm.*; mot à mot, quoiqu'il soit votre ami. On peut le traduire encore par la préposition *con,* le verbe à l'infinitif, et son sujet placé après; ex. : *con ser su amigo de vm.*, c'est-à-dire, malgré la circonstance d'être votre ami.

Tout le monde se traduit par *todos,* lorsqu'il est pris dans l'acception suivante : tout le monde en parle comme d'une chose certaine, *todos hablan de ello como si fuera cierto.*

Le pronom *on* s'exprime quelquefois par *se,* et le verbe se met à la troisième personne du singulier; ex. : on croit, on assure, *se cree, se asegura*; on promit une récompense, *se prometió una recompensa*; on sut, *súpose,* ou *se supo*; on dit mille mensonges dans les gazettes, *en las gacetas se dicen mil mentiras.* — Souvent aussi il ne s'exprime pas, et alors on met le verbe à la troisième personne du pluriel; ex. : on raconte que... *cuentan que...*; on dit, *dicen*; on assure, *aseguran*; on le conduisit... *lleváronle á.* — Il est cependant bien des cas où *on* se rend par *uno*; ex. : on croit aisément ce qu'on désire, *cree uno fácilmente aquello que desea,* et d'autres où on le supprime en mettant le verbe à la première personne du pluriel, si ce que le verbe affirme peut s'appliquer à tout le monde; ex. : on frémit devant la mort, *nos estremecemos á la vista de la muerte.*

Des conjugaisons.

Tous les infinitifs des verbes espagnols se terminent en *ar*, *er* et *ir*. Les autres lettres qui composent le mot sont appelées *radicales;* ex.: *am-ar*, aimer, *tem-er*, craindre, *part-ir*, partager, dont les lettres radicales sont *am*, *tem*, *part*, etc. Les verbes terminés en *ar* forment la première conjugaison, ceux en *er* la seconde, et ceux en *ir* la troisième.

Il y a dans ces trois conjugaisons un nombre de verbes irréguliers dont on fera connaître les irrégularités, après avoir parlé des verbes auxiliaires et des verbes réguliers.

VERBES AUXILIAIRES

CONJUGAISON DU VERBE AUXILIAIRE *HABER*, AVOIR.

Infinitif.

PRÉSENT.

Haber, avoir.

PRÉTÉRIT.

Haber habido, avoir eu.

GÉRONDIF.

Habiendo, ayant.

PARTICIPE PASSÉ.

Habido, eu.

Indicatif.

PRÉSENT.

Yo he (1), j'ai.

---

(1) On supprime en espagnol les pronoms personnels de-

Tú has,	tu as.
Él ou *ella ha,*	il *ou* elle a
Nosotros — as hemos,	nous avons
Vosotros — as habeis,	vous avez.
Ellos — as han,	ils *ou* elles ont.

IMPARFAIT.

Yo hobia,	j'avais.
Tú habias,	tu avais
Él habia,	il avait.
Nos. habiamos,	Nous avions.
Vos. habiais,	Vous aviez.
Ellos habian,	ils avaient.

PRÉTÉRIT DÉFINI.

Yo hube,	j'eus.
Tú hubiste,	tu eus.
Él hubo,	il eut.
Nos. hubimos,	nous eûmes.
Vos. hubisteis,	vous eûtes.
Ellos hubieron,	ils eurent.

PRÉTÉRIT INDÉFINI.

Yo he habido,	j'ai eu.
Tú as habido,	tu as eu.
Él ha habido,	il a eu.
Nos. hemos habido,	nous avons eu.
Vos. habeis habido,	vous avez eu.
Ellos han habido.	ils ont eu

PRÉTERIT ANTÉRIEUR.

Yo hube habido.	j'eus eu.
Tú hubiste habido,	tu eus eu.
El hubo habido,	il eut eu.
Nos. hubimos habido,	nous eûmes eu.
Vos. hubisteis habido,	vous eûtes eu.
Ellos hubieron habido,	ils eurent eu.

---

vant les verbes, et on dit : *he, has, ha,* etc., excepté lors qu'il y en a deux en français ou que la phrase serait louche.

PLUS-QUE-PARFAIT.

Yo habia habido,	j'avais eu.
Tú habias habido,	tu avais eu.
Él habia habido,	il avait eu.
Nos. habíamos habido,	nous avions eu.
Vos. habiais habido,	vous aviez eu.
Ellos habian habido,	ils avaient eu.

FUTUR.

Yo habré,	j'aurai.
Tú habrás,	tu auras.
Él habrá,	il aura.
Nos. habremos,	nous aurons.
Vos. habréis,	vous aurez.
Ellos habrán,	ils auront.

FUTUR COMPOSÉ.

Yo habré habido,	j'aurai eu.
Tú habrás habido,	tu auras eu.
Él habrá habido,	il aura eu.
Nos. habremos habido,	nous aurons eu.
Vos. habréis habido,	vous aurez eu.
Ellos habrán habido,	ils auront eu.

IMPÉRATIF.

Ce verbe n'en a point comme auxiliaire.

Subjonctif.

PRÉSENT.

Yo haya,	que j'aie.
Tú hayas,	tu aies.
Él haya,	il ait.
Nos. hayamos,	nous ayons.
Vos. hayais,	vous ayez.
Ellos hayan,	ils aient.

IMPARFAIT.

Yo hubiera, habria, hubiese,	j'aurais, j'eusse.

Tú hubieras, habrias, hubieses,	tu aurais, tu eusses.
Él hubiera, habria, hubiese,	il aurait, il eût.
Nos. hubiéramos, habriamos, hubiésemos,	nous aurions, nous eussions.
Vos. hubierais, habriais, hubieseis,	vous auriez, vous eussiez.
Ellos hubieran, habrian, hubiesen,	ils auraient, ils eussent.

PRÉTÉRIT.

Yo haya habido,	que j'aie eu.
Tú hayas habido,	tu aies eu.
Él haya habido,	il ait eu.
Nos. hayamos habido,	nous ayons eu.
Vos. hayais habido,	vous ayez eu.
Ellos hayan habido,	ils aient eu.

PLUS-QUE-PARFAIT.

Yo hubiera, habria, hubiese habido,	j'aurais eu, j'eusse eu.
Tú hubieras, habrias, hubieses habido,	tu aurais eu, tu eusses eu.
El hubiera, habria, hubiese habido.	il aurait eu, il eût eu.
Nos. hubiéramos, habriamos, hubiésemos habido.	nous aurions eu, nous eussions eu.
Vos. hubierais, habriais, hubieseis habido.	vous auriez eu, vous eussiez eu.
Ellos hubieran, habrian, hubiesen habido.	ils auraient eu, ils eussent eu.

FUTUR.

Yo hubiere,	j'aurai.
Tú hubieres,	tu auras.
Él hubiere,	il aura.
Nos. hubiéremos,	nous aurons.
Vos. hubiereis,	vous aurez.
Ellos hubieren,	ils auront.

FUTUR COMPOSÉ.

Yo hubiere habido,	j'aurai eu.
Tú hubieres habido,	tu auras eu.
Él hubiere habido,	il aura eu.
Nos. hubiéremos habido,	nous aurons eu.
Vos. hubiereis habido,	vous aurez eu.
Ellos hubieren habido,	ils auront eu.

CONJUGAISON DU VERBE AUXILIAIRE *TENER*, AVOIR ou POSSÉDER.

Infinitif.

PRÉSENT.

Tener, avoir.

PRÉTÉRIT.

Haber tenido, avoir eu.

GERONDIF.

Teniendo, ayant.

PARTICIPE PASSÉ.

Tenido, eu.

Indicatif.

PRÉSENT.

Yo tengo,	j'ai.
Tú tienes,	tu as.
Él tiene,	il a.
Nos. tenemos,	nous avons.
Vos. teneis,	vous avez.
Ellos tienen,	ils ont.

IMPARFAIT.

Yo tenia,	j'avais.
Tú tenias,	tu avais.
Él tenia,	il avait.
Nos. teníamos,	nous avions.
Vos. teniais,	vous aviez.
Ellos tenian,	ils avaient

PRÉTÉRIT DÉFINI.

Yo tuve,	j'eus.
Tú tuviste,	tu eus.
Él tuvo,	il eut.
Nos. tuvimos.	nous eûmes.
Vos. tuvisteis,	vous eûtes.
Ellos tuvieron,	ils eurent.

PRÉTÉRIT INDÉFINI.

Yo he tenido,	j'ai eu.
Tú has tenido,	tu as eu.
Él ha tenido,	il a eu.
Nos. hemos tenido,	nous avons eu.
Vos. habeis tenido,	vous avez eu
Ellos han tenido.	ils ont eu.

PRÉTÉRIT ANTÉRIEUR.

Yo hube tenido,	j'eus eu.
Tú hubiste tenido,	tu eus eu.
Él hubo tenido,	il eut eu.
Nos. hubimos tenido,	nous eûmes eu.
Vos. hubisteis tenido,	vous eûtes eu.
Ellos hubieron tenido,	ils eurent eu.

PLUS-QUE-PARFAIT.

Yo habia tenido,	j'avais eu.
Tú habias tenido,	tu avais eu.
Él habia tenido,	il avait eu.
Nos. habiamos tenido,	nous avions eu.
Vos. habiais tenido,	vous aviez eu.
Ellos habian tenido,	ils avaient eu.

FUTUR.

Yo tendré,	j'aurai.
Tú tendrás,	tu auras.
Él tendrá,	il aura.
Nos. tendremos,	nous aurons.
Vos. tendréis,	vous aurez.
Ellos tendrán,	ils auront.

FUTUR COMPOSÉ.

Yo habré tenido,	j'aurai eu.
Tú habrás tenido,	tu auras eu.
Él habrá tenido,	il aura eu.
Nos. habremos tenido,	nous aurons eu.
Vos. habréis tenido,	vous aurez eu.
Ellos habrán tenido,	ils auront eu.

Impératif.

PRÉSENT.

Ten tú,	aie.
Tenga él,	qu'il ait.
Tengamos,	ayons.
Tened vosotros,	ayez.
Tengan ellos,	qu'ils aient.

Subjonctif.

PRÉSENT.

Yo tenga,	que j'aie.
Tú tengas,	tu aies.
Él tenga,	il ait.
Nos. tengamos,	nous ayons.
Vos. tengais,	vous ayez.
Ellos tengan,	ils aient.

IMPARFAIT.

Yo tuviera, tendria, tuviese,	j'aurais, j'eusse.

Tú tuvieras, tendrias, tuvieses,	tu aurais, tu eusses.
Él tuviera, tendria, tuviese,	il aurait, il eût.
Nos. tuviéramos, tendriamos, tuviésemos,	nous aurions, nous eussions.
Vos. tuvierais, tendriais, tuvieseis,	vous auriez, vous eussiez.
Ellos tuvieran, tendrian, tuviesen,	ils auraient, ils eussent.

PRÉTÉRIT.

Yo haya tenido,	que j'aie eu.
Tú hayas tenido,	tu aies eu.
Él haya tenido,	il ait eu.
Nos. hayamos tenido,	nous ayons eu.
Vos. hayais tenido,	vous ayez eu.
Ellos hayan tenido,	ils aient eu.

PLUS-QUE-PARFAIT.

Yo hubiera, habria, hubiese tenido,	j'aurais eu, j'eusse eu.
Tú hubieras, habrias, hubieses tenido,	tu aurais eu, tu eusses eu.
Él hubiera, habria, hubiese tenido,	il aurait eu, il eût eu.
Nos. hubiéramos, habriamos, hubiésemos tenido.	nous aurions eu, nous eussions eu.
Vos. hubierais, habriais, hubieseis tenido,	vous auriez eu, vous eussiez eu.
Ellos hubieran, habrian, hubiesen tenido,	ils auraient eu, ils eussent eu.

FUTUR.

Yo tuviere,	j'aurai.
Tú tuvieres,	tu auras.
Él tuviere,	il aura.
Nos. tuviéremos,	nous aurons.
Vos. tuviereis,	vous aurez.
Ellos tuvieren,	ils auront.

FUTUR COMPOSÉ.

Yo hubiere tenido,	j'aurai eu.
Tú hubieres tenido,	tu auras eu.
Él hubiere tenido,	il aura eu.
Nos. hubiéremos tenido,	nous aurons eu.
Vos. hubiereis tenido,	vous aurez eu.
Ellos hubieren tenido,	ils auront eu.

Haber, signifiant *tenir* ou *posséder*, cesse d'être auxiliaire, et alors il a un impératif qui se forme de la manière suivante : *haya él*, qu'il ait ; *habed vosotros*, ayez ; *hayan ellos*, qu'ils aient.

Le verbe *haber*, signifiant *exister*, devient impersonnel ; ex. : *il y a, il y avait, il y eut, il y aura*, etc. *hay, habia, hubo, habrá*, etc., et ainsi de suite pour les autres temps, en mettant toujours le verbe à la troisième personne du singulier, quand même il serait suivi d'un substantif au pluriel ; ex. : il y a des hommes, *hay hombres*, il y avait une fête : *habia una fiesta*, etc.

Avoir, lorsqu'il est auxiliaire, s'exprime toujours par *haber*, et par *tener*, lorsqu'il est employé comme verbe actif, ou qu'il dénote la possession.

Avoir à, suivi d'un verbe à l'infinitif, se rend par *tener que* ; ex. : j'ai à lui parler, *tengo que hablar con él;* j'ai bien des choses à lui dire, *tengo muchas cosas que decirle.*

CONJUGAISON DU VERBE AUXILIAIRE *SER*, ÊTRE.

Infinitif.

PRÉSENT.

Ser,	être.

PRÉTÉRIT.

Haber sido,	avoir été.

GÉRONDIF.

Siendo, étant.

PARTICIPE PASSÉ.

Sido, été.

Indicatif.

PRÉSENT.

Yo soy, je suis.
Tú eres, tu es.
Él es, il est.
Nos. somos, nous sommes.
Vos. sois, vous êtes.
Ellos son, ils sont.

IMPARFAIT.

Yo era, j'étais.
Tú eras, tu étais.
Él era, il était.
Nos. éramos, nous étions.
Vos. erais, vous étiez.
Ellos eran, ils étaient.

PRÉTÉRIT DÉFINI.

Yo fui, je fus.
Tú fuiste, tu fus.
El fué, il fut.
Nos. fuimos, nous fûmes.
Vos. fuisteis, vous fûtes.
Ellos fueron, ils furent.

PRÉTÉRIT INDÉFINI.

Yo he sido, j'ai été, etc. (1).

---

(1) Pour former les autres personnes des temps composés, on n'aura qu'à conjuguer le verbe *haber* avec le participe *sido*.

PRÉTÉRIT ANTÉRIEUR.

Yo hube sido,	j'eus été, etc.

PLUS-QUE-PARFAIT.

Yo habia sido,	j'avais été, etc.

FUTUR.

Yo seré,	je serai.
Tú serás,	tu seras.
Él será,	il sera.
Nos. seremos,	nous serons.
Vos. seréis,	vous serez.
Ellos serán,	ils seront.

FUTUR COMPOSÉ.

Yo habré sido,	j'aurai été, etc.

Impératif.

PRÉSENT *ou* FUTUR.

Sé tú,	sois.
Sea él,	qu'il soit.
Seamos,	soyons.
Sed vosotros,	soyez.
Sean ellos,	qu'ils soient.

Subjonctif.

PRÉSENT.

Yo sea,	que je sois.
Tú seas,	tu sois.
Él sea,	il soit.
Nos. seamos,	nous soyons.
Vos. seais,	vous soyez.
Ellos sean,	ils soient.

IMPARFAIT.

Yo fuera, seria, fuese,	je serais, je fusse.
Tú fueras, serias, fueses,	tu serais, tu fusses.

Él fuera, seria, fuese,	il serait, il fût.
Nos. fuéramos, seriamos, fuésemos,	nous serions, nous fussions.
Vos. fuerais, seriais, fueseis,	vous seriez, vous fussiez.
Ellos fueran, serian, fuesen,	ils seraient, ils fussent.

PRÉTÉRIT.

Yo haya sido,	que j'aie été, etc.

PLUS-QUE-PARFAIT.

Yo hubiera, habria, hubiese sido,	j'aurais, j'eusse été, etc.

FUTUR.

Yo fuere,	je serai.
Tú fueres,	tu seras.
Él fuere,	il sera.
Nos. fuéremos,	nous serons.
Vos. fuereis,	vous serez.
Ellos fueren,	ils seront.

FUTUR COMPOSÉ.

Yo hubiere sido,	j'aurai été, etc.

CONJUGAISON DU VERBE AUXILIAIRE *ESTAR*, ÊTRE.

Infinitif.

PRÉSENT.

Estar,	être.

PRÉTÉRIT.

Haber estado,	avoir été.

GÉRONDIF.

Estando,	étant.

PARTICIPE PASSÉ.

Estado,	été.

Indicatif.

PRÉSENT.

Yo estoy,	je suis.
Tú estás,	tu es.
Él está,	il est.
Nos. estamos,	nous sommes.
Vos. estais,	vous êtes.
Ellos están,	ils sont.

IMPARFAIT.

Yo estaba,	j'étais.
Tú estabas,	tu étais.
Él estaba,	il était.
Nos. estábamos,	nous étions.
Vos. estabais,	vous étiez.
Ellos estaban,	ils étaient.

PRÉTÉRIT DÉFINI.

Yo estuve,	je fus.
Tú estuviste,	tu fus.
Él estuvo,	il fut.
Nos. estuvimos,	nous fûmes.
Vos. estuvisteis,	vous fûtes.
Ellos estuvieron,	ils furent.

PRÉTÉRIT INDÉFINI.

Yo he estado,	j'ai été, etc.

PRÉTÉRIT ANTÉRIEUR.

Yo hube estado,	j'eus été, etc.

PLUS-QUE-PARFAIT.

Yo habia estado,	j'avais été, etc.

FUTUR.

Yo estaré,	je serai.

Tú estarás,	tu seras.
Él estará,	il sera.
Nos. estaremos,	nous serons.
Vos. estaréis,	vous serez.
Ellos estarán,	ils seront.

FUTUR COMPOSÉ.

Yo habré estado,	j'aurai été, etc.

Impératif.

PRÉSENT *ou* FUTUR.

Esta tú,	sois.
Esté él,	qu'il soit.
Estemos,	soyons.
Estad vosotros,	soyez.
Estén ellos,	qu'ils soient.

Subjonctif.

PRÉSENT.

Yo esté,	que je sois.
Tú estés,	tu sois.
Él esté,	il soit.
Nos. estemos,	nous soyons.
Vos. estéis,	vous soyez.
Ellos estén,	ils soient.

IMPARFAIT.

Yo estuviera, estaria, estuviese,	je serais, je fusse.
Tú estuvieras, estarias, estuvieses,	tu serais, tu fusses.
Él estuviera, estaria, estuviese,	il serait, il fût.
Nos. estuviéramos, estariamos, estuviésemos,	nous serions, nous fussions.
Vos. estuvierais, estariais, estuvieseis,	vous seriez, vous fussiez.

Éllos estuvieran, estarian, estuviesen,	ils seraient, ils fussent.

PRÉTÉRIT.

Yo haya estado,	que j'aie été, etc.

PLUS-QUE-PARFAIT.

Yo hubiera, habria, hubiese estado,	j'aurais, j'eusse été, etc.

FUTUR.

Yo estuviere,	je serai.
Tú estuvieres,	tu seras.
Él estuviere,	il sera.
Nos. estuviéremos,	nous serons.
Vos. estuviereis,	vous serez.
Ellos estuvieren,	ils seront.

FUTUR COMPOSÉ.

Yo hubiere estado,	j'aurai été, etc.

Quoique *ser* et *estar* signifient *être*, on ne peut pas les employer indifféremment l'un pour l'autre; et c'est là une des plus grandes difficultés que la langue espagnole offre aux étrangers.

1° On doit se servir du verbe *ser*, lorsqu'il s'agit de qualités essentielles au sujet : ex., *ser hombre*, être homme; *ser mortal*, être mortel; — de celles relatives à l'esprit ou au cœur : ex., *ser bueno*, être bon; *ser malo*, être méchant; *ser docto*, être savant; *ser enamorado*, être facilement enclin à l'amour; — d'une dignité : ex., *ser general*, être général; — d'un art : ex., *ser arquitecto*, *pintor*, être architecte, peintre; — d'un emploi : ex., *ser juez*, être juge; — d'une profession : ex., *ser librero*, être libraire; — des dimensions d'un objet : ex., *ser alto*, *chico*, etc., être grand, petit, etc.

2° *Ser*, ajouté au participe passé des verbes, forme la voix passive, et le participe s'accorde alors en genre et en nombre avec son sujet : ex., *él era amado*, il était aimé;

ella fué amada, elle fut aimée; *ellos han sido amados*, ils ont été aimés, etc.

3° On doit employer *estar* toutes les fois qu'on veut exprimer un état transitoire, par exemple l'état de la santé : ex., *estar bueno*, être bien portant; *estar malo*, être malade; — l'existence dans un lieu quelconque : ex., *estar en el paseo*, *en el café*, *en el campo*, être à la promenade, au café, à la campagne, etc. — Joint à certains adjectifs, *estar* exprime un état, une manière passagère d'être. Nous avons dit que *être* se traduit par *ser* ou *estar* : il se traduit aussi par *haber* lorsque *être* est auxiliaire dans les verbes neutres ou dans les verbes de mouvement : ex., je suis monté, *he subido* ; je suis resté, *he quedado*.

4° *Estar* n'est employé comme auxiliaire que devant les gérondifs : ex., *estar comiendo*, dîner *ou* être dînant; *estar hablando*, parler *ou* être parlant, etc.

PREMIÈRE CONJUGAISON EN *AR*.

AM—AR, *aimer*.

Infinitif.

PRÉSENT.

Am—ar, aimer.

PRÉTÉRIT.

Haber am—ado, avoir aimé.

GÉRONDIF.

Am—ando, aimant.

PARTICIPE PASS.

Am—ado, aimé.

Indicatif.

PRÉSENT.

Yo am—o,	j'aime.
Tú am—as,	tu aimes.
Él am—a,	il aime.
Nos. am—amos,	nous aimons.
Vos. am—ais,	vous aimez.
Ellos am—an,	ils aiment.

IMPARFAIT.

Yo am—aba,	j'aimais.
Tú am—abas,	tu aimais.
Él am—aba,	il aimait.
Nos. am—ábamos,	nous aimions.
Vos. am—abais,	vous aimiez.
Ellos am—aban,	ils aimaient.

PRÉTÉRIT DEFINI.

Yo am—é,	j'aimai.
Tú am—aste,	tu aimas.
Él am—ó,	il aima.
Nos. am—ámos,	nous aimâmes.
Vos. am—asteis,	vous aimâtes.
Ellos am—aron,	ils aimèrent.

PRÉTÉRIT INDÉFINI.

Yo he am—ado, j'ai aimé, etc.

PRÉTÉRIT ANTÉRIEUR.

Yo hube am—ado, j'eus aimé, etc.

PLUS-QUE-PARFAIT.

Yo habia am—ado, j'avais aimé, etc.

FUTUR.

Yo am—aré,	j'aimerai.
Tú am—arás,	tu aimeras.
Él am—ará,	il aimera.

Nos. am—aremos,	nous aimerons.
Vos. am—aréis,	vous aimerez.
Ellos am—arán,	ils aimeront.

FUTUR COMPOSÉ.

Yo habré am—ado,	j'aurai aimé, etc.

Impératif.

PRÉSENT *ou* FUTUR.

Am—a tú,	aime.
Am—e él,	qu'il aime.
Am—emos,	aimons.
Am—ad vosotros,	aimez.
Am—en ellos,	qu'ils aiment (1).

Subjonctif.

PRÉSENT.

Yo am—e,	que j'aime.
Tú am—es,	tu aimes.
Él am—e,	il aime.
Nos. am—emos,	nous aimions.
Vos. am—eis,	vous aimiez.
Ellos am—en,	ils aiment.

IMPARFAIT.

Yo am—ara, am—aria, am—ase,	j'aimerais, j'aimasse.
Tú am—aras, am—arias, am—ases,	tu aimerais, tu aimasses.

(1) Les deux troisièmes personnes et la première du pluriel du présent du subjonctif servent toujours pour l'impératif, tant dans l'affirmative que dans la négative; et même lorsque les deux secondes personnes de l'impératif sont négatives, il faut avoir recours au présent du subjonctif : ex., n'aime, n'aimez pas, *no ames, no ameis.*

Él am—ara, am—aria, am—ase,	il aimerait, il aimât.
Nos. am—áramos, am—ariamos, am—ásemos,	nous aimerions, nous aimassions.
Vos. am—arais, am—ariais, am—aseis,	vous aimeriez, v. aimassiez.
Ellos am—aran, am—arian, am—asen,	ils aimeraient, ils aimassent.

PRÉTÉRIT.

Yo haya am—ado,	que j'aie aimé, etc.

PLUS-QUE-PARFAIT.

Yo hubiera, habria, hubiese am—ado,	j'aurais aimé, j'eusse aimé, etc.

FUTUR.

Yo am—are,	j'aimerai.
Tú am—ares,	tu aimeras.
Él am—are,	il aimera.
Nos. am—áremos,	nous aimerons.
Vos. am—areis,	vous aimerez.
Ellos am—aren,	ils aimeront.

FUTUR COMPOSÉ.

Yo hubiera am—ado,	j'aurai aimé, etc.

IIe CONJUGAISON EN *ER*.

TEM ER, *craindre*.

Infinitif.

PRÉSENT.

Tem—er,	craindre.

PRÉTÉRIT.

Haber tem—ido,	avoir craint.

GÉRONDIF.

Tem—iendo,	craignant.

PARTICIPE PASSÉ.

Tem—ido,	craint.

Indicatif.

PRÉSENT.

Yo tem—o,	je crains.
Tú tem—es,	tu crains.
Él tem—e,	il craint.
Nos. tem—emos,	nous craignons.
Vos. tem—eis,	vous craignez.
Ellos tem—en,	ils craignent.

IMPARFAIT.

Yo tem—ia,	je craignais.
Tú tem—ias,	tu craignais.
Él tem—ia,	il craignait.
Nos. tem—iamos,	nous craignions.
Vos. tem—iais,	vous craigniez.
Ellos tem—ian,	ils craignaient.

PRÉTÉRIT DÉFINI.

Yo tem—i,	je craignis
Tú tem—iste,	tu craignis.
Él tem—ió,	il craignit.
Nos. tem—imos,	nous craignimes.
Vos. tem—isteis,	vous craignites.
Ellos tem—ieron,	ils craignirent.

PRÉTÉRIT INDÉFINI.

Yo he tem-ido,	j'ai craint, etc.

PRÉTÉRIT ANTÉRIEUR.

Yo hube tem—ido,	j'eus craint, etc.

PLUS-QUE-PARFAIT.

Yo habia tem—ido,	j'avais craint, etc.

FUTUR.

Yo tem—eré,	je craindrai.
Tú tem—erás,	tu craindras.
Él tem—erá,	il craindra.
Nos. tem—eremos,	nous craindrons.
Vos. tem—eréis,	vous craindrez.
Ellos tem—erán,	ils craindront.

FUTUR COMPOSÉ.

Yo habré tem—ido,	j'aurai craint, etc.

Impératif.

PRÉSENT *ou* FUTUR.

Tem—e tú,	crains.
Tem—a él,	qu'il craigne.
Tem—amos,	craignons.
Tem—ed vosotros,	craignez.
Tem—an ellos,	qu'ils craignent.

Subjonctif.

PRÉSENT.

Yo tem—a,	que je craigne.
Tú tem—as,	tu craignes.
Él tem—a,	il craigne.
Nos. tem—amos,	nous craignions.
Vos. tem—ais,	vous craigniez.
Ellos tem—an,	ils craignent.

IMPARFAIT.

Yo tem—iera, tem—eria, tem—iese,	je craindrais, je craignisse.

Tú tem—ieras, tem—erias, tem—ieses,	tu craindrais, tu craignisses.
Él tem—iera, tem—eria, tem—iese,	il craindrait, il craignit.
Nos. tem—iéramos, tem—eriamos, tem—iésemos,	nous craindrions, nous craignissions.
Vos. tem—ierais, tem—eriais, tem—ieseis,	vous craindriez, vous craignissiez.
Ellos tem—ieran, tem—erian, tem—iesen,	ils craindraient, ils craignissent.

PRÉTÉRIT.

Yo haya tem—ido,	que j'aie craint, etc.

PLUS-QUE-PARFAIT.

Yo hubiera, habria, hubiese tem—ido,	j'aurais craint, j'eusse craint, etc.

FUTUR.

Yo tem—iere,	je craindrai.
Tú tem—ieres,	tu craindras.
Él tem—iere,	il craindra.
Nos. tem—iéremos,	nous craindrons.
Vos. tem—iereis,	vous craindrez.
Ellos tem—ieren,	ils craindront.

FUTUR COMPOSÉ.

Yo hubiere tem—ido,	j'aurai craint, etc.

IIIe CONJUGAISON EN *IR*.

PART—IR, *partager*.

Infinitif.

PRÉSENT.

Part—ir,	partager.

PRÉTÉRIT.

Haber part—ido,	avoir partagé.

GÉRONDIF.

Part—iendo,	partageant.

PARTICIPE PASSÉ.

Part—ido,	partagé.

Indicatif.

PRÉSENT.

Yo part—o,	je partage.
Tú part—es,	tu partages.
Él part—e,	il partage.
Nos. part—imos,	nous partageons.
Vos. part—is,	vous partagez.
Ellos part—en,	ils partagent

IMPARFAIT.

Yo part—ia,	je partageais.
Tú part—ias,	tu partageais.
Él part—ia,	il partageait.
Nos. part—iamos,	nous partagions.
Vos. part—iais,	vous partagiez.
Ellos part—ian,	ils partageaient.

PRÉTÉRIT DÉFINI.

Yo part i,	je partageai.
Tú part—iste,	tu partageas.
Él part—ió,	il partagea.
Nos. part—ímos,	nous partageâmes.
Vos. part—isteis,	vous partageâtes.
Ellos part—ieron,	ils partagèrent.

PRÉTÉRIT INDÉFINI.

Yo he part—ido,	j'ai partagé, etc.

PRÉTÉRIT ANTÉRIEUR.

Yo hube part—ido,	j'eus partagé, etc.

PLUS-QUE-PARFAIT.

Yo habia part—ido,	j'avais partagé, etc.

FUTUR.

Yo part—iré,	je partagerai.
Tú part—irás,	tu partageras.
Él part—irá,	il partagera.
Nos. part—iremos,	nous partagerons.
Vos. part—iréis,	vous partagerez.
Ellos part—irán,	ils partageront.

FUTUR COMPOSÉ.

Yo habré part—ido,	j'aurai partagé, etc.

Impératif.

PRÉSENT *ou* FUTUR.

Part—e tú,	partage.
Part—a él,	qu'il partage.
Part—amos,	partageons.
Part—id vosotros,	partagez.
Part—an ellos,	qu'ils partagent.

Subjonctif.

PRÉSENT.

Yo part—a,	que je partage.
Tú part—as,	tu partages.
Él part—a,	il partage.
Nos. part—amos,	nous partagions.
Vos. part—ais,	vous partagiez.
Ellos part—an,	ils partagent.

IMPARFAIT.

Yo part—iera, part—iria, part—iese,	je partagerais, je partageasse.
Tú part—ieras, part—irias, part—ieses,	tu partagerais, tu partageasses

Él part—iera, part—iria, part—iese,	il partagerait, il partageât.
Nos. part—iéramos, part—iríamos, part—iésemos,	nous partagerions, nous partageassions.
Vos. part—iérais, part—iríais, part—ieseis,	vous partageriez, vous partageassiez.
Ellos part—ieran, part—irian, part—iesen,	ils partageraient, ils partageassent.

PRÉTÉRIT.

Yo haya part—ido,	que j'aie partagé, etc.

PLUS-QUE-PARFAIT.

Yo hubiera, habria, hubiese part—ido,	j'aurais, j'eusse partagé.

FUTUR.

Yo part—iere,	je partagerai.
Tú part—ieres,	tu partageras.
Él part—iere,	il partagera.
Nos. part—iéremos,	nous partagerons.
Vos. part—iereis,	vous partagerez.
Ellos part—ieren,	ils partageront.

FUTUR COMPOSÉ.

Yo hubiere part—ido,	j'aurai partagé.

DIALOGUES FRANÇAIS-ESPAGNOLS

CHAPITRE PREMIER

VOYAGES

MOYENS DE TRANSPORT

I. Le départ.	**I La marcha.**
1. J'ai l'intention de partir demain par le premier train.	**1.** Pienso salir mañana por la mañana en el primer tren.
2. Allez vous informer des départs.	**2.** Vaya V. á informarse de las salidas.
3. Procurez-moi un indicateur.	**3.** Tráigame V. un indicador.
4. Faites avancer une voiture pour me conduire à la gare.	**4.** Haga V. que venga un coche para llevarme á la estacion.
5. Faites venir un commissionnaire pour porter mes effets.	**5.** Que venga un mozo para llevar mis bagajes.
6. Je prendrai l'omnibus du chemin de fer.	**6.** Tomaré el ómnibus del ferrocarril.
7. Portez mes bagages au bureau de l'omnibus.	**7.** Lleve V. mi equipaje al despacho de los ómnibus.
8. Combien faut-il de temps pour aller au chemin de fer ?	**8** ¿ Cuanto tiempo se necesita para ir al ferrocarril ?
9. Hâtez-vous, je crains d'être en retard.	**9.** Pronto, temo llegar tarde.
10. Je tiens à arriver à	**10.** Me importa estar en la

l'embarcadère une demi-heure avant le départ. — estacion media hora ántes de la salida.

11. Je n'aime pas à être pressé pour prendre mes billets et faire enregistrer mes bagages. — 11. No me gustan las prisas para tomar los billetes y facturar el equipaje.

12. Vous aurez soin de me réveiller de bonne heure. — 12. Cuide V. despertarme temprano.

13. Apportez-moi ce soir la note de ce que je vous dois, je n'aime pas à régler au moment du départ. — 13. Tráigame V. esta noche la cuenta de lo que debo, no me gusta ajustarla en el momento de salir.

14. Allez chez la blanchisseuse, qui n'a pas encore rapporté mon linge. — 14. Vaya V. por la lavandera, que todavía no me ha traido la ropa.

15. Descendez mes bagages, — ma malle, — mon carton à chapeau, — ma couverture, — mes cannes et parapluie. — 15. Baje V. mi equipaje, — el baul, — la sombrerera, — la manta, — los bastones y el paraguas.

16. Montez dans la chambre, regardez si je n'ai rien oublié. — 16. Suba V. á mi cuarto, á ver si no he olvidado nada.

17. Maintenant, partons vite. — 17. Ahora, marchemos pronto.

18. Pressez votre cheval, vous aurez un bon pourboire. — 18. Arree V. el caballo y tendrá una buena propina.

II A l'embarcadère. — II. En la estacion.

1. Où trouverai-je un employé pour prendre mes bagages ? — 1. ¿ En dónde encontraré un empleado que tome mi equipaje ?

2. Indiquez-moi le guichet. — 2. Indiqueme V. la taquilla de los billetes.

3. Une première, — une — 3. Un asiento de primera,

seconde, — une troisième pour...

— de segunda, — de tercera para.....

4. Ce train est-il express? — a-t-il des wagons de toutes classes?

4. ¿ Es este tren *expres*? ¿ tiene wagones de todas clases?

5. Où faut-il aller pour faire enregistrer mes bagages?

5. ¿ Adónde he de ir para facturar mi equipaje?

6. A quel poids de bagages ai-je droit pour ne pas avoir d'excédant?

6. ¿ Qué peso se permite sin pagar exceso?

7. Puis-je garder ceci avec moi?

7. ¿ Puedo llevar esto conmigo?

8. Donnez-moi mon bulletin de bagages.

8 Deme V. el talon de los bagajes.

9. Maintenant je puis entrer dans la salle d'attente.

9. Ahora ya puedo entrar en la sala de espera.

10. Indiquez-moi la salle d'attente.

10. Indiqueme V. la sala de espera.

11. Pourrais-je acheter quelques journaux?

11. ¿ Podria comprar algunos periódicos?

12. Je voudrais un Guide Badecker.

12. Quisiera una Guia Badecker.

13. Je préfère surtout les Guides publiés par Hachette. — Je n'en connais pas de meilleurs.

13. Prefiero ante todo las guias publicadas por Hachette. — No las conozco mejores.

14. Je voudrais un roman nouveau.

14. Quisiera una novela nueva.

15. L'installation des bibliothèques dans les gares est une chose bien utile.

15. La instalacion de las bibliotecas en los embarcaderos es una cosa muy útil.

III. En wagon.

III. En wagon.

1. Puis-je monter en wagon?

1. ¿ Puedo subir al wagon?

2. Est-ce bien le train pour...?

2. ¿ Es este el tren para...?

3. Cette voiture est-elle bien celle de... ?	3. ¿ Este coche es el de...?
4. Serai-je obligé de changer de voiture ? — A quel endroit ? — Veuillez me réveiller si je dors.	4. ¿ Tendré que cambiar de coche ? — ¿ En qué punto — Me despertará V. si duermo.
5. Avez-vous des compartiments pour les fumeurs, — pour les dames seules ?	5. ¿ Hay coches para los fumadores, — para señoras solas ?
6. Je n'aime pas les wagons où l'on fume.	6. No me gustan los wagones en donde se fuma.
7. Je serais très-privé si je ne pouvais pas fumer.	7. Mucho me privará el no poder fumar.
8. La fumée vous incommode-t-elle ?	8. ¿ Molesta á V. el humo ?
9. Seriez-vous assez bon pour me donner une allumette ?	9. ¿ Tendria V. la bondad de darme una cerilla ?
10. Dans combien de temps arriverons-nous au buffet ?	10. ¿ En cuánto tiempo llegaremos á la fonda ?
11. Aurons-nous le temps de déjeuner, — de dîner, — de prendre un potage ?	11. ¿ Tendremos tiempo de almorzar, — de comer, — de tomar una sopa ?
12. Combien de temps s'arrête-t-on ?	12. ¿ Cuánto tiempo hay de parada ?
13. Les boules d'eau chaude ne donnent plus de chaleur, pourriez-vous les faire renouveler ?	13. Las latas de agua caliente no calientan ya ¿ podria V. mandarlas cambiar ?
14. Notre lampe est éteinte, rallumez-la.	14. Nuestro farol está apagado, vuélvalo V. á encender.
15. Monsieur, si ce journal vous est agréable, il est à votre disposition.	15. Caballero, si agrada á V. este periódico, está á la disposicion de V.
16. Ne vous gênez pas, je l'ai lu entièrement.	16. Obre V. con franqueza, le he leido todo.
17. Seriez-vous assez obli-	17. ¿ Seria V. bastante

geant pour me prêter votre indicateur, — ce guide, — ce volume — cette carte ?

amable para prestarme su indicador, — esa guia, — ese libro, — este mapa ?

18. C'est la première, — la seconde fois que je fais ce voyage.

18. Es la primera, — la segunda vez que hago este viaje.

19. La route est-elle curieuse ?

19. ¿ Es interesante el camino ?

20. Pourriez-vous me dire le nom de ce pays, — de cette rivière, — de ce château, — de cette ruine ?

29. ¿ Podria V. decirme el nombre de esta comarca, — de este rio, — de esa quinta, — de esas ruinas ?

21. Le paysage est fort curieux, — fort insignifiant.

21. El paisaje es muy curioso, — muy insípido.

22. Puis-je, sans vous gêner, ouvrir ce côté? il fait très-chaud.

22. ¿ Molestará á V. que abra por este lado ? hace mucho calor.

23. Voulez-vous me permettre de fermer ce carreau? je crains les courants d'air.

23. ¿ Me permite V. cerrar este cristal? temo los aires colados.

24. Le soleil me donne dans la figure.

24. El sol me da en la cara.

25. Voulez-vous accepter un cigare ?

25. ¿ Gusta V. de un cigarro ?

26. Ce train va bien lentement.

26. Este tren va muy despacio.

27. Ne pourriez-vous pas m'indiquer un bon hôtel ?

27. ¿ No podria V. indicarme una buena fonda?

28. Je voudrais un hôtel pour les bourses moyennes.

28. Quisiera una fonda de precios moderados.

29. Connaitriez-vous un hôtel où l'on parle français, — allemand, — anglais, — espagnol ?

29. ¿ Conoce V. una fonda en que se hable Francés, — Aleman, — Inglés, — Español ?

30. Ce buffet était très-bon ; j'ai parfaitement diné.

30. Esta fonda era muy buena : he comido muy bien.

31. Si vous le voulez bien, nous tirerons ce petit rideau ;

31. Si V. gusta, correremos esta cortinilla : así no

la lumière ne vous gênera pas.	le molestará la luz.
32. Je vais essayer de dormir.	32. Trataré de dormir.
33. Vous pouvez vous étendre, cela ne me gêne en rien.	33. Puede V. estirarse : eso no me molesta.
34. Nous voici enfin arrivés.	34. Ya hemos llegado.
35. Je vous remercie beaucoup de toutes vos amabilités.	35. Mil gracias por tanta bondad.
36. Grâce à vous, la route ne m'a pas semblé longue.	36. Gracias á V. no se me ha hecho largo el camino.
37. A quel endroit distribue-t-on les bagages ?	37. ¿ En qué parte se reparten los equipajes ?
38. Il manque mon sac de nuit.	38. Me falta el saco de noche.
39. Je tiens à le retrouver.	39. Me interesa mucho encontrarle.
40. Si vous ne le retrouvez pas, où puis-je faire ma réclamation ?	40. Si no le halla V. ¿ en dónde he de reclamarle ?
41. Je garde mon bulletin, afin de réclamer à qui de droit.	41. Guardaré el talon para reclamar en dónde corresponda.
42. Monsieur le chef de gare, mon sac de nuit me manque.	42. Señor jefe de estacion, me falta el saco de noche.
43. J'en ai très-grand besoin ; télégraphiez à... pour savoir s'il n'y serait pas resté.	43. Me hace mucha falta ; envie V. un telégrama á... para ver si se quedó allí.
44. Quand aurai-je la réponse ?	44. ¿ Cuando habrá respuesta ?
45. Je ne vois pas ma malle.	45. No veo mi baul.

46. Cette malle n'est pas à moi.

46. Este baul no es mio.

47. Il est probable que ma malle sera restée à la douane.

47. Es probable que mi baul se haya quedado en la aduana.

48. Je ne veux pas continuer mon voyage sans l'avoir retrouvée.

48. No quiero continuar mi viaje sin haberle encontrado.

49. C'était une boite recouverte de toile grise.

49. Era una caja cubierta con lienzo gris.

50. Mon nom était dessus.

50. Tenia mi nombre encima.

51. On a ouvert ma malle et pris plusieurs objets.

51. Han abierto el baul y cogido varios objetos.

52. Je voudrais pouvoir faire constater que cette serrure a été forcée, afin de demander des dommages et intérêts.

52. Quisiera hacer constar que han forzado la cerradura, para pedir daños y perjuicios.

IV. Des ennuis et incidents dans le voyage.

IV. De las molestias é incidentes que ocurren en los viajes.

1. Je ne puis aller à reculons sans être fortement incommodé.

1. No puedo ir de espaldas sin estar muy molestado.

2. Vous serait-il indifférent d'aller en arrière ?

2. ¿ Le es á V. igual ir hácia atrás?

3. Mille remerciements pour votre obligeance.

3. Mil gracias por el favor.

4. La fumée du tabac m'incommode, je vous serais bien reconnaissant de cesser.

4. Me incomoda el humo del cigarro : agradeceré á V. que deje de fumar.

5. La fumée du tabac incommode madame.

5. El humo del cigarro molesta á esta señora.

6. Je regrette beaucoup de vous causer cette priva-

6. Mucho siento motivarle esa privacion ; pero real-

tion, mais cela me rend positivement malade.

7. Quelle poussière diabolique !

8. Il est impossible d'avoir les glaces ouvertes.

9. Nous étoufferons si je les ferme.

10. Vous seriez bien aimable d'ouvrir un petit moment, car il fait très-chaud.

11. Il fait un froid de loup.

12. Le soleil me donne en pleine figure.

13. Obligez-moi de baisser ce rideau.

14. Monsieur, lorsqu'on est si susceptible, on prend un compartiment pour soi.

15. Le train s'arrête, qu'y a-t-il ?

16. Je vois tout le monde mettre la tête à la portière.

17. Lorsque le train s'arrête, il n'y a pas de danger.

18. Il est probable qu'un autre train est en vue.

19. Je vois des personnes qui descendent sur la voie ; je vais en faire autant.

20. Il y a devant nous un train de marchandises.

21. La locomotive a un accident.

22. Pourvu qu'un autre train ne vienne pas derrière nous.

mente me hace daño.

7. ¡ Qué polvo tan infernal !

8. No se pueden tener abiertos los cristales.

9. Si los cierro nos vamos á ahogar.

10. Le agradeceré á V. que abra un momento : hace mucho calor.

11. Hace un frio de lobo.

12. Me da el sol en medio de la cara.

13. Tenga V. la bondad de cerrar la cortinilla.

14. Caballero, cuando uno es tan susceptible, toma para sí todo el coche.

15. El tren se para, ¿ qué sucede ?

16. Veo á todos sacar la cabeza por la portezuela.

17. Cuando el tren se para, no hay cuidado.

18. Probablemente habrá otro tren á la vista.

19. Veo algunos que se apean : haré lo mismo.

20. Tenemos delante un tren de mercancías.

21. La locomotora ha tenido algun accidente.

22. Con tal que no venga por detrás otro tren.

23. Je préfère descendre.
24. On aura sans doute fait des signaux.
25. Nous sommes sans doute là pour quelque temps.
26. Prenons patience.

23. Prefiero apearme.
24. Sin duda habrán hecho señales.
25. Seguramente tendremos que esperar largo tiempo.
26. Tengamos paciencia.

V. Au buffet.

V. Almuerzo en el ambigú del ferro-carril.

1. Garçon, vite, un bouillon.
2. Qu'avez-vous de prêt ?
3. Donnez-moi une tasse de café.
4. Donnez-moi du pain et de la viande, — une bouteille de vin, — une demi-bouteille, — un carafon.
5. Combien cette part de poulet ?
6. Enveloppez-la-moi bien.
7. Donnez-moi aussi un verre, — du pain, — un peu de sel dans du papier.
8. Combien ces fruits ?
9. Donnez-nous un cigare et du feu.
10. Pressez-vous un peu, le train va partir.
11. Payez-vous vite.

1. ¡ Mozo ! pronto, un caldo !
2. ¿ Qué tiene V. listo ?
3. Déme V. una taza de café.
4. Venga pan y carne — una botella de vino, — media botella, — medio chico.
5. ¿ Cuánto es este trozo de pollo ?
6. Envuélvale V. bien.
7. Venga tambien un vaso. — pan, — un poco de sal en un papel.
8. ¿ Cuánto estas frutas ?
9. Déme V. un cigarro y lumbre.
10. ¡ Pronto ! que va á marchar el tren.
11. ¡ Cobre V. corriendo !

VI. A la douane.

VI. En la aduana.

1. Tout le monde descend pour la visite de la douane.

1. Todo el mundo baja para el registro de la aduana.

2. Les passe-ports sont-ils toujours exigibles ?	2. ¿ Se exigen los pasaportes ?
3. J'ai oublié de faire viser mon passe-port au consulat.	3. He olvidado visar mi pasaporte por el consulado.
4. J'ignorais qu'il fallait un passe-port ; voici différents papiers qui peuvent vous montrer qui je suis.	4. Ignoraba que fuese necesario el pasaporte : aqui traigo varios papeles que pueden probar á V. quién soy.
5. Voici ma malle ouverte, je n'ai rien à déclarer.	5. Aquí está mi baul abierto : nada tengo que declarar.
6. Je vous en prie, visitez moins brusquement.	6. Ruego á V. registre ménos atropelladamente.
7. Ne remuez pas tout ainsi, je vais vous défaire tout moi-même.	7. No lo revuelva V. todo de esa manera : yo mismo se lo presentaré.
8. Je vous affirme que tous ces objets sont à mon usage.	8. Aseguro á V. que todos estos objetos son de mi uso.
9. J'ignorais qu'une aussi petite chose fût soumise aux droits.	9. Ignoraba que esa friolera pagase derechos.
10. Ces droits sont exorbitants ; vous devez faire erreur ; montrez-moi le tarif.	10. Esos derechos son exorbitantes : debe haber equivocacion, enséñeme V. el arancel.
11. Puis-je remettre tout en ordre et refermer ma malle ?	11. ¿ Puedo volver á arreglar la ropa y cerrar el baul ?
12. Faut-il vous ouvrir tous mes colis, ou voulez-vous m'en désigner un ou deux à votre choix ?	12. ¿ Hay que abrir todos los bultos, ó quiere V. señalarme uno ó dos á su satisfaccion ?
13. La douane est toujours une cérémonie bien ennuyeuse.	13. La aduana es siempre una formalidad bien fastidiosa.
14. Certains douaniers prennent à tâche d'ennuyer les voyageurs.	14. Algunos aduaneros se complacen en molestar á los viajeros.

VII. Renseignements divers.

1. Je voudrais laisser mes bagages ici ; je ne repartirai que ce soir par le train.

2. Vous devez les recevoir en dépòt.

3. Donnez-vous un reçu pour que je puisse les réclamer ?

4. Si je pouvais les enregistrer de suite, j'aimerais beaucoup mieux cela.

5. Avec ce bulletin, je pourrai les réclamer.

6. A quel endroit les mettez-vous ?

7. J'ai déposé mes bagages ici ce matin. En voici le bulletin.

8. Je voudrais les reprendre.

9. Enregistrez-les pour...

10. Faut-il que j'aie pris ma place avant ?

11. Il manque ma couverture de voyage.

12. Cherchez bien, vous devez l'avoir.

13. Je l'aperçois sous cette malle.

14. Combien vous dois-je pour cela ?

15. Je voudrais expédier cette malle à..., bureau restant.

VII. Informes diversos.

1. Quisiera dejar aquí mi equipaje, partiré en el tren de esta noche.

2. Recíbale V. en el depósito.

3. ¿ Dan Vs. un recibo para poder reclamar ?

4. Desearia que lo registrasen ahora.

5. Podria retirarle con este talon.

6. ¿ En dónde le coloca V.?

7. Hé aquí el recibo del equipaje que deposité aquí esta mañana.

8. Quisiera llevármelo.

9. Factúrele V. para...

10. ¿ Hay que sacar el billete con anticipacion?

11. Falta una manta de viaje.

12. Búsquela bien, debe V. tenerla.

13. La veo debajo de aquel baul.

14. ¿ Cuánto se debe por cada bulto ?

15. Quisiera expedir este baul para... en casa de correo.

16. Je veux en payer le port.	16. Voy á pagarle á V. el porte.
17. Quelle différence faites-vous pour l'envoyer en grande ou en petite vitesse?	17. ¿ Qué diferencia se paga al enviarle por grande ó por pequeña velocidad?
18. Combien mettez-vous de jours pour la petite vitesse ?	18. ¿ Cuántos dias tarda por pequeña velocidad?
19. Combien pour la grande ?	19. ¿ Y por la grande?
20. Je me décide pour la grande vitesse.	20. Me decido por la gran velocidad.
21. Donnez-moi un reçu pour que je puisse la réclamer arrivée à destination.	21. Déme V. el talon para reclamar á la llegada.
22. Vous vous trompez, elle ne pèse que...	22. Se equivoca V., no pesa más que...
23. Voici mon bulletin de bagage.	23. Aquí está la factura.
24. Vous allez les porter à l'omnibus de l'hôtel.	24. Llévele V., al ómnibus de la fonda.
25. Faites avancer une voiture et mettez-les dessus.	25. Tráiga V. un coche para llevarle.
26. Cocher, conduisez-moi à cette adresse.	26. Cochero, condúzcame V. á este punto.
27. Connaissez-vous cet hôtel ?	27. ¿ Conoce V. esta fonda?
28. Combien vous dois-je ?	28. ¿ Cuánto le debo á V.?

VIII. La diligence. — VIII. La diligencia.

1. Pouvez-vous m'indiquer le bureau des voitures pour aller à... ?	1. ¿ Puede V. indicarme el despacho de coches para ir á.....?
2. Faut-il retenir sa place d'avance ?	2. ¿ Hay que guardar con anticipacion el asiento?
3. Suffit-il d'arriver au moment du départ ?	3. ¿ Basta llegar al momento de la salida?
4. Est-ce ici le bureau des	4. ¿ Es aquí el despacho de

voitures pour X...? Voudriez-vous me dire le prix d'une place de coupé, — d'intérieur, — de banquette, jusqu'à...?

5. La place du coin est-elle libre ? donnez-la-moi.

6. Ferez-vous prendre mes bagages ? — Dois-je les envoyer ?

7. Combien mettez-vous de temps pour faire le trajet ? — Quelle distance y a-t-il ?

8. A quelle heure partez-vous ?

9. Où peut-on déjeuner ?

10. Pourrai-je m'arrêter en route et repartir par la voiture suivante ?

11. Que faites-vous payer pour les bagages ? — N'oubliez pas de faire prendre les bagages à mon hôtel.

12. Faut-il donner quelque chose au conducteur ?

13. Conducteur, voulez-vous un cigare ?

14. Y a-t-il longtemps que vous faites le service sur cette route ?

15. Avez-vous des curiosités à me montrer sur notre route ?

16. A quelle heure arriverons-nous pour dîner ?

17. Quelle est cette race de chevaux ?

18. Ils ont l'air assez bons.

19. Vous les ménagez trop.

coches para X...? Cuál es el precio de un asiento de berlina, — de interior, — de cupé hasta.....?

5. ¿ Está libre el rincon ? démele V.

6. ¿ Enviará V. por mi equipaje á la posada? — ¿ Tendré que enviarle ?

7. ¿ Cuanto se tarda en el camino ? — ¿ Qué distancia hay ?

8. ¿ Á qué hora se sale ?

9. ¿ En dónde se almuerza ?

10. ¿ Podré pararme en el camino y continuar con el coche siguiente ?

11. ¿ Cuánto cuesta el equipaje ? — No olvide V. mandar por mi equipaje á la posada.

12. ¿ Hay que dar algo al mayoral ?

13. ¿ Mayoral, quiere V. un cigarro ?

14. ¿ Hace mucho tiempo que corre V. esta linea ?

15. ¿ Hay algo que ver por el camino ?

16. ¿ Á qué hora llegaremos á comer ?

17. ¿ De qué raza son estos caballos ?

18. Parecen buenos.

19. Los trata V. con demasiada consideracion.

20. Je vous offrirai une bouteille si nous arrivons de bonne heure ?	20. Le ofreceré á V. una botella si llegamos temprano.
21. Ai-je le temps de descendre ? Attendez-moi quelques minutes.	21. ¿ Tengo tiempo de apearme? espéreme V. unos minutos.
22. Le chemin de fer de.... sera-t-il bientôt terminé ?	22. ¿ Estará concluido pronto el ferrocarril de.....?
23. Combien de fois relayez-vous avant d'arriver à.... ?	23. ¿ Cuántos relevos hay hasta..... ?

IX. Pour louer une voiture particulière.	**IX. Para alquilar un coche particular.**
1. Où pourrai-je trouver une voiture pour aller à....?	1. ¿ En dónde encontraré un coche para ir á.... ?
2. Je voudrais voyager à petites journées.	2. Quiero viajar á pequeñas jornadas.
3. Je désirerais avoir une voiture confortable et de bons chevaux.	3. Deseo un coche cómodo y buenos caballos.
4. Combien me prendrez-vous pour me conduire à... ?	4. ¿ Cuánto lleva V. por conducirme á.... ?
5. Nous sommes trois.	5. Somos tres.
6. Voyons votre voiture. — Combien y mettez-vous de chevaux ?	6. ¿ A ver el coche ? — ¿ Cuántos caballos pone V.?
7. Relayez-vous en route ?	7. ¿ Remuda V. en el camino ?
8. Vous me demandez beaucoup trop cher. — Je trouve que la moitié serait déjà beaucoup.	8. Pide V. demasiado caro. — La mitad es ya mucho.
9. Arrangeons-nous pour..., et je donnerai un pourboire au cocher.	9. Convengamos en..... y daré propina al cochero.

10. Il est impossible de s'entendre avec vous.

10. Es imposible entenderse con V.

11. Puis-je mettre mes bagages derrière la voiture ?

11. ¿ Puedo poner el equipaje en la zaga ?

12. A quelle heure partirons-nous ?

12. ¿ Á qué hora saldremos ?

13. Je voudrais partir de grand matin, pour éviter la chaleur, — pour pouvoir aller coucher à....

13. Quisiera salir de madrugada, para evitar el calor, — para poder dormir en.....

14. Je tiens à voir la voiture. Elle est bien étroite. — Vous me mettrez d'autres coussins. — Peut-elle se découvrir ?

14. Me interesa ver el coche. — Es muy estrecho. — Pondrá V. otros cogines. — ¿ Puede descubrirse ?

15. Trouverons-nous de bons hôtels en route ?

15. ¿ Encontraremos en el camino buenas posadas ?

16. Vous serez demain à la porte de l'hôtel.

16. Este V. mañana temprano á la puerta de la fonda.

17. Surtout mettez-moi de bons chevaux.

17. Sobre todo póngame V. buenas caballerias.

18. Je ne donnerai de pourboire que si je suis content.

18. Solo daré propina si estoy satisfecho.

X. Des accidents qui peuvent arriver en diligence ou en voiture.

X. De los accidentes que puede haber en carruaje.

1. D'où vient cette secousse ?

1. ¿ Qué sacudida es esa ?

2. Le cheval de devant s'est abattu.

2. El caballo delantero se ha caido.

3. Il est embarrassé dans les traits.

3. Se ha enredado en los aparejos.

4. Il ne peut se relever.

4. No puede levantarse.

5. Dételez-le, c'est ce qu'il y a de mieux à faire.	5. Lo mejor es desengancharle.
6. Il n'y a pas moyen, il faut couper les traits.	6. No es posible, hay que cortar los tiros.
7. Donnons un coup de main.	7. Ayudemos un poco.
8. Il faut d'abord caler les roues.	8. Ántes hay que calzar las ruedas.
9. Il faudrait faire avancer un peu la voiture sur lui.	9. Seria preciso adelantar algo el coche.
10. Prenez garde à vous lorsqu'il se relèvera.	10. Tenga V. cuidado cuando se levante.
11. Il faut faire des traits avec des cordes.	11. Hay que hacer tirantes con cuerda.
12. Qu'est-ce encore ?	12. ¿ Qué es eso otra vez ?
13. Nous avons failli verser.	13. Por poco volcábamos.
14. C'est cette grosse pierre qui était en travers de la route.	14. Por esa peña que estaba en medio del camino.
15. La route est tout encombrée des débris de l'orage.	15. El camino está sembrado de tropiezos á causa de la tormenta.
16. Il faudrait prendre un autre chemin.	16. Convendria tomar otro camino.
17. Les chevaux ne peuvent plus avancer.	17. Los caballos no pueden caminar más.
18. Sommes-nous loin d'une habitation ?	18. ¿ Estamos léjos de alguna habitacion ?
19. Y trouverons-nous des chevaux de renfort ?	19. ¿ Encontraremos caballos de refuerzo ?
20. Une roue s'est détachée.	20. Se ha soltado una rueda.
21. Quelques pas de plus, et nous roulions de haut en bas.	21. Unos pasos más, y rodábamos al precipicio.
22. Le conducteur est blessé.	22. Está herido el mayoral.

23. Où pourrions-nous avoir de l'eau ?	23. ¿ Dónde podríamos encontrar agua ?
24. J'aperçois un ruisseau.	24. Allí veo un arroyo.
25. Avez-vous un mouchoir à me prêter pour le bander ?	25. ¿ Me presta V. un pañuelo para vendarle ?
26. Essayons de le transporter à la maison que nous voyons là-bas.	26. Procuremos transportarle á la casa que se ve allá.
27. Voici un malheureux qui s'est blessé dans un accident de voiture.	27. Aquí tenemos un infeliz herido con un accidente de carruaje.
28. Il faudrait envoyer chercher un médecin.	28. Convendria enviar á buscar al médico.
29. Sommes-nous loin du relais de poste ?	29. ¿ Estamos léjos del relevo de posta ?
30. Trouverai-je un charron dans les environs ?	30. ¿ Habrá en las cercanías un carretero ?
31. A défaut de charron — un charpentier, — un menuisier, — un serrurier ?	31. En su defecto un carpintero — un cerrajero.
32. Quelqu'un enfin qui puisse arranger un peu la voiture pour nous permettre de continuer jusqu'à la première ville ?	32. Alguien en fin que pueda componer el coche para poder llegar á la primera ciudad.
33. Il faudrait charger les bagages dans une charrette, et nous irions à pied.	33. Seria bueno cargar los equipajes en una carreta, y nosotros iremos á pié.
34. Le conducteur est gris, il va certainement nous arriver un accident.	34. El mayoral está chispo, de seguro nos va á suceder algo.
35. Postillon, arrêtez : vous allez nous faire verser.	35. Delantero, pare V., nos va á hacer volcar.
36. Nous sommes heureux d'en être quittes à si bon marché.	36. De buena nos hemos librado.

37. En sautant, je me suis donné une entorse.
37. Al saltar me torcí el pié.

38. J'ai le poignet foulé.
38. Me he estropeado la muñeca.

39. Venez vite tremper votre pied dans ce ruisseau.
39. Venga V. pronto á meter el pié en este arroyo.

40. Respirez ceci, cela vous remettra.
40. Respire V. esto, le hará provecho.

41. Prenez une goutte d'eau-de-vie.
41. Tome V. una gota de aguardiente.

42. Quel ouragan épouvantable!
42. ¡ Qué espantoso huracan!

43. Les chevaux ont peur des éclairs : ils vont s'emporter.
43. Los caballos se asustan de los relámpagos : se van á desbocar.

44. Il vaut mieux s'arrêter.
44. Vale más pararse.

45. Nous ne pouvons plus continuer.
45. Ya no podemos continuar.

46. La rivière est débordée.
46. El rio sale de madre.

47. Le torrent a enlevé le pont.
47. Las aguas se llevaron el puente.

48. Il nous va falloir passer la nuit sur la grande route.
48. Tendremos que pasar la noche á cielo raso.

49. La voiture est trop chargée, il est imprudent de passer le bac.
49. El coche está muy cargado : no seria prudente pasar la barca.

50. On ne me reprendra plus à voyager ainsi.
50. No volverán á cogerme para viajar de este modo.

XI. Dans une auberge.

XI. En una posada.

1. Voilà, je crois, une auberge.
1. Creo que hay allí una posada.

2. Elle a même l'air assez confortable.
2. Parece confortable.

3. Ce doit être une bien pauvre auberge.	3. Debe de ser un meson.
4. Il ne doit y descendre que des rouliers et des colporteurs.	4. Solo debe parar aquí arrieros y carreteros.
5. Enfin, il vaut mieux encore y entrer que de passer la nuit à la belle étoile.	5. Enfin más vale entrar que dormir á cielo raso.
6. Entrons toujours, nous verrons.	6. Entremos, despues se verá.
7. Bonjour, la compagnie : pouvez-vous me donner à déjeuner, — à diner, — à souper, — à coucher ?	7. Felices, buena gente, ¿ podrian Vs. darme de almorzar, — de cenar, — de comer, — una cama ?
8. Qu'avez-vous à nous donner pour diner ?	8. ¿ Qué nos dará V. de comer ?
9. Si vous n'avez pas autre chose, il faut bien s'en contenter.	9. Fuerza es contentarse, si no hay otra cosa.
10. J'aime autant du pain et du fromage.	10. Lo mismo me es pan y queso.
11. N'avez-vous pas des œufs ? — Faites-nous une omelette au lard.	11. ¿ Hay huevos ? — Que hagan una tortilla con tocino.
12. Donnez-moi le vin que vous avez.	12. Déme V. el vino que tenga.
13. Pouvez-vous faire rentrer la voiture ?	13. ¿ Puede meterse el coche en la cochera ?
14. Mettez le cheval à l'écurie.	14. Lleve V. el caballo á la cuadra.
15. Vous avez bien une chambre à nous donner ?	15 ¿ Hay un cuarto que darnos ?
16. Pourvu que le lit soit bon, c'est tout ce qu'il me faut.	16. Lo que deseo es que sea buena la cama.
17. Il ne faut pas se plaindre, il n'est pas trop dur.	17. No hay que quejarse, no es tan dura.
18. Les draps sont humides ; mettez-en d'autres, je	18. Las sábanas están húmedas, no quiero dormir en

ne veux pas coucher là dedans.

ellas, póngame V. otras.

19. Je ne suis pas assez couvert, donnez-moi une seconde couverture.

19. No tengo bastante ropa, déme V. otra manta.

20. Nous sommes gelés, faites-nous un bon feu.

20. Estamos helados, que hagan Vs. un buen fuego.

21. Montez-moi du bois ou du charbon de terre.

21. Súbame V. leña y carbon de piedra.

22. Dites-moi ce que je vous dois.

22. Digame V. lo que debo.

23. Voici la note préparée.

23. Aqui está la nota preparada.

24. C'est plus cher que dans un bon hôtel.

24. Es más caro que en una buena fonda.

25. Vous êtes bien raisonnable : voilà pour donner aux domestiques.

25. Es V. bien razonable, ahi va para los criados.

XII. Sur le bateau.

XII. En el buque.

1. Faut-il arrêter sa place pour avoir une cabine ?

1. ¿ Es preciso retener el pasaje para tener un camarote ?

2. Quel jour part-il ?

2. ¿ Qué dia sale el buque ?

3. Combien de temps met-il pour faire la traversée ?

3. ¿ Cuánto tarda en la travesía ?

4. Avez-vous une cabine de pont ?

4. ¿ Tiene V. un camarote de sobrecubierta ?

5. A quelle heure faut-il être rendu à bord ?

5. ¿ Á qué hora hay que estar á bordo ?

6. Devrai-je prendre un batelier pour m'y conduire ?

6. ¿ Deberé tomar un marinero que me lleve á bordo ?

7. Que leur donne-t-on de coutume pour cela ?

7. ¿ Qué se les acostumbra á pagar ?

8. Conduisez-moi au bateau qui part pour....

8. Llévame V. al buque que sale para....

9. Pressez vous un peu, j'entends la cloche.	9. Vamos de prisa : que oigo la campana.
10. Ne mettez pas ce sac aux bagages, je le conserverai avec moi.	10. No ponga V. ese saco con el equipaje : le llevaré conmigo.
11. La traversée s'annonce-t-elle bien ?	11. ¿ Se presenta buena la travesia ?
12. Elle a été très-bonne hier.	12. Ayer fué muy buena.
13. Le vent commence à s'élever.	13. Se está levantando el viento.
14. J'ai grand'peur d'être malade.	14. Mucho temo marearme.
15. Madame, vous semblez indisposée ; puis-je vous être utile ?	15. Señora, parece V. indispuesta ; ¿ puedo serle á V. útil ?
16. Disposez de moi, je vous prie.	16. Ruego á V. disponga de mí.
17. Où pourrai-je avoir un peu d'eau-de-vie ?	17. ¿ Dónde me darán un poco de aguardiente ?
18. Ayez la bonté de m'apporter une cuvette, — je me sens mieux.	18. Sírvase V. traerme una palancana, — me siento mejor.
19. Vous n'auriez pas un citron ?	19. ¿ Tiene V. un limon ?
20. Je n'ai pas la force de bouger.	20. No tengo fuerzas para menearme.
21. Ayez la complaisance de vous occuper du débarquement.	21. Ruego á V. se ocupe del desembarque.
22. La vue de la terre me fait du bien.	22. La vista de tierra me consuela.
23. Je suis bien heureux d'être arrivé.	23. ¡ Cuánto me alegro de haber llegado !
24. Où visite-t-on les bagages ?	24. ¿ En dónde se visita el equipaje ?
25. Nous sommes à la douane.	25. Estamos en la aduana.

26. Je n'ai pas besoin de vos services.

27. Vous m'ennuyez, allez tous au diable.

28. Suis-je obligé de déclarer vingt-cinq cigares ?

26. No necesito de sus servicios.

27. ¡ Qué fastidio ¡ váyanse con cien mil diablos.

28. ¿ Tengo obligacion de declarar veinte y cinco cigarros ?

CHAPITRE II

INSTALLATION — SERVICE

I. A l'hôtel.

1. Auriez-vous une chambre de libre?

2. A quel étage est-elle ? — Je ne voudrais pas monter aussi haut.

3. Montrez-la-moi toujours.

4. Je ne tiens pas à l'avoir aussi grande. — En avez-vous une donnant sur la rue ? — Je sors peu, et j'aime beaucoup à avoir de la vue.

5. Je ne tiens pas à avoir une chambre sur le devant, je suis presque toujours dehors.

6. Je ne veux pas monter trop haut, cela me fatigue énormément.

7. Avez-vous une chambre à deux lits?

8. Quels sont les prix de votre hôtel ?

I. En la fonda.

1. ¿ Tiene V. un cuarto libre ?

2. ¿ En qué piso está?—No quisiera subir tanto.

3. ¿ A ver ?

4. No importa que sea más pequeña. — ¿ Tiene V. uno que dé á la calle ? Salgo poco y me gustan las buenas vistas.

5. No exijo que el cuarto dé á la calle ; casi siempre estoy fuera.

6. No me gusta subir muchas escaleras, me cansa en extremo.

7. ¿ Tiene V. un cuarto con dos camas ?

8. ¿ Qué precios tiene esta fonda ?

9. Combien comptez-vous cette chambre ?

9. ¿ Cuánto vale este cuarto ?

10. Je compte rester huit jours, — quinze jours, — un mois. — Faites-moi un prix doux.

10. Estaré ocho dias, — quince, — un mes. — Póngame V. un precio barato.

11. Le service est certainement compris.

11. ¿ Sin duda incluye V. el servicio ?

12. Afin d'éviter les surprises, j'aime bien à connaître d'avance tous les prix.

12. Para evitar sorpresas bueno es saber antes todos los precios.

13. Cela vaut toujours mieux, car on est libre d'accepter ou de refuser.

13. Es mucho mejor, así se acepta ó se rehusa con franqueza.

14. Combien comptez-vous de service par personne ?

14. ¿ Cuánto se paga el servicio de cada uno ?

15. Et pour la bougie, vous ne la comptez que chaque fois que vous en mettez une neuve ?

15. ¿ Y la luz ? No la hará V. pagar sino cada vez que pone una nueva ?

16. Cette chambre ne fait pas mon affaire.

16. No me acomoda el cuarto.

17. Vous n'avez pas une chambre moins triste ? c'est une vraie prison.

17. ¿ No tiene V. un cuarto ménos triste ? parece una cárcel.

18. La cheminée va-t-elle bien ?

18. ¿ Va bien la chimenea ?

19. Montez-moi de quoi faire du feu.

19. Que suban con qué hacer fuego.

20. Je voudrais bien un autre fauteuil.

20 Quisiera otro sillon.

21. Vous me mettrez une seconde couverture.

21. Póngame V. otra manta más.

22. Vous n'avez pas un édredon ?

22. ¿ No hay un almohadon de pluma ?

23. Montez-moi un oreiller, j'aime à avoir la tête très-haute.

23. Súbame V. una almohada ; me gusta tener alta la cabeza.

24. Je ne vois pas le tire-botte.

24. No veo el sacabotas.

25. Dites-moi où sont les cabinets.	25. Digame V. donde está el excusado.
26. Y a-t-il un signe sur la porte ?	26. ¿ Hay señal en la puerta ?
27. Montez-moi un seau pour jeter les eaux de toilette et un broc.	27. Suba V. para echar las aguas de la palancana y un jarro.
28. Je voudrais une seconde cuvette.	28. Quisiera otra palancana.
29. Le vase indispensable n'est pas dans la table de nuit.	29. Falta en la mesa de noche la pieza indispensable.
30. Vous me donnerez une seconde serviette.	30. Déme V. otra servilleta.
31. Ou est la sonnette ?	31. ¿ Dónde está la campanilla ?
32. Vous pouvez monter mes bagages.	32. Puede V. subir mi equipaje.
33. Posez ma malle sur ce pliant.	33. Ponga V. mi baul en ese escaño.
34. Je ne vous ai pas demandé le prix du déjeuner, — du dîner.	34. No he preguntado el precio del almuerzo, — de la comida.
35. Vous avez une table d'hôte.	35. ¿ Tiene V. mesa redonda ?
36. Ne pouvez-vous me faire un prix plus avantageux ? je prendrais tous mes repas ici.	36. ¿ No podria V. pedirme un precio más módico ? haria todas las comidas en casa.
37. Je voudrais vous donner... par jour, tout compris, logement, nourriture et service.	37 Yo quisiera pagar.... por dia, comprendiéndolo todo, casa, comida y servicio.
38. Vous êtes vraiment trop cher, vous oubliez que je vous suis adressé par un de vos bons clients.	38. Es V. muy caro y olvida que le soy recomendado por uno de sus buenos parroquianos.
39. Arrangeons - nous pour... c'est entendu.	39. Convengamos en...... es cosa hecha.

40. Je vous préviens que je serai souvent obligé de dîner dehors, aussi je désire avoir un prix séparé pour la chambre.

40. Prevengo á V. que tendré que comer fuera de casa muchas veces, por eso deseo tener por separado el precio del cuarto

41. Je comprends que vous louiez la chambre un peu plus cher lorsque l'on ne prend pas les repas à l'hôtel, mais la différence est trop grande.

41. Comprendo que haga V. pagar más caro cuando no se come en la fonda, pero la diferencia es excesiva.

42. Je suis désolé, mais vous m'obligez à aller frapper à une autre porte.

42. Mucho lo siento ; pero tendré que ir á llamar a otra puerta.

43. Vous me répondez qu'il n'y a pas de punaises ? j'en ai une peur horrible.

43. ¿ Dice V. que no hay chinches ? tengo horror de ellas.

44. Si j'en trouvais, je quitterais de suite.

44. A la primera que encuentre echo á correr.

45. Je vous prierai de me serrer dans votre caisse ce portefeuille.

45. Guárdeme V. esta cartera en la caja.

46. J'ai mille francs à vous confier, car il est imprudent de les laisser dans la chambre, puis vous ne répondez naturellement que de ce qui vous est remis.

46. Confio á V. mil francos porque no es prudente dejarlos en el cuarto, ya que V. no responde sino de lo que se le entrega.

47. Avez-vous l'habitude de donner un reçu?

47. ¿ Acostumbra V. á dar recibo ?

48. Ne vous offensez pas de cette demande, elle n'a rien de personnel ; mais c'est plus régulier, car on ne sait ni qui meurt ni qui vit.

48. No se ofenda V. por mi pregunta, nada tiene de personal ; pero es más regular cuando no se sabe quién vive ni quién muere.

49. Je n'aime pas les hôtels de voyageurs de commerce ; ces messieurs ont souvent à table une conver-

49. No me gustan las fondas de los viajantes de comercio : con frecuencia hablan esos señores en la mesa

sation trop libre, ce qui est quelquefois gênant lorsque l'on est avec une dame.

con demasiada libertad, lo que molesta si se acompaña á una señora.

50. Vous avez un omnibus attaché à l'hôtel ?

50. ¿ Tiene ómnibus la fonda ?

51. N'avez-vous pas dans l'hôtel un loueur de voitures pour promenades ?

51. ¿ No hay en la fonda quien arriende coches para pasearse ?

52. Avez-vous un salon de lecture ?

52. ¿ Hay salon de lectura ?

53. Recevez-vous quelques journaux français, anglais, belges, espagnols ?

53. ¿ Recibe V. periódicos franceses, — ingleses, — belgas, — españoles ?

54. Il y a certainement un fumoir ? Indiquez-le-moi, je vous prie.

54. ¿ Sin duda habrá una pieza para fumar ? Sírvase V. enseñármela.

55. Vous devez avoir les affiches de théâtre.

55. ¿ Tendrá V. los anuncios de teatro ?

56. Avez-vous des bains dans l'hôtel ?

56. ¿ Hay baños en la fonda ?

57. S'il vient des lettres pour moi, vous me les ferez monter, je vous prie.

57. Si llegan cartas para mí, que me las suban.

58. Je n'aime pas cette coutume de les mettre sous un petit grillage ; il s'ouvre facilement, et je me méfie des personnes indiscrètes.

58. No me gusta la costumbre de poner las cartas tras un enrejado, que muchas veces está abierto, y temo las indiscreciones.

59. Voilà deux fois que je sonne inutilement ; je voudrais de l'eau chaude.

59 Dos veces he llamado en balde : quisiera agua caliente.

60. Priez la femme de chambre de venir coiffer madame.

60. Diga V. á la doncella que venga á peinar á la señora.

61. Vous allumerez mon feu.

61. Encienda V. el fuego.

62. Dites que l'on me monte de suite mes chaussures, elles devraient être faites.

62. Que me suban en seguida el calzado, ya deberia estar pronto.

63. Vous me monterez une tasse de café au lait, — de chocolat, — de thé.

63. Súbame V. una taza de café con leche, — de chocolate, — de té.

II. Pour louer un appartement garni.

II. Para alquilar habitaciones amuebladas.

1. On m'a indiqué votre maison comme louant des appartements meublés.

1. Me han dicho que en esta casa se alquilan habitaciones amuebladas.

2. Qu'avez-vous de disponible ?

2. ¿ Qué hay disponible ?

3. Je voudrais un petit appartement composé de deux chambres à coucher, un salon et un cabinet de débarras.

3. Quisiera una habitacioncita compuesta de dos cuartos de dormir, una sala y un cuarto oscuro.

4. Il me faut une chambre à coucher avec un cabinet de toilette et un salon.

4. Necesito un cuarto de dormir, un gabinete de tocador y una sala.

5. Une belle chambre me suffirait. Je la voudrais au premier.

5. Me contentaria con un buen cuarto en el primer piso.

6. Je ne voudrais pas monter plus haut que le deuxième étage.

6. No quisiera subir más que al segundo piso.

7. Je voudrais une chambre donnant sur les jardins, je serais plus tranquille.

7. Quiero un cuarto que dé al jardin, asi estaré más tranquilo.

8. Avez-vous quelque chose donnant sur le quai, — la rue, — le boulevard, — la place, — la mer, — le port ?

8. ¿ Tiene V. alguna pieza que dé al muelle, — á la calle, — al boulevard, — á la plaza, — á la mar, — al puerto ?

9. Voyons ce que vous pouvez m'offrir, nous causerons ensuite du prix.

9. Veamos lo que V. tiene, despues hablaremos de precio.

10. Cet appartement est vraiment coquet, il est très-gai.

10. Esta habitacion es muy linda y alegre.

11. Cet appartement est bien sombre.

12. Vous ne pourriez pas supprimer cette pièce, car elle est bien grande pour moi?

13. Voyez donc si vous ne pourriez pas me donner une pièce de plus : c'est un peu petit.

14. Dans tous les cas, vous pourriez mettre un lit dans cette pièce?

15. Je ne vois pas de difficulté à cela.

16. Je m'occupe beaucoup de musique, ne pourriez-vous me procurer un piano?

17. Naturellement le prix de la location doit se compter à part.

18. Combien cela peut-il coûter environ?

19. Pour en revenir au prix, faites en sorte de vous contenter de...

20 Vous êtes si aimable, que je n'ose vous marchander.

21. Je fais un sacrifice pour demeurer chez vous.

22. Me sera-t-il permis de passer quelquefois la soirée avec votre famille?

23. Je serai très-heureux de faire connaissance avec elle.

24. On m'a dit que mademoiselle votre fille était très-bonne musicienne.

11. Esta habitacion es muy oscura.

12. ¿ No podria V. suprimir esta pieza? es mucho para mí.

13. Déme V. una pieza más, esto es demasiado pequeño.

14. ¿ En todo caso podria V. poner una cama en esta pieza?

15. No veo inconveniente en ello.

16. Me gusta mucho la música, ¿ podria V. proporcionarme un piano?

17. Naturalmente se contará á parte el precio del alquiler.

18. ¿ Cuanto puede costar?

19. Volviendo al precio ya se contentará V. con....

20. Es V. tan amable que no me atrevo á regatear.

21. Hago un sacrificio con quedarme aqui.

22. ¿ Se me permitirá alguna vez pasar la noche con la familia de V.?

23. Me alegraré en el alma conocerla.

24. Me han dicho que su hija de V. es gran música.

25. Monsieur votre fils est employé dans une maison de banque ?	25. Su hijo de V. está empleado en el banco.
26. Je serai très-heureux de ne pas me trouver isolé en pays étranger.	26. Me felicitaré de no encontrarme aislado en país extranjero.
27. Le soir avez-vous un domestique qui veille jusqu'à ce que tout le monde soit rentré ?	27. ¿ Hay criados que velen por la noche hasta que entre todo el mundo ?
28. Vous aurez alors la complaisance de me donner une clef de la porte d'entrée.	28. ¿ Se servirá V. darme una llave de la puerta de la calle ?
29. Il m'arrivera très-rarement de rentrer tard, mais il faut en avoir la possibilité.	29. Pocas veces entraré tarde ; pero bueno es poder hacerlo.
30. N'avez-vous personne qui sache quelques mots de français ?	30. ¿ No hay nadie que sepa algo de francés ?
31. Ce serait un bonheur pour moi de rencontrer un compatriote.	31. Me felicitaría de encontrar un compatriota.
32. Je serai forcé alors de me dépêcher d'apprendre votre langue.	32. Entónces tendré que apresurarme á aprender la lengua de V.
33. C'est un mal pour un bien, je l'apprendrai plus vite.	33. No hay mal que por bien no venga : así le aprenderé más pronto.
34. Si vous voulez bien donner des ordres en conséquence, je viendrai dès demain habiter chez vous.	34. Si V. quiere dar las órdenes oportunas vendré desde mañana á habitar esta casa.
35. Voici le montant de la première quinzaine de ma pension.	35. Aquí está el precio de la primera quincena de mi pension.
36. Si vous le voulez bien, nous réglerons toujours ainsi.	36. Si V. quiere siempre pagaré así.

37. Causons maintenant du prix.	37. Hablemos ahora de precio.
38. Louez-vous pour huit jours, — pour quinze jours, — pour un mois ?	38. ¿ Alquila V. por ocho, — por quince dias, — por un mes ?
39. Quel prix demandez-vous ?	39. ¿ Qué precio pide V. ?
40. Le service est-il compris dans ce prix ?	40. ¿ Se comprende el servicio en el precio ?
41. Nous louons ici pour toute une saison, cela mérite considération.	41. Alquilamos por toda la estacion, eso merece consideracion.
42. Votre prix est exagéré, nous ne pourrons jamais nous entendre.	42. El precio es exagerado, jamás podremos entendernos.
43. Je le regrette, car la maison me plaisait beaucoup.	43. Lo siento porque me gustaba la casa.
44. Voyons, ne pouvez-vous diminuer quelque chose ?	44. Vamos rebaje V. algo.
45. Vous êtes vraiment raide.	45. Es V. intratable.
46. Voilà ce que je puis mettre, c'est à prendre ou à laisser.	46. Esto puedo pagar, diga V. si ó no.
47. C'est une affaire entendue.	47. Es cosa convenida.
48. J'ai différentes petites choses à vous réclamer, relativement au mobilier.	48. Tengo que reclamar algunas cosillas, respecto á muebles.
49. Je vous ferai observer qu'il manque ici plusieurs choses indispensables.	49. Aquí faltan varias cosas indispensables.
50. Si vous voulez, nous allons en faire une petite liste.	50. Si V. quiere haremos una lista.
51. Vous me donnerez : — deux flambeaux, — pelle, — pincettes, — soufflet, — un	51. Me dará V. : dos candeleros, — paleta — tenazas, — fuelle, — un cubo para el

Français	Español
seau pour mettre le charbon.	carbon.
52. Un second matelas, — une couverture,— un oreiller, — un bon fauteuil, — deux chaises, — un petit tabouret, — un crachoir.	52. Otro colchon, — una manta, — una almohada, — un buen sillon, — dos sillas, — un taburete — una escupidera.
Un pot à eau.	Una jarra.
Une seconde cuvette.	Otra palancana.
Un seau pour jeter les eaux.	Un cubo para echar el agua.
Une lampe.	Un quinqué.
Une veilleuse.	Una lamparilla.
Une bouillotte.	Una cafetera para calentar el agua.
Une chaufferette.	Un braserillo.
53. Pour la nourriture, de quelle manière peut-on s'arranger ?	53. ¿ Cómo nos arreglarémos para la comida ?
54. Avez-vous une table d'hôte ?	54. ¿ Tiene V. mesa redonda ?
55. A quelle heure est-elle ?	55. ¿ Á qué hora ?
56. Vous n'y recevez sans doute que les personnes de la maison et quelques habitués ?	56. ¿ Sin duda no admitirá V. en ella más que á los huéspedes y á algunos parroquianos ?
57. De quel prix est-elle ?	57. ¿ Cuánto cuesta ?
58. J'y trouverai sans doute des personnes avec lesquelles je pourrai faire société ?	58. ¿ Habrá personas con quienes poder relacionarse ?
59. Ce que vous me dites me fait grand plaisir, j'en profiterai certainement.	59. Me agrada lo que V. dice : seguramente lo aprovecharé.
60. Je voudrais voir le domestique chargé du service.	60. Quisiera ver al criado que sirve.
61. S'il est complaisant, je ne l'oublierai pas.	61. No le olvidaré si él es complaciente.
62. N'avez-vous pas une femme de chambre ?	62. ¿ No tiene V. doncella ?

63. C'est beaucoup plus commode pour une dame.

63. Es mucho más cómodo para una señora.

64. Il y a un concierge dans la maison ?

64. ¿ Hay un portero en la ca a ?

65. Si vous n'en avez pas, comment fait-on pour rentrer le soir ?

65. Si no le hay, ¿ cómo se arreglan para entrar por la noche ?

66. Vous dites que vous donnez une clef à chaque locataire.

66. Dice V. que cada huésped tiene una llave.

67. L'escalier est-il éclairé le soir ? jusqu'à quelle heure les domestiques attendent-ils ?

67. ¿ Está alumbrada la escalera por la noche ? ¿ Hasta qué hora esperan los criados ?

68. C'est bien suffisant.

68. Basta.

69. Si tout le monde était couché, montrez-moi où je trouverais la clef.

69. Enséñeme V. en donde se encuentra la luz cuando todos están acostados

70. Indiquez-moi les cabinets d'aisances.

70. Enséñeme V. el retrete.

III. Pour louer une chambre.

III. Para alquilar un cuarto.

1. Avez-vous une chambre meublée ?

1. ¿ Tiene V. un cuarto amueblado ?

2. A quel étage est-elle ?

2. ¿ En qué piso está ?

3. On m'a dit que vous aviez des chambres à louer.

3. Me han dicho que tiene V. cuartos que arrendar.

4. Pouvez-vous m'en faire voir ?

4. ¿ Puede V. enseñármelos ?

5. Voulez-vous avoir la bonté de m'en faire voir ?

5. ¿ Tiene V. la bondad de enseñármelos ?

6. La pièce est assez grande, — bien petite.

6. La pieza es bastante grande, — bien pequeña.

7. Cette pièce me conviendrait assez.

7. Esta pieza me convendria bastante.

8. Vous n'en avez pas à l'étage de dessus ?

8. ¿ No tiene V. en el piso de encima ?

9. Il me serait indifférent de monter plus haut.

9. Me seria indiferente subir mas.

10. Quel prix demandez-vous de cette chambre ?

10. ¿ Cuánto cuesta el cuarto ?

11. Quel est le prix par semaine, par mois ?

11. ¿ Cuanto cuesta por semana, por mes ?

12. Le service est compris, bien entendu ?

12. ¿ El servicio está comprendido en el precio ?

13. Je suis une personne tranquille, je viens habiter votre ville pour apprendre la langue et je resterai longtemps, traitez-moi en conséquence.

13. Soy una persona tranquila, vengo á vivir en esta ciudad para aprender la lengua y permaneceré en ella largo tiempo : trateme V. en consecuencia.

14. Diminuez-moi ceci, et c'est une affaire conclue.

14. Rebaje V. esto, y está hecho el negocio.

15. Auriez-vous un endroit de débarras, où je pourrais mettre mes malles vides, pour ne pas les avoir dans la chambre ?

15. ¿ Tiene V. un cuarto oscuro donde dejar mis baules despues de desocupados, para no tenerlos en mi cuarto ?

16. La cheminée va-t-elle bien ? Je suis très-frileux.

16. ¿ Está corriente la chimenea ? soy muy sensible al frio.

17. Je vous demanderai un bon fauteuil et une table plus grande sur laquelle je puisse travailler.

17. Quisiera un buen sillon y una mesa más grande para poder trabajar.

18. Pourriez-vous, au besoin, me faire mon déjeuner du matin ?

18. En caso necesario ¿ podrán hacerme el desayuno ?

19. Voici ce que je désirerais :

19. Esto es lo que yo desearia.

20. Une tasse de café au lait.

20. Una taza de café con leche.

21. Une tasse de chocolat avec un petit pain.

21. Una jicara de chocolate con panecillo

22. Une tasse de thé avec du pain et du beurre.

22. Una taza de té con pan y manteca.

23. Combien me prendrez-vous pour cela par semaine?

23. ¿ Cuánto me cobrará V. por esto... cada semana?

24. Je vais m'occuper de faire apporter mes malles, ayez la complaisance de donner un coup d'œil et de veiller à ce que la chambre soit prête lorsque je vais revenir.

24. Vóyme para que traigan los baules; sírvase V. echar un vistazo y cuidar de que esté listo el cuarto para cuando vuelva.

IV. Objets d'ameublement.

IV. Ajuar de una casa.

1. Voici la liste des meubles et menus objets qui se trouvent dans l'appartement que vous me louez.

1. He aquí la lista de los muebles y otros objetos que se encuentran en la habitacion que V. me arrienda.

2. Si vous voulez, nous allons la vérifier.

2. Los examinaremos, si V. gusta.

3. Nous commençons par le lit; il est en acajou — en palissandre.

3. Empecemos por la cama; es de caoba — de palorosa.

4. Il y a un sommier élastique — une paillasse — un lit de plume — deux matelas — une couverture de laine — une couverture de coton — un couvre-pied — un édredon — un traversin — deux oreillers.

4. Hay un colchon de muelles — un jergon — un colchon de pluma — otros dos de lana — una manta de lana — otra de algodon — una colcha — un almohadon — una cabecera — dos almohadas.

5. Une table de nuit — je vous ferai remarquer que le marbre en est cassé — un vase de nuit.

5. Una mesa de noche — note V. que tiene el mármol roto — un bañado.

6. Vous m'en donnerez un autre; l'anse de celui-ci est cassée.

6. Déme V. otro, este tiene el asa rota.

7. Un tapis servant de descente de lit.

7. Una alfombra que sirve de rodapié.

8. Une commode ; je ne vois pas la clef des tiroirs.

8. Una cómoda ; no veo la llave de los cajones.

9. Un guéridon — deux fauteuils.

9. Un velador — dos sillones.

10. Vous voyez que l'étoffe est loin d'être fraîche.

10. Bien ve V. que la tela no es nueva.

11. Quatre chaises.

11. Cuatro sillas.

12. Une toilette ; la glace est fêlée.

12. Un tocador, el espejo está hendido.

13. Cuvette et pot à eau, ainsi que les accessoires, verre, boite à savon, etc.

13. Palancana, jarra y accesorios, vaso, caja de jabon, etc.

14. Passons au salon.

14. Pasemos á la sala.

15. Un canapé — un piano — quatre fauteuils — un grand tapis.

15. Un canapé — un piano — cuatro sillones — una alfombra grande.

16. Une pendule.

16. Un reloj de chimenea.

17. Je vous serai obligé de la faire aller.

17. Sirvase V. darle cuerda.

18. Une table à jeu.

18. Una mesa de juego.

19. Deux flambeaux ; il n'y a pas de bobèches.

19. Dos candelabros ; no tienen arandelas.

20. Pelle — pincettes — chenets.

20. Paletas — tenazas — morillos.

21. Maintenant voyons la salle à manger.

21. Veamos ahora el comedor.

22. Le buffet est en chêne — en acajou. Je vous demanderai une toile cirée pour la table à manger.

22. El aparador es de encina — de caoba. Pediré á V. un hule para la mesa de comer.

23. La vaisselle est sans doute dedans?

23. Sin duda está dentro la vajilla ?

24. Assiettes plates — assiettes creuses — assiettes à dessert — soupières — hors-d'œuvre — compotiers — légumiers — verres — verres à bordeaux — à hcampagne — carafes —

24. Platos lisos — hondos — de postre — sopera — platillos — compoteras — para legumbres — vasos — copas de vino — de champagne — botellas — cucharon — cucharas — tenedo-

cuillers à potage — cuillers — fourchettes — couteaux — couverts à dessert.

res — cuchillos — cubiertos de postre.

25. Est-ce en argent ou en plaqué?

25. ¿ Son de plata ó de plaqué ?

26. Cafetière — théière — tasses à thé — tasses à café.

26. Cafetera — tetera — taza de té — de café.

27. Je trouve tout cela bien complet.

27. Lo encuentro todo muy completo.

28. Finissons par la cuisine — casseroles — marmites — bouillottes — boite au lait — fourneaux — fontaine.

28. Concluyamos por la cocina — cacerolas — ollas — vasijas — jarrita de leche — hornillos — fuente.

29. Je vois que vous êtes habitué à monter un ménage.

29. Veo que sabe V. amueblar una casa.

30. Voici encore une bassinoire — une chaufferette — tire-bouchon — sonnette — table de cuisine — tamis — filtre à café — bougeoir — lampe.

30. Todavia falta un calentador — una estufilla — saca-corchos — campanilla — mesa de cocina — tamiz — filtro para café — palmatoria — quinqué.

31. Rien n'y manque; je vous en fais compliment.

31. Perfectamente, doy á V. la enhorabuena.

32. Je n'ai qu'à approuver cet état, et nous le vérifierons de nouveau lorsque je quitterai d'ici.

32. Solo me queda ya firmar la nota, y volverla á compulsar cuando me marche.

V. Pour se mettre en pension bourgeoise.

V. Para entrar en una casa de huéspedes.

1. On m'a recommandé votre maison, madame, comme recevant quelques pensionnaires.

1. Me han recomendado la casa de V., señora, que admite huéspedes.

2. Le bien que l'on m'a dit de vous et de votre famille

2. Las buenas ausencias que de V. y su familia me

me fait désirer vivement d'être votre pensionnaire.

han hecho, hacen que desee vivamente ser tambien su huésped.

3. Je sais que vous n'avez que quelques personnes et que l'on retrouve chez vous la vie de famille.

3. Sé que recibe V. pocas personas y que en su casa se vive como en familia.

4. Je vous suis recommandé par M. X. qui a bien voulu me donner cette lettre pour vous.

4. Me recomienda el Sr. X. quien se ha servido darme esta carta para V.

5. Mon ami sera flatté du bon souvenir que vous avez conservé de lui.

5. Muy satisfecho debe estar mi amigo por el buen recuerdo que V. conserva de él.

6. Je suis ici pour plusieurs mois ; je suis venu pour apprendre votre langue.

6. Pararé aquí algunos meses ; vengo à aprender la lengua.

7. Je compte passer ici toute la saison d'hiver (ou d'été).

7. Pararé aquí toda la estacion del invierno (ó del verano).

8. Causons maintenant de choses sérieuses.

8. Hablemos ahora de cosas formales.

9. Quel est le prix de votre pension ?

9. ¿ Cuanto cuesta la pension ?

10. C'est plus que vous ne demandiez à M. X...

10. Es más de lo que llevaba V. al Sr. X ..

11. Dans ce prix vous comprenez le local et le service.

11. En ese precio está comprendida la casa con el servicio.

12. Le déjeuner et le dîner.

12. El almuerzo y la comida.

13. Comme je me lève très-souvent fort tard, pourrai-je me faire servir le déjeuner dans ma chambre ?

13. Como muchas veces me levanto muy tarde, ¿ podria V. mandar que me sirviesen el almuerzo en mi cuarto ?

14. De quoi votre déjeuner se trouve-t-il composé ?

14. De qué consta el almuerzo ?

15. Un plat de viande froide ou des œufs, puis une tasse de thé ou de café au lait.

15. De un plato de carne fiambre ó huevos, y una taza de té ó de café con leche.

16. C'est parfaitement suffisant.

16. Es lo bastante.

17. Maintenant, veuillez me montrer la chambre que vous me destinez.

17. Ahora ¿ se servirá V. enseñarme el cuarto ?

18. Il faut avoir de bonnes jambes pour y arriver.

18. Se necesitan buenas piernas para llegar á él.

19. Elle est assez gaie et pourra me convenir.

19. Es bastante alegre y me convendrá.

20. Les pièces sont assez belles.

20. Las piezas son hermosas.

21. Y a-t-il d'autres chambres dépendant de cet appartement ?

21. ¿ Hay otros cuartos dependientes de esta habitacion ?

22. Votre salon est pauvrement meublé.

22. El salon está pobremente amueblado.

23. Nous n'avons pas vu la cuisine.

23. No hemos visto la cocina.

24. Les chambres de domestique sont-elles dans l'appartement ?

24. ¿ Están en el mismo piso los cuartos de los criados ?

25. Il est incommode de n'en pas avoir un au moins sous la même clef.

25. Es incómodo no tener al ménos uno bajo la misma llave.

26. Cet appartement est un peu trop grand ; n'avez-vous rien de plus petit ?

26. Esta habitacion es algo grande, ¿ no la tiene V. más pequeña ?

27. Vous me dites que vous en avez un autre au second, montons lè voir.

27. Me dice V. que hay otra en el segundo piso, subamos á verla.

28. Il est bien petit, mais il est fraîchement décoré.

28. Es mucho más pequeña ; pero acaban de pintarla.

29. La vue est magnifique.

29. La vista es magnifica.

30. Le salon n'est pas grand, mais je m'en contenterai.

31. Ah ! voici un piano.

32. Il a grand besoin d'être accordé.

33. C'est une question de détail si nous nous entendons pour le reste.

34. Montrez-moi la chambre à coucher.

35. Le lit est bien étroit.

36. Il est impossible d'y coucher deux.

37. Pouvez-vous me le changer ?

38. Pouvez-vous mettre dans cette alcôve deux lits jumeaux ?

39. Vos matelas sont de véritables galettes.

40. Je vous en demanderai un de plus.

41. J'aime à avoir la tête très-haute.

42. Il me faudra un oreiller.

43. Vous dites que ce n'est pas la coutume du pays, mais cela m'est égal.

44. Je m'arrange d'abord suivant mes habitudes.

45. Vous fournissez le linge, naturellement ?

30. La sala no es grande, pero me agrada.

31. Ah ! tenemos un piano.

32. Necesita mucho que le templen.

33. Eso es un detalle si nos entendemos respecto á lo demas.

34. ¿ Á ver el cuarto de dormir ?

35. Muy estrecha es la cama.

36. No caben dos en ella.

37. ¿ Puede V. cambiármela ?

38. ¿ Puede V. poner en esta alcoba dos camas iguales ?

39. ¡ Los colchones son de piedra !

40. Pediré otro mas.

41. Me gusta tener alta la cabeza.

42. Necesitaré una almohada.

43. Dice V. que esa no es la costumbre del pais ; pero no importa.

44. Yo me acomodo desde luego segun mis hábitos.

45. ¿ Naturalmente da V. la ropa blanca ?

VI. Pour se lever et s'habiller.	VI. Al levantarse y vestirse.
(*Toilette d'homme.*)	(*Traje de hombre.*)
1. Qui est là? — entrez!	1. Quién está ahí ? — adelante.
2. La clef est à la porte.	2. La llave está puesta.
3. Apportez-moi de l'eau chaude.	3. Traígame V. agua caliente
4. Où sont mes pantoufles ?	4. ¿ Dónde están mis pantuflos ?
5. Donnez-moi mes chaussettes, mon caleçon.	5. Deme V. los calcetines, los calzoncillos.
6. Mon pantalon n'a pas été brossé.	6. No han cepillado mi pantalon.
7. Allez prier la bonne de me coudre un bouton à ce pantalon.	7. Ruegue V. á la criada que me pegue un boton al pantalon.
8. La blanchisseuse a-t-elle rapporté mon linge ?	8. ¿ Me ha traido la planchadora la ropa ?
9. Il manque une paire de chaussettes et un gilet de flanelle.	9. Falta un par de calcetines y una almilla de franela.
10. Où est ma robe de chambre — mon gilet — ma redingote ?	10. ¿ Dónde está la bata — el chaleco — la levita ?
11. J'ai oublié de mettre mes bottines à la porte, et elles ne sont pas faites.	11. Olvidé poner las botas á la puerta, y están por limpiar.
12. Allez leur donner un petit coup	12. Páselas V. el capillo.
13. Quel temps fait-il? froid ou chaud ?	13. ¿ Qué tiempo hace ? ¿ frio ó calor ?
14. Faut-il prendre un pardessus et un parapluie ?	14. ¿ Se necesita llevar sobretodo y paraguas ?
15. Depuis que je suis dans votre ville j'ai constamment vilain temps — constamment beau temps.	15. Desde que estoy en esta ciudad hace mal tiempo — siempre buen tiempo.

VII. Toilette d'une dame.

1. Vous allez allumer mon feu.
2. Préparez toutes mes affaires.
3. Donnez-moi mes bas — mes jarretières.
4. Où sont mes pantoufles?
5. Apportez-moi de l'eau chaude — de l'eau froide.
6. Nettoyez la cuvette.
7. Donnez-moi d'autres serviettes?
8. Où est mon peignoir — mon jupon?
9. Vous allez me coiffer.
10. Allez doucement.
11. Faites donc attention, vous tirez trop fort. Faites deux nattes — des rouleaux — des bandeaux.
12. Coiffez-moi comme hier.
13. Donnez-moi mon corset.
14. Le lacet est cassé, mettez-en un autre.
15. Mon pantalon — ma crinoline — mon jupon empesé.
16. Ma robe de laine — de soie.
17. Ma jupe noire.
18. Mon corsage de velours.

VII. Tocado de una señora.

1. Encienda V. la chimenea.
2. Prepare V. los bartulos.
3. Deme V. las medias — las ligas.
4. ¿ Y mis zapatillas ?
5. Traigame V. agua caliente — agua fria.
6. Limpie V. la palancana.
7. Deme V. otra tohalla.
8. ¿ En dónde está mi peinador — la enagua ?
9. Péineme V.
10. Con mesura.
11. Cuidado, que me tira V. mucho — haga V dos trenzas — rollos — bandes.
12. Péineme V. como ayer.
13. Deme V. el corsé.
14. Se rompió el cordon, ponga V. otro.
15. Los pantalones — la crinolina — la enagua almidonada.
16. El vestido de lana — de seda.
17. La falda negra.
18. El cuerpo de terciopelo.

19. Attachez-moi ce ruban.	19. Préndame V. esta cinta.
20. Essuyez mes bottines — mes caoutchoucs — mes souliers — mes brodequins.	20. Limpieme V. los botitos — los chanclos — los zapatos — los borceguíes.
21. Mon mouchoir.	21. Mi pañuelo.
22. Des manchettes.	22. Puños.
23. Mes boucles d'oreilles.	23. Los pendientes.
24. Un médaillon.	24. El medallon.
25. Une broche.	25. Una brocha.
26. Un chapeau.	26. Un sombrero.
27. Un voile.	27. Un velo.
28. Des épingles.	28. Alfileres.
29. Une aiguille et du fil.	29. Una aguja con hilo.
30. Une pelote.	30. Un ovillo de hilo.
31. Un dé.	31. Un dedal.
32. Un cordon.	32. Un cordon.
33. Un manchon.	33. Un manguito.
34. Une palatine.	34. Una palatina.
35. Un manteau.	35. Un abrigo.
36. Un pardessus.	36. Un sobretodo.

VIII. Se coucher. — VI. Para acostarse.

1. Il est temps de rentrer.	1. Es tiempo de volver á casa.
2. Il est l'heure de se coucher.	2. Es hora de acostarse.
3. Je suis fatigué de ma journée, je vais me mettre au lit.	3. Estoy cansado del dia, me voy á acostar.
4. Permettez-moi de vous quitter, je suis très-fatigué.	4. Permítame V. retirarme, estoy muy fatigado.
5. Veuillez me donner une bougie.	5. Sírvase V. darme una bugia.
6. Donnez-moi la clef de ma chambre.	6. Déme V. la llave del cuarto.
7. Vous me réveillerez demain à sept heures.	7. Despiérteme V. mañana á las siete.

8. Fermez les volets.

8. Cierre V. las persianas.

9. Avez-vous un tire-bottes?

9. ¿ Tiene V. un sacabotas ?

10. Emportez mes chaussures.

10. Llévese V. mi calzado.

11. Mettez-les sur le fourneau de la cuisine, elles sont toutes mouillées.

11. Póngale V. sobre el hornillo de la cocina, está muy mojado.

12. Faites attention de ne pas les brûler.

12. Cuide V. que no se queme.

13. Recommandez que l'on ne mette pas de cirage sur mes bottines.

13. Recomiende V. que no unten mis botas.

14. Elles sont en chevreau et n'en ont pas besoin.

14. No lo necesitan, son de cabra.

15. Priez la femme de chambre de me raccommoder ce petit accroc.

15. Diga V. a la doncella que me cosa este siete.

16. Qu'elle le fasse ce soir afin que je puisse mettre demain ce vêtement.

16. Que lo haga esta noche, para poderme poner el vestido mañana.

17. Montez-moi quelques allumettes.

17. Súbame V. unas pajuelas.

18. Vous pouvez vous retirer. Bonsoir.

18. Puede V. retirarse. Buenas noches.

Une dame.

Una señora.

19. Voulez-vous m'envoyer la femme de chambre ?

19. ¿ Quiere V. enviarme una doncella ?

20. Aidez-moi à me déshabiller.

20. Ayúdeme V. á desnudarme.

21. Allumez une seconde bougie, je ne vois pas assez clair.

21. Encienda V. otra bugía ; no veo bastante.

22. Faites ma couverture.

22. Prepare V. la cama.

23. Dégrafez ma robe — mon corsage.

23. Desabrócheme V. el vestido — el cuerpo.

24. Ayez soin de mettre toutes mes affaires en ordre.

24. Póngalo V. todo en órden.

25. Ne laissez rien traîner sur les chaises.

25. No deje V. nada en las sillas.

26. Bassinez mon lit, il est humide.

26. Caliente V. la cama, está húmeda.

27. Je voudrais une boule d'eau chaude.

27. Quisiera una botella de agua caliente.

28. Remontez la tête de mon lit.

28. Levante V. la cabecera de la cama.

29. Procurez-moi un édredon.

29. Procúreme V. un almohadon.

30. Donnez-moi un verre d'eau sucrée.

30. Déme V. un vaso de agua con azúcar.

31. Je voudrais une veilleuse.

31. Quisiera una lamparilla.

32. Si j'ai besoin de vous, je vous sonnerai.

32. Si la necesito á V. llamaré.

CHAPITRE III

DE LA NOURRITURE

I. Déjeuner à l'hôtel.

I. Almuerzo en la fonda.

1. A quelle heure servez-vous le déjeuner ?

1. ¿ 'A qué hora se almuerza ?

2. Je voudrais prendre quelque chose avant le déjeuner de table d'hôte.

2. Quisiera tomar algo ántes del almuerzo de mesa redonda.

3. Vous n'avez pas de table d'hôte pour le déjeuner ?

3. ¿ No hay mesa redonda para almorzar ?

4. Vous n'avez pas de déjeuners à la carte?	4. ¿ No tiene V. almuerzos à la carta ?
5. Pouvez-vous nous faire servir dans notre chambre?	5 ¿ Puede V. servirnos en nuestro cuarto ?
6. Faut-il descendre à la salle à manger?	6. ¿ Hay que bajar al comedor ?
7. Indiquez-moi la salle à manger.	7. Enséñeme V. el comedor.
8. Vous préviendrez lorsque le déjeuner sera prêt.	8. Avise V. cuando este listo el almuerzo.
9. Je vais sonner pour savoir si le déjeuner est servi.	9. Llamaré para saber si han servido el almuerzo.
10. Je désire déjeuner, que pouvez-vous me donner?	10. Quiero almorzar, ¿ qué me dará V. ?
11. Une tasse de café au lait.	11. Una taza de café con leche.
12. Redonnez-moi du lait — du café — du sucre.	12. Déme V. más leche — café — azúcar.
13. Une grande cuillère, je vous prie.	13. Sírvase V. darme una cuchara grande.
14. Avez-vous du beurre frais?	14. ¿ Tiene V. manteca fresca ?
15. Une tasse de thé — de chocolat.	15. Una taza de café — una jicara de chocolate.
16. Ce café est détestable.	16. Este café es detestable.
17. Ce chocolat est trop épais.	17. El chocolate está muy espeso.
18. Le thé est trop fort, donnez-moi de l'eau chaude.	18. El té es muy fuerte, déme V. agua caliente.
19. Passez-moi le sucrier.	19. Páseme V. la azucarera.
20. Remettez du sucre dans le sucrier.	20. Ponga V. más azúcar en la azucarera.
21. Donnez-moi un couteau.	21. Déme V. un cuchillo.
22. Servez-nous des œufs sur le plat — à la coque —	22. Sírvame V. huevos estrellados — pasados por

bien cuits — très-peu cuits. | agua — bien cocidos — poco cocidos.

23. Cet œuf n'est pas frais, donnez-m'en un autre. | 23. Este huevo no es fresco, déme V. otro.

24. Passez-moi le sel. | 24. Páseme V. la sal.

25. Une petite cuillère, je vous prie. | 25. Tenga V. la bondad de darme una cucharita.

26. Servez-nous de la viande froide. | 26. Sírvanos V. carne fiambre.

27. Un morceau de rosbif — de jambon — de charcuterie — de mortadelle — de saucisson — de fromage. | 27. Un pedazo de jamon — de rosbif — de puerco — de morcilla — de salchichon — de queso.

28. Je n'aime pas à faire un déjeuner froid. | 28. No me gusta almorzar frio.

29. Servez-moi un bifteck aux pommes. | 29. Sírvame V. un biftek con patatas.

30. Il est beaucoup trop cuit. | 30. Está muy asado.

31. Faites-le recuire un peu. | 31. Que lo asen más.

32. Avez-vous des côtelettes de mouton ? | 32. ¿ Tiene V. chuletas de carnero ?

33. Donnez-moi des petits artichauts à la poivrade. | 33. Déme V. alcachofitas con pebre.

34. Passez-moi l'huile — le vinaigre — le sel — le poivre — la moutarde — le piment. | 34. Páseme V. el aceite — el vinagre — la sal — la pimienta — la mostaza — el pimiento.

35. Pouvez-vous après cela nous donner des légumes ? | 35. ¿ Puede V. despues darnos legumbres ?

36. Quels légumes avez-vous ? | 36. ¿ Qué legumbres hay ?

37. Donnez-nous des pommes de terre — des haricots. | 37. Dénos V. patatas — alubias.

38. Je préfère une omelette aux fines herbes — au lard — au jambon — aux confitures — au rhum. | 38. Prefiero una tortilla — de yerbas — con tocino — con jamon — en dulce — con ron.

39. Qu'avez-vous comme dessert ? | 39. ¿ Qué postre tiene V. ?

40. Un morceau de fromage me suffira.	40. Me basta un poco de queso.
41. N'avez-vous pas d'autre fromage ?	41. ¿ No hay otro queso ?
42. Celui-ci est beaucoup trop fort.	42. Este es muy fuerte.
43. Donnez-moi une tasse de café noir.	43. Déme V. una taza de café puro.
44. Apportez-moi de l'eau-de-vie.	44. Tráigame V. aguardiente.
45. Vous mettrez ce déjeuner sur ma note.	45. Póngame V. en cuenta el almuerzo.
46. Donnez-moi l'addition.	46. Déme V. la cuenta.
47. Apportez-moi aussi la carte.	47. Tráigame V. tambien la lista.
48. Pourquoi me comptez-vous ceci... tandis que vous le portez... sur la carte ?	48. ¿ Porqué me cuenta V. esto... cuando el precio de la lista es de... ?
49. Qu'est-ce que cela ?	49. ¿ Y qué es esto ?
50. Je n'ai pas touché au beurre, diminuez-le.	50. No he tocado á la manteca ; disminúyala V.

II. Diner.	II. Comida.
1. A quelle heure le diner ?	1. ¿ A qué hora es la comida ?
2. De combien est le diner ? Est-ce avec ou sans vin ?	2. ¿ Cuánto es la comida ? ¿ Con vino ó sin él ?
3. Le vin se paye-t-il à part ?	3. ¿ Se paga á parte el vino ?
4. Combien comptez-vous la bouteille ?	4. ¿ Cuánto es la botella ?
5. Peut-on boire de la bière ?	5. ¿ Se puede beber cerbeza ?
6. Devrai-je vous prévenir lorsque je dinerai ?	6. ¿ Tendré que prevenir cuando coma ?
7. Il faudra vous prévenir lorsque je ne dinerai pas ?	7. ¿ Será preciso prevenir cuando no coma ?

8. Vous me réserverez deux places.	8. Me reservará V. dos cubiertos.
9. A quel endroit de la table me mettrez-vous ?	9. En qué sitio de la mesa me pondrá V. ?
10. Si vous avez des voyageurs anglais — italiens, je vous serai obligé de me mettre près d'eux.	10. Si hay viajeros ingleses — italianos, agradeceré á V. me ponga á su lado.
11. Si ces places ne sont pas occupées, je les préférerais.	11. Prefiero estos asientos si no están ocupados.
12. Vous mettrez une boule d'eau chaude à la place de madame.	12. Ponga V. una botella de agua caliente en el sitio de esta señora.
13. Avez-vous toujours beaucoup de monde à votre table d'hôte ?	13. ¿ Está siempre muy concurrida la mesa redonda ?
14. Que je mette ma montre à l'heure sur celle de l'hôtel pour être exact.	14. Pondré el reloj á la hora por el de la fonda para ser exacto.

III. A table d'hôte. — III. En mesa redonda.

1. Ce potage est excellent — détestable.	1. Esta sopa es excelente — detestable.
2. Redonnez-moi du potage.	2. Déme V. más sopa.
3. Passez-moi les hors-d'œuvre.	3. Páseme V. los rábanos.
4. Je vois dans un hors-d'œuvre quelque chose que je connais pas ; veuillez m'en passer.	4. Veo entre los platillos una cosa que no conozco, pásemela V.
5. Le service se fait très-lentement.	5. El servicio es muy pesado.
6. Voulez-vous me permettre de vous offrir... ?	6. ¿ Me permite V. ofrecerle.... ?

7. Merci — je n'en prendrai pas.	7. Gracias, no tomo.
8. J'en aurai beaucoup trop.	8. Tendré demasiado.
9. Vous ne prenez presque rien.	9. No toma V. casi nada.
10. J'ai beaucoup de peine à me faire à la nourriture de ce pays.	10. Me cuesta mucho acostumbrarme á los alimentos de este país.
11. La grande fatigue m'ôte l'appétit.	11. El exceso de fatiga me quita el apetito.
12. Cette viande est très-bonne — très-dure.	12. Esta carne es muy buena — muy dura.
13. Un peu de pain, je vous prie.	13. ¿ Deme V. un poco de pan, si gusta.
14. Passez-moi la salade.	14. Páseme V. la ensalada.
15. Elle est trop vinaigrée, donnez-moi l'huile.	15. Fiene demasiado vinagre, déme V. el aceite.
16. L'huile est détestable.	16. El aceite es detestable.
17. Auriez-vous, monsieur, la bonté de me passer le beurre qui est devant vous?	17. Caballero, sírvase V. pasarme la manteca que tiene delante.
18. Mille remerciements.	18. Mil gracias.
19. Voulez-vous que je vous offre des olives ?	19. ¿ Gusta V. aceitunas ?
20. Garçon, servez-moi la fricassée de poulet — les perdrix aux choux.	20. Mozo, sírvame V. el pollo guisado — las perdices con coles.
21. Redonnez-moi une fourchette.	21. Déme V. otro tenedor.
22. Voilà trois fois que je vous demande du vin rouge, et vous me donnez du vin blanc.	22. Tres veces he pedido á V. vino tinto, y me dá vino blanco.
23. Vous offrirai-je une aile de ce poulet ?	23. ¿ Desea V. el ala de este pollo ?
24. Préférez-vous ce petit morceau de blanc ?	24. ¿ Prefiere V. este pedacito de pechuga?

25. Donnez-moi une tranche de gigot — bien saignant — bien cuit.

25. Déme V. una rebanada de pierna — poco — muy cocida.

26. Je vous redemanderai un peu de rôti.

26. Volveré á tomar un poco de asado.

27. Ce rôti est excellent, vous en offrirai-je ?

27. Este asado es excelente ¿ gusta V. ?

28. Voulez-vous me donner un peu de pain ?

28. Hágame V. el favor de un poco de pan.

29. Ce poisson est très-bon — n'est pas frais.

29. Este pescado está muy bueno — no está fresco.

30. Passez-moi la sauce du poisson.

30. Páseme V. la salsa del pescado.

31. La sauce ne vaut rien.

31. La salsa no vale nada.

32. Quelle grande table !

32. ¡ Qué mesa tan grande !

33. Nous sommes très-serrés.

33. Estamos muy apretados.

34. Je suis confus, madame, d'être obligé de vous gêner ainsi.

34. Siento mucho, señora, tener que molestar á V. así.

35. Le service est joli, et la table est bien ornée.

35. El servicio es hermoso y la mesa está bien adornada.

36. Le service se fait trop lentement.

36. Se sirve muy despacio.

37. Allons-nous bientôt être au dessert ?

37. ¿ Nos darán pronto el postre ?

38. Voulez-vous accepter du fromage ?

38. ¿ Gusta V. queso ?

39. Merci beaucoup, je n'en prends jamais.

39. Gracias, jamás lo tomo.

40. Ces fruits sont fort jolis.

40. Estas frutas son muy lindas.

41. Voulez-vous me permettre de vous offrir cette poire ?

41. ¿ Me permite V. ofrecerla esta pera ?

42. Si vous le voulez bien, nous la partagerons.

42. La partiremos si V. gusta.

43. Ces fruits ne sont pas aussi bons qu'ils en ont l'air.

43. Estas frutas no son tan buenas como parecen.

44. Veuillez me donner une assiette.

44. Sírvase V. darme un plato.

45. Donnez-moi un autre couteau.

45. Déme V. otro cuchillo.

46. Passez-moi cette assiette de gâteaux.

46. Déme V. aquel plato de pasteles.

47. Mettez de la glace dans mon verre.

47. Écheme V. hielo en el vaso.

48. Mettez cette bouteille de côté, vous me la redonnerez demain.

48. Sepáreme V. esta botella, me la volverá V. á dar mañana.

IV. Au restaurant.

IV. En la fonda.

1. Pouvez-vous nous servir à dîner ?

1. ¿ Puede V. servirnos de comer ?

2. Je suis seul.

2. Soy solo.

3. Nous sommes deux — trois.

3. Somo dos — tres.

4. Avez-vous un cabinet — un petit salon ?

4. ¿ Tiene V. un cuarto — un saloncito ?

5. Pouvons-nous monter au premier ?

5. ¿ Podemos subir al primer piso ?

6. Servez-nous à cette table.

6. Sírvanos V. en esta mesa.

7. Qu'avez-vous à nous offrir ?

7. ¿ Qué podemos tomar ?

8. Donnez-moi la carte.

8. Déme V. la lista.

9. Avez-vous des dîners à prix fixes ?

9. ¿ Hay comidas á precio fijo ?

10. Que donnez-vous pour ce prix ?

10. ¿ Qué dá V. por ese precio ?

11. Je préfère à prix fixe — à la carte.

11. Prefiero que sea á precio fijo — por la lista.

12. Voici la liste de ce que vous allez nous servir.

12. Hé aquí la lista de lo que nos va V. á servir.

13. Avez-vous d'autre pain que celui-ci ?	13. ¿ Tiene V. otro pan ?
14. Je voudrais du pain tendre — rassis.	14. Quisiera pan tierno — duro.
15. Plus cuit — moins cuit.	15. Más cocido — ménos cocido.
16. Servez-nous un potage — au riz — au gras — maigre — à l'oseille — au vermicelle — aux pâtes d'Italie — julienne.	16. Sírvanos V. sopa — de arroz — de puchero — de viernes — de acederas — de fideos — de pasta de Italia — de yerbas.
17. Servez-moi ce que vous avez de prêt.	17. Sírvanos V. lo que esté pronto.
18. Je n'aime pas à attendre.	18. No me gusta esperar.
19. Donnez-moi une tranche de melon.	19. Déme V. una tajada de melon.
20. Il est très-bon. — Il n'est pas assez mûr.	20. Es muy bueno. — No está bastante maduro.
21. Donnez-nous des hors-d'œuvre.	21. Déme V. platillos.
22. Apportez-moi une autre assiette (voyez à la table les divers plats, page...)	22. Tráigame V. otro plato. (Véase en la mesa los diferentes platos, página...)
23. Il y a une heure que je vous ai commandé le dîner, si vous ne nous servez pas, je pars.	23. Hace una hora que he pedido la comida, si no sirve V. me marcho.
24. Vous moquez-vous de moi de me faire attendre ainsi ?	24. V. se burla de mí haciéndome esperar así.
25. Ce bifteck n'est pas mangeable.	25. No se puede comer este biftek.
26. Ce poisson n'est pas frais, remportez-le.	26. Este pescado no está bueno, llevéselo V.
27. Quelle cuisine détestable!	27. ¡Qué cocina tan detestable !
28. Apportez-moi un grand	28. Tráigame V. un cu-

couteau — une petite cuiller.

chillo grande — una cucharita.

29. Si vous n'avez pas de côtelettes, donnez-moi autre chose.

29. Si no hay chuletas, déme V. otra cosa.

30. Votre tête de veau est-elle bonne?

30. ¿ Es buena esa cabeza de ternera ?

31. Qu'avez-vous en fait de gibier?

31. ¿ Qué aves hay ?

32. Je n'aime pas le gibier avancé.

32. No me gusta la caza rancia.

33. Il faut que le gibier soit un peu faisandé.

33. Es preciso que la caza esté un poco rancia.

34. Apportez-moi la carte des vins.

34. Tráigame V. la lista de los vinos.

35. Peut-on prendre des demi-bouteilles?

35. ¿ Se pueden tomar medias botellas ?

36. Quel est le meilleur cru que vous ayez?

36. ¿ Cual es el mejor vino que V. tiene ?

37. Servez-nous le dessert.

37. Sírvanos V. el postre.

38. Qu'allez-vous nous donner pour dessert?

38. ¿ Qué nos dará V. de postre ?

39. Servez-nous un fruit et du fromage.

39. Sírvanos V. fruta y queso.

40. Donnez-nous promptement le café.

40. Dénos V. pronto el café.

41. Faites faire l'addition.

41. Venga la cuenta.

42. Avant de partir, je voudrais me laver les mains.

42. 'Antes de marchar quisiera lavarme las manos.

43. Indiquez-moi les cabinets d'aisances.

43. Indíqueme V. el escusado.

44. Donnez-moi un petit coup de brosse.

44. Cepílleme V. un poco.

V. Dîner en ville.	V. Comida fuera de casa.
1. Veuillez m'excuser si je suis un peu en retard.	1. Dispénseme V. si vengo algo tarde.
2. Je me suis perdu en route.	2. Me extravié.
3. Voulez-vous me faire l'honneur d'accepter mon bras ?	3. ¿ Me hace V. el honor de aceptar el brazo ?
4. Ce potage est délicieux.	4. Esta sopa es deliciosa.
5. Comment appelez-vous ce potage ?	5. ¿ Cómo llama V. á esta sopa ?
6. Soyez assez bon pour me passer la salière.	6. Tenga V. la bondad de pasarme el salero.
7. Voici un poisson excellent.	7. Vaya un pescado excelente.
8. Voulez-vous me permettre de vous offrir du vin ?	8. ¿ Me permite V. que le ofrezca vino ?
9. Ce rôti est cuit à point.	9. Este asado está en sazon.
10. Quoiqu'il soit délicieux, je ne puis en reprendre.	10. Aunque está delicioso no puedo repetir.
11. Mille pardons, je fais grand honneur à votre excellent repas.	11. Dispénseme V., hago gran honor á su excelente comida.
12. Je ne suis pas d'un très-fort appétit.	12. No soy de gran apetito.
13. Vous vous occupez beaucoup de vos convives, mais aucunement de vous.	13. Se ocupa V. mucho de sus convidados y de si nada.
14. Vous n'avez encore rien pris.	14. Nada ha tomado V. todavía.
15. Comment appelez-vous ce gâteau ? je n'en ai jamais mangé.	15. ¿ Cómo se llama ese pastel ? jamás le he comido.

16. J'ai diné pour plusieurs jours.	16. He comido para dias.
17. Vous avez fait beaucoup trop de cérémonie.	17. Ha gastado V. mucha ceremonia.
18. Vous aviez promis de me recevoir simplement, et vous n'en avez rien fait.	18. Prometió V. tratarme con franqueza, y no ha sido así.
19. Vous avez une cave très-bien montée.	19. Tiene V. una bodega muy bien provista.
20. Permettez-moi de boire à la santé de madame.	20. Permita V. brindar á la salud de la señora.
21. Ces fruits sont-ils de votre jardin ?	21. ¿ Son estas frutas de la huerta de V. ?
22. Je n'en ai jamais vu d'aussi beaux.	22. Nunca los he visto mejores.
23. Merci, je ne prends jamais de café.	23. Gracias, jamás tomo café.
24. Veuillez agréer tous mes remercîments pour votre gracieuse hospitalité.	24. Un millon de gracias por tan amable hospitalidad.
25. Je serais très-heureux si une circonstance me permettait de vous recevoir chez moi.	25. Celebraré que alguna circunstancia me permita recibir á V. en mi casa.
26. Je n'oublierai pas l'agréable soirée que je viens de passer.	26. Jamás olvidaré el buen rato que acabo de pasar.
27. Malgré tout le plaisir que j'éprouve en votre agréable société, je vais vous demander la permission de me retirer.	27. Por mucho que me complazca en tan grata sociedad, pediré á V. permiso para retirarme.

VI. Dîner dans une auberge.	**VI. Comida en una posada.**
1. Pouvez-vous nous donner à manger ?	1. ¿ Puede V. darnos de comer ?
2. Pouvez-vous nous mettre dehors ?	2. ¿ Puede V. servirnos fuera ?

3. Nous allons porter cette table dans le jardin.	3. Llevaremos esta mesa al jardin.
4. Avez-vous une soupe quelconque?	4. ¿ Hay alguna sopa?
5. Pouvez-vous nous faire une soupe au lait?	5. ¿ Nos hará V. unas sopas de leche ?
6. Je vais voir à la cuisine ce qu'il y a.	6. Voy á ver lo que hay en la cocina.
7. Vous pouvez bien nous faire cuire un poulet.	7. Ya nos cocerá V. un pollo.
8. Mettez-nous ce canard à la broche.	8. Ponga V. este pato al asador.
9. Vous nous ferez avec cela une omelette au lard — au jambon.	9. Además nos dará V. una tortilla con tocino — con jamon.
10. Puis une salade et un morceau de fromage.	10. Despues una ensalada y un pedazo de queso.
11. Nous allons faire un tour pendant que vous allez préparer le diner.	11. Daremos una vuelta miéntras preparan la comida.
12. Dans combien de temps cela sera t-il prêt?	12. ¿ En cuánto tiempo estará eso pronto?
13. Vous nous mettrez le couvert à cette table — dehors — dans le jardin — près de cette fenêtre.	13. Pondrá V. el cubierto en esta mesa — fuera — en el jardin — junto á esta ventana.
14. Si vous êtes prêt, mettons-nous à table.	14. Si está pronto, sentémonos á la mesa.
15. Il paraît qu'il n'y a pas de serviettes.	15. Por lo visto no hay servilletas.
16. Voulez-vous nous essuyer les assiettes?	16. Enjugue V. los platos.
17. Il ne faut pas être difficile pour trouver cela bon.	17. No hay que ser difícil si ha de gustar esto.
18. Ce vin n'est pas mauvais, mais il peut se boire pur	18. No es malo este vino, mas puede beberse puro.

19. J'aime mieux boire de l'eau que ce vin-là.

19. Prefiero el agua á ese vino.

20. Ce poulet est tellement dur que j'ai peur de casser l'assiette en le découpant.

20. Este pollo está tan duro que al partirlo temo romper el plato.

21. Nous nous rattraperons sur l'omelette.

21. Venguémonos en la tortilla.

22. Sapristi, le jambon est fameusement rance.

22. ¡ Caramba ! muy rancio es el jamon.

23. Goûtons au fromage.

23. Probemos este queso.

24. C'est un fromage du pays, comment l'appelez-vous ?

24. Es un queso del pais ; ¿ qué nombre tiene ?

25. Redonnez moi une bouteille de vin.

25. Déme V. otra botella de vino.

26. Apportez-nous de la biere.

26. Tráiganos V. cerbeza.

27. Je n'ose pas prendre du café.

27. No me atrevo á tomar café.

28. Vous êtes trop difficile, en voyage il faut se faire à tout.

28. Es V. muy difícil ; en viaje hay que hacerse á todo.

29. Donnez-nous la note.

29. Venga la cuenta.

30. Si ce n'est pas bon, comme compensation, c'est très-cher.

30. Si no era bueno, en cambio es muy caro.

31. Ces prix sont très-raisonnables, nous reviendrons.

31. Estos precios son muy razonables, volveremos otra vez.

CHAPITRE IV

RENSEIGNEMENTS DIVERS

I. Pour demander son chemin.

1. Je vais profiter du beau temps pour faire plusieurs courses à pied.

2. Indiquez-moi, je vous prie, de quel côté se trouve le Consulat de — l'Ambassade de — l'Archevêché — la Cathédrale — le Musée — le théâtre de — le parc de — l'hôtel de...

3. Combien faut-il de temps pour y aller à pied ?

4. Ayez la complaisance de m'écrire sur ce papier les différentes rues que je dois suivre.

5. Montrez-moi sur ce plan où se trouve l'endroit où je désire aller.

6. Ne trouverai-je pas une voiture de place pour revenir ?

7. N'avez-vous pas des omnibus ?

8. Combien coûtent-ils ?

9. Suis-je encore bien loin de....?

I. Para enterarse del camino.

1. Aprovecharé el buen tiempo para hacer á pié varias diligencias.

2. Indiqueme V. hácia donde está el Consulado de... — la Embajada de — — el Arzobispado — la Catedral — el Museo — el teatro de — el parque de — la fonda de —

3. ¿ Cuánto se tarda á pié ?

4. Tenga V. la bondad de escribir en este papel las diferentes calles que debo seguir.

5. Enséñeme V. en este plano en dónde está el punto á que deseo ir.

6. ¿ Encontraré coche de alquiler para la vuelta ?

7. ¿ No hay ómnibus ?

8. ¿ Cuánto cuesta ?

9. ¿ Estoy todavía léjos de... ?

10. Je croyais pourtant avoir suivi la bonne route.

10. Sin embargo creí haber seguido el camino recto.

11. Ayez donc l'obligeance de me remettre dans le bon chemin.

11. ¿ Tiene V. la bondad de ponerme en el buen camino ?

12. Je trouve tout le monde fort obligeant pour les étrangers.

12. Todo el mundo es muy amable con los extranjeros.

13. Quel est donc ce grand monument ?

13. ¿ Qué es ese gran monumento ?

14. Est-ce le Ministère des finances — la Poste — le Musée d'artillerie ?

14. ¿ Es el ministerio de Hacienda ? — Correos ? — el Museo de artillería ?

15. Pour un hôtel particulier, c'est magnifique ; je l'aurais pris pour un monument public.

15. Para edificio particular es magnífico : lo hubiera tomado por un monumento público.

16. Puis-je le visiter ? — Il faut demander une permission ? — A qui dois-je adresser ma demande ?

16. ¿ Puedo visitarlo ? — ¿ Es preciso pedir permiso ? — ¿ Á quién he de dirigir mi solicitud ?

17. Suis-je encore loin de.. ?

17. ¿ Estoy todavía léjos de... ?

18. Faut-il tourner à droite — à gauche — suivre tout droit ?

18. ¿ Hay que tomar á la derecha — á la izquierda — seguir de frente ?

19. Excusez-moi si je vous le fais répéter encore une fois.

19. Dispénseme V. si le hago repetir.

II. Pour s'informer de quelqu'un.

II. Para informarse del paradero de alguno.

1. Connaissez-vous M. X.. ?

1. ¿ Conoce V. al señor X... ?

2. Ce monsieur exerçait, il y a deux ans, la profession de...

2. Ese caballero ejercia dos años há la profesion de...

3. Il demeurait alors près du Grand Théâtre.

3. Entónces vivia cerca del Gran Teatro.

4. Pourriez-vous m'accompagner à son ancienne demeure? Peut-être pourrai-je, par ses voisins, savoir où il demeure maintenant?

4 ¿ Puede V. acompañarme á su antiguo domicilio ? Quizá sus vecinos me digan donde vive ahora.

5. N'y a-t-il pas un livre donnant les adresses de tous les négociants et des personnes un peu importantes par leur position?

5. ¿ No hay un libro con las direcciones de todos los negociantes y personas notables por su posicion ?

6. Ne pouvez-vous pas me procurer ce livre? — Je vous serais reconnaissant de l'envoyer chercher.

6. ¿ Puede V. proporcionarme ese libro ? — Gracias por haberle enviado á buscar.

7. Aidez-moi à chercher dedans, car je m'y perds.

7. Ayúdeme V. á buscar, no acierto.

8. Ne connaissez-vous personne qui pourrait me renseigner?

8. ¿ No conoce V. á nadie que pueda informarme ?

9. Croyez-vous qu'au bureau de poste je ne pourrais pas avoir cette adresse? Les facteurs doivent connaître à peu près tout le monde.

9. ¿ Cree V. que en el despacho de correos podré lograr esta direccion? Los carteros deben conocer á casi todo el mundo.

10. Je vous remercie toujours beaucoup de votre obligeance.

10. Gracias de todas maneras por tanta bondad.

11. Il n'y a pas de concierge dans la maison, je ne puis avoir aucun renseignement.

11. No hay portero en la casa : no puedo tener el menor informe.

12. Je vais m'adresser aux voisins.

12. Me dirigiré á los vecinos.

13. A la place de la maison que ce monsieur habitait, il y a maintenant un grand boulevard.

13. En el sitio de la casa que habitaba hay ahora un gran boulevard.

14. Ce monsieur a-t-il quitté la ville depuis longtemps ?

14. ¿ Salió de la ciudad há mucho tiempo el Sr... ?

15. Savez-vous quel pays il habite maintenant ?

15. ¿ Sabe V. en que país vive ahora ?

16. Je vous suis toujours fort obligé de ces renseignements.

16. Mil gracias por las noticias.

III. Au bureau de police.

III. Despacho de comisario de policia.

1. Indiquez-moi, je vous prie, le bureau de police. — Est-ce loin d'ici ?

1. ¿ Quiere V. hacerme el favor de indicarme en dónde está la oficina de policia ? — ¿ Es léjos de aquí ?

2. Puis-je y aller à pied ?

2. ¿ Puedo ir a pié ?

3. A partir de quelle heure est il ouvert ?

3. ¿ Á qué hora se abre ?

4. J'ai une déclaration très-importante à y faire.

4. Tengo que hacer una declaracion muy importante.

5. J'ai perdu hier mon portefeuille ; il contenait des papiers importants pour moi.

5. Perdí ayer mi cartera con papeles preciosos para mí.

6. Mon porte-monnaie m'a été dérobé dans l'omnibus.

6. Me han quitado el portamonedas en el ómnibus.

7. Mon sac de nuit m'a été enlevé comme je sortais du chemin de fer.

7. Me han robado el saco de noche al salir del tren

8. Le cocher de cette voiture m'a fait payer plus que je ne lui devais ; il a été fort insolent envers moi.

8. Este cochero me ha hecho pagar más de lo que debia ; se ha insolentado conmigo.

9. Je tiens à lui faire donner une leçon.

9. Voy á darle una leccion.

10. Je veux savoir si on a le droit ici d'exploiter ainsi les étrangers.

10. Quiero saber si aquí hay derecho para desplumar asi á los extranjeros.

11. Si tout le monde me

11. Si todos hiciesen lo

ressemblait, on n'exploiterait pas ainsi les étrangers.	que yo no explotarian de este modo á los extranjeros.
12. Vous me réclamez une somme ridicule, nous verrons ce que je dois vous payer.	12. Me reclama V. un dinero tonto, veremos lo que debo pagarle.
13. Je voudrais parler au commissaire de police.	13. Desearia hablar al comisario de policia.
14. Quel nom donnez-vous au magistrat que nous appelons commissaire de police?	14. ¿ Qué título dan Vs. al magistrado que nosotros llamamos comisario de policia?
15. Puisque ce monsieur n'est pas visible, quelle est la personne qui le remplace?	15. ¿ Quién reemplaza á este caballero en su ausencia ?
16. Le cocher de la voiture dont voici le numéro, m'a réclamé telle somme pour la course que je vous indique; il a été fort insolent avec moi.	16. El cochero, he aquí el número de su carruaje, me exige tal cantidad por la indicada carrera — es mucha su insolencia.
17. J'ai oublié mon sac de nuit dans la voiture dont voici le numéro.	17. He olvidado mi saco de noche en el coche número tantos.
18. Malheureusement, je n'ai pas conservé le numéro. J'avais pris cette voiture à telle ou telle station.	18. Por desgracia no he guardado el número. Cogi el coche en tal estacion.
19. J'ai perdu mon portefeuille dans le trajet de.... à...; j'ai suivi la rue de.... et le boulevard de....	19. He perdido mi cartera durante el trayecto de... á... siguiendo la calle de... y el boulevard de...
20. Croyez-vous qu'une annonce dans les journaux pourrait me le faire retrouver ?	20. ¿ Crée V. que la encuentre anunciándolo en los periódicos ?
21. Dans ce cas, quel journal me conseillez-vous de prendre ?	21. ¿ Qué diario me recomienda V. ?
22. Ce portefeuille contenait des papiers d'affaire,	22. Dicha cartera contenia papeles de intereses, más la

puis une forte somme. Il y avait.... en billets de la banque de....

suma de.... en billetes del banco de.. .

23. Permettez-vous aux maitres d'hôtel d'écorcher ainsi les voyageurs ? Voilà la note de ce qui m'a été réclamé pour....

23. ¿ Cómo permite V. que los fondistas desuellen así á los viajeros ? Vea V. la nota que me ponen por....

24. N'y a-t-il aucun moyen de les faire taxer ? — J'abandonnerais volontiers aux pauvres ce que vous me ferez restituer ; mais je ne puis supporter d'être volé.

24. ¿ Puede tasarse ? Daré gustoso á los pobres lo que me restituyan : pero no toleraré que me roben.

25. Je vous serais bien reconnaissant de vous occuper activement de cette réclamation.

25. Hágame V. el favor de activar esta reclamacion.

26. Voici mon adresse ; écrivez-moi dès que vous aurez appris quelque chose.

26. Tenga V. mi direccion y escríbame si ocurre algo.

27. Je suis à votre disposition pour payer les frais que cette recherche peut causer.

27. Yo me encargo de los gastos ocasionados por esta pesquisa.

28. Est-il nécessaire que je repasse à votre bureau ? — Quel jour devrai-je revenir ?

28. ¿ Volveré á ver á V. ? — ¿ Qué dia ?

29. Merci, monsieur, de vos bons renseignements.

29. Gracias mil por los informes.

30. Vous êtes vraiment peu obligeant.

30. Es V. muy poco atento.

31. Je me félicite d'avoir eu la bonne idée de m'adresser à vous.

31. Felicitome de haber tenido la feliz idea de dirigirme á V.

32. Vous faites très-bien d'user de votre pouvoir pour réprimer ces abus qui dégoûtent les étrangers de venir dans un pays.

32. Hace V. muy bien en reprimir con su autoridad estos abusos que alejan del pais á los extranjeros.

IV. Avec un commissionnaire.

1. Ayez la complaisance de m'indiquer où je pourrais trouver un commissionnaire pour porter cette lettre — ce paquet — cette malle.

2. A quel signe puis-je reconnaître un commissionnaire dans la rue ?

3. Où se tiennent-ils généralement ?

4. Peut-on avoir confiance en eux ?

5. Ils doivent avoir un tarif.

6. Où peut-on se plaindre d'eux, si on avait lieu de le faire ?

7. Combien coûte la course?

8. Combien, lorsqu'ils sont chargés de rapporter une réponse ?

9. Pouvez-vous me porter cette lettre tout de suite à l'adresse que voici ?

10. Vous attendrez la réponse, et vous me la rapporterez.

11. Combien de temps vous faut-il pour aller et venir ?

12. Vous me retrouverez dans ce café.

13. Voici votre argent pour

IV. Con un mandadero.

1. ¿ Hace V. el favor de indicarme un mandadero que lleve esta carta — este paquete — este baul ?

2. ¿ Qué distintivos tienen los mandaderos en la calle ?

3. ¿ En dónde se ponen generalmente ?

4. ¿ Puede uno fiar en ellos ?

5. Deben tener una tarifa.

6. ¿ Á quién hay que acudir, si uno tiene queja de ellos ?

7. ¿ Cuánto cuesta el mandado ?

8. ¿ Cuánto por traer una respuesta ?

9. ¿ Quiere llevarme ahora mismo esta carta á donde dice el sobre ?

10. Espere V. y tráigame la respuesta.

11. ¿ Cuánto tiempo tardará V. en ir y venir ?

12. Me encontrará V. en este café.

13. Tome V. el dinero

la course d'aller, je vous payerai le surplus lorsque vous serez de retour. — de la ida, à la vuelta pagaré lo demas.

14. Vous me réclamez plus cher que nous ne sommes convenus. — 14. Reclama V. más de lo convenido.

15. J'ai beau être étranger, je ne me laisserai pas attraper. — 15. No por ser extranjero me dejaré engañar.

16. Il est inutile de faire du bruit ; vous avez ce qui vous est dû, vous n'aurez rien de plus. — 16. Nada de ruido : tiene V. lo que se le debe, y nada más.

17. Pouvez-vous me conduire dans divers magasins ? — 17. ¿ Puede V. conducirme à varias tiendas ?

18. Savez-vous quelques mots de français ? — 18. ¿ Sabe V. algunas palabras de frances ?

19. Connaissez-vous bien toutes les curiosités de la ville ? — 19. ¿ Conoce V. bien todas las curiosidades de la ciudad ?

20. Combien me prendrez-vous pour m'accompagner une demi-journée — toute une journée ? — 20. ¿ Cuánto me llevará V. por acompañarme todo el dia ?

V. A la Poste aux lettres. — V. En el Correo.

1. Veuillez m'indiquer, s'il vous plaît, la poste aux lettres. — 1. ¿ Tiene V. la bondad de enseñarme el correo ?

2. A quelle heure la dernière levée pour l'étranger ? — 2. ¿ Á qué hora se recogen por última vez las cartas para el extranjero ?

3. Voulez-vous courir bien vite mettre cette lettre à la poste centrale ? Vous l'affranchirez. — 3. Corra V. al correo central à echar esta carta despues de franqueada.

4. Combien coûte l'affran- — 4. ¿ Cuánto cuesta el fran-

chissement pour la France — l'Angleterre — l'Italie — l'Allemagne ?

queo para Francia — Inglaterra — Italia — Alemania ?

5 A quelle heure se fait la première distribution ? — Combien y a-t-il de distributions par jour ?

5. ¿ Á qué hora se reparten las cartas ? — ¿ Cuántas veces por dia ?

6. Cette lettre ne pèse-t-elle pas double port ? — Je voudrais la charger. — Combien coûte le chargement ? — Je voudrais déclarer la valeur qu'elle contient.

6. ¿ No tiene esta carta doble peso ? — Quiero certificarla. — ? Cuánto cuesta el certificado ? — Quisiera declarar el valor que hay en ella.

7. Obligez-moi de me donner de la cire et un cachet.

7. Sirvase V. darme lacre y sello.

8. Donnez-moi quelques timbres-poste pour l'intérieur de la ville — pour la Belgique — la Hollande — la Suisse.

8. Déme V. algunos sellos de correo interior — para Bélgica —Hollanda — Suiza.

9. Est-il encore temps pour le départ du soir ?

9. ¿ Hay tiempo todavia para la salida de esta noche ?

10. Indiquez-moi le guichet où l'on distribue les lettres adressées *poste restante*.

10. Indíqueme V. el despacho en donde se dan las cartas dirigidas á la *posta restante*.

11. Monsieur, auriez-vous l'obligeance de voir si vous avez des lettres au nom qui se trouve sur cette carte ?

11. Caballero, sirvase V. decirme si tiene cartas dirigidas al nombre que está ahi en la mesa.

12. Cherchez bien, il y en a certainement.

12. Es posible, de seguro las hay.

13. Il doit y avoir également des journaux.

13. Tambien debe haber periódicos.

14. Désirez-vous voir mon passe-port ?

14. ¿ Desea V. ver mi pasaporte ?

15. A défaut de passe-port, je puis vous montrer différentes lettres.

15. En su defecto, puedo enseñar á V. varias cartas.

16. A quelle heure y a-t-il un nouveau courrier ?

16. ¿ A qué hora sale otro correo ?

17. S'il vient d'autres lettres, voulez-vous prendre note de les envoyer à l'adresse suivante ?

17. Si hay mas cartas, tóme V. nota de esta direccion para dirigírmelas allí.

18. Voulez-vous que je vous l'écrive ?

18. ¿ Quiere V. que la escriba ?

19. La poste se charge-t-elle des petits paquets ? — Jusqu'à quel poids puis-je aller ?

19. ¿ Recibe la posta paquetitos ? — ¿ Hasta qué peso ?

20. Quel en est le prix ?

20. ¿ Cuánto cuesta ?

21. Vous chargez-vous des envois d'argent ?

21. ¿ Se encarga V. de hacer remesas de dinero ?

22. Donnez-moi un mandat de....

22. Déme V. una carta órden de....

23. Combien de temps ai-je encore avant la levée de la boite ?

23. ¿ Cuánto tiempo me queda ántes que recojan las cartas ?

24. Avez-vous quelqu'un pour envoyer ma lettre à la poste ?

24. ¿ Hay quien lleve mi carta al correo ?

25. Il faut qu'elle parte aujourd'hui.

25. Es preciso que salga hoy.

VI. Pour écrire une lettre.

VI. Para escribir una carta.

1. Je voudrais avoir ce qu'il faut pour écrire une lettre.

1. Necesito con que escribir una carta.

2. Pouvez-vous me prêter une feuille de papier à lettre ?

2. ¿ Me presta V. una hoja de papel de cartas ?

3. Veuillez me faire apporter tout ce qu'il faut pour écrire — papier — enveloppes — plumes — encrier.

3. Que me traigan lo necesario para escribir — papel — sobres — plumas — tintero.

4. Cette plume ne peut al-

4. Esta pluma no sirve.

ler. N'en auriez-vous pas une autre.	¿ No tiene V. otra?
5. Il n'y a pas d'encre dans l'encrier.	5. No hay tinta en el tintero.
6. Cette encre est une véritable boue.	6. Esta tinta es broza.
7. Avez-vous un grattoir — une règle — un canif?	7 ¿ Tiene V. un raspador — una regla — un cortaplumas ?
8. Je préfère une plume d'oie.	8. Prefiero una pluma de ganso.
9. Votre canif ne coupe pas.	9. Este cortaplumas no corta.
10. Il a besoin d'être repassé.	10. Necesita afilarse.
11. Quel jour du mois sommes-nous?	11. ¿ Á qué dia del mes estamos ?
12. En voyage, j'oublie entièrement le quantième du mois.	12. En viaje olvido la fecha del mes.
13. Je n'ai plus qu'à cacheter ma lettre.	13. Solo falta cerrar la carta.
14. Auriez-vous une enveloppe — des pains à cacheter — un peu de poudre ?	14. ¿ Tiene V. un sobre — obleas — polvos ?
15. Pourriez-vous me céder quelques timbres-poste ?	15. ¿ Puede V. cederme unos sellos de correos ?
16. Savez-vous combien coûte l'affranchissement pour... ?	16. ¿ Cuánto cuesta el franqueo ?
17. Ai-je le temps d'écrire une seconde lettre ?	17. ¿ Tendré tiempo de escribir otra carta ?
18. Il y a plusieurs jours que je n'ai écrit.	18. No he escrito hace muchos dias.
19. Donnez-moi une nouvelle feuille de papier.	19. Déme V. otra hoja de papel.
20. En voyage, je suis toujours très-paresseux pour écrire.	20. Soy muy perezoso para escribir cuando estoy de viaje.

21. Il est tard, je finirai ma lettre demain.

21. Es tarde, mañana acabaré la carta.

22. Vous n'avez rien à faire dire à vos amis ? — Je vais faire votre commission.

22. ¿ No tiene V. nada que mandar decir á sus amigos ? — Voy á hacer el encargo.

23. N'oubliez pas de faire porter cette lettre ce soir même.

23. No olvide V. enviar la carta, esta misma tarde.

VII. Au télégraphe.

VII. En el telégrafo.

1. Le bureau du télégraphe, je vous prie ?

1. ¿ El despacho de telégrafo ?

2. A quel numéro de la rue ?

2. ¿ En qué parte de la calle ?

3. A quelle heure est-il ouvert — fermé ?

3. ¿ Á qué hora se abre — se cierra ?

4. Je voudrais envoyer cette dépêche à...

4. Quisiera enviar este telégrama á....

5. Quel est le prix d'une dépêche de vingt mots — de trente — de quarante ?

5. ¿ Cuánto cuesta un despacho de veinte palabras — de treinta — de cuarenta ?

6. Puis-je affranchir la réponse ?

6. ¿ Puedo franquear la respuesta ?

7. Ne puis-je pas adresser ma dépêche bureau restant ?

7. ¿ Puedo dirigir mi despacho á la oficina restante ?

8. Je suis certain que cette ville a un bureau télégraphique.

8. Seguramente hay en esta ciudad un despacho de telégrafos.

9. Voulez-vous prendre note de mon adresse, afin de m'envoyer la réponse dès qu'elle sera arrivée ?

9. ¿ Quiere V. apuntar mi direccion para enviarme la respuesta asi que llegue.

10. Auriez-vous l'obligeance de me donner une feuille de papier et une plume et de l'encre pour écrire ma dépêche ?

10. ¿ Me da V. una hoja de papel, pluma y tintero para estender el despacho ?

11. Voyons donc combien il y a de mots.	11. Vea V. cuántas palabras hay.
12. Que pourrais-je supprimer ?	12. ¿ Qué podré suprimir?
13. Quelle est la ville la plus proche où je pourrais trouver un bureau télégraphique ?	13. ¿ Cual es la ciudad mas próxima en donde haya estacion telegráfica ?
14. Pouvez-vous envoyer un exprès du bureau le plus proche de cet endroit ?	14. Puede V. enviar un propio desde la estafeta mas cercana á este lugar.

CHAPITRE V

SALUTATIONS ET PHRASES DE POLITESSE

SALUDOS, FRASES CORTESES

I. Compliments.	I. Saludos.
1. Monsieur — madame — mademoiselle, j'ai l'honneur de vous saluer. Je vous présente mes hommages — mes respects.	1. Caballero — señora — señorita, tengo el honor de saludar á V. Presento á V. mis respetos — beso á V. los piés.
2. Comment vous portez-vous ?	2. ¿ Como está V. ?
3. Vous êtes si fraîche qu'il est vraiment inutile de vous le demander.	3. Está V. tan lozana que es por demás preguntárselo.
4. Les années passent sur vous sans laisser aucune trace. Je vous trouve toujours rajeunie.	4. Pasan los años por V. sin dejar ninguna huella. Siempre la encuentro rejuvenecida.

5. On ne se douterait pas que vous avez été malade. — Vous paraissez beaucoup mieux. — Je suis fort heureux de vous retrouver en bonne santé. — J'ai été un peu fatigué par le voyage, mais je suis complétement remis.	5. Nadie creeria que ha estado V. enferma. — Ha ganado V. — Celebro ver a V. buena. — Algo me cansó el viaje, pero ya estoy repuesto.
6. Vous êtes mille fois trop bonne.	6. Es V. en extremo amable.
7. Je suis vraiment confus de toutes vos politesses. — Monsieur votre père — madame votre mère — madame votre fille — monsieur votre gendre est-il (elle) toujours en bonne santé ?	7. Me confunden tantas atenciones. — ¿ El señor padre de V. — la señora madre de V. — la señora hija de V. — el señor yerno de V. — sigue bueno — buena ?
8. Votre famille s'est augmentée depuis mon dernier voyage.	8. Su familia ha aumentado desde mi último viaje.
9. Je vous en fais mon sincère compliment.	9. Felicito á V. sinceramente
10. Quel charmant bébé ! — Madame, vous devez en être fière. — Il a tout à fait vos yeux.	10. ¡ Preciosa criatura ! — Señora, debe V. estar orgullosa. — Son los ojos de V.
11. Rappelez-moi, je vous prie, au souvenir de...	11. Hágame V. presente á...
12. Dites bien des choses pour moi à....	12. Mil cosas de mi parte á....
13. Je ne vous dis pas adieu, mais au revoir.	13. No digo á V. adios, sino hasta la vista.
14. Merci beaucoup de votre aimable réception.	14. Mil gracias por tan amable acogida.
15. J'ai passé une délicieuse soirée.	15. He pasado una tarde deliciosa.
16. Le temps, près de vous, m'a semblé très-court.	16. El tiempo vuela al lado de V.

17. On n'est vraiment pas plus aimable.

17. Nadie es mas amable.

II. Les visites.

II. Las visitas.

1. Quel est, à votre avis, le meilleur moment de la journée pour me présenter chez M. X... ?

1. ¿ Cual piensa V. que es la mejor hora para visitar al Señor... ?

2. Le matin — l'après-midi — le soir ?

2. Por la mañana — por la tarde — por la noche ?

3. Je crois qu'il est plus convenable de faire cette visite l'après-midi. — Qu'en pensez-vous ?

3. Creo mas conveniente visitarle por la tarde. — ¿ Qué piensa V. ?

4. Dois-je me mettre en toilette habillée ? faut-il mettre mon habit noir ?

4. ¿ Vestiréme de ceremonia ? ¿ Me pondré el frac negro ?

5. J'ai peur d'avoir l'air en cérémonie.

5. Temo parecer demasiado ceremonioso.

6. Je crains de paraître trop sans façon.

6. Temo presentarme con demasiada franqueza.

7. Chaque pays a ses usages, et je tiens à suivre ceux du pays où je me trouve.

7. Cada pais tiene sus costumbres y me gusta conformarme á las que se usan en el que me encuentro.

8. M. X.... est-il chez lui ? — A quel étage ?

8. ¿ El Señor X... está en casa ? — ¿ En qué piso ?

9. Je suis enchanté de vous voir.

9. Celebro ver á V.

10. Vous êtes bien bon d'être venu nous voir — d'avoir pensé à nous.

10. Es V. muy amable en venirnos á ver — en pensar en nosotros.

11. Asseyez-vous, je vous prie.

11. Sirvase V. tomar asiento.

12. Prenez donc ce fauteuil.

12. Tóme V. ese sillon.

13. Je craignais de ne pas avoir le plaisir de vous voir.

13. Temia no tener el gusto de ver á V.

14. Je me suis présenté

14. Ayer vine á casa de

hier chez vous sans avoir le plaisir de vous rencontrer.

15. Je venais de sortir.

16. Je n'en ai rien su.

17. Je regrette beaucoup d'avoir été absent à ce moment-là.

18. Je vous remercie beaucoup de votre bonne visite.

19. Vous n'allez pas encore nous quitter ?

20. Permettez-moi de prendre congé de vous.

21. Vous êtes bien pressé.

22. Excusez-moi, mais j'ai aujourd'hui plusieurs courses indispensables à faire.

23. J'aurai le plaisir de vous revoir sous peu.

24. Quand aurons-nous le plaisir de vous revoir ?

V. y no tuve el gusto de encontrarle.

15. Acababa de salir.

16. No lo he sabido.

17. Siento mucho haber estado ausente en ese momento.

18. Gracias por tan amable visita.

19. Todavia no nos abandonará V.

20. Permítame V. retirarme.

21. Tiene V. mucha prisa.

22. Dispénseme V., pero tengo hoy muchas diligencias urgentes.

23. En breve tendré el gusto de volver a ver á V.

24. ¿ Cuando tendremos la satisfaccion de volver a ver á V. ?

III. La température.

1. Quel temps fait-il ?

2. Il fait un bien beau temps.

3. Il fait un bien vilain temps.

4. Il va pleuvoir.

5. Il pleut.

6. C'est un vrai déluge.

7. Mettons-nous à l'abri.

8. Je n'ai pas de parapluie.

III. La temperatura.

1. ¿ Qué tiempo hace ?

2. Hace un tiempo hermoso.

3. Hace muy mal tiempo.

4. Va á llover.

5. Llueve.

6. Es un verdadero diluvio.

7. Pongámonos á cubierto.

8. No traigo paraguas.

9. Vous aviez bien fait de prendre votre parapluie.	9. Debió V. haber tomado el paraguas.
10. Croyez-vous que la pluie durera longtemps ?	10. ¿ Cree V. que durará mucho la lluvia ?
11. C'est un orage, il sera bientôt passé.	11. Es una tormenta, pasará pronto.
12. Cette pluie peut durer vingt-quatre heures.	12. La lluvia puede durar veinte cuatro horas.
13. Quel beau temps !	13. ¡ Qué hermoso tiempo !
14. Il fait un temps de printemps.	14. Hace un tiempo de primavera.
15. Que cette chaleur est agréable !	15. ¡ Qué agradable es este calor !
16. Il fait une chaleur accablante.	16. Sofoca el calor.
17. Le thermomètre marque vingt-cinq degrés au-dessus de zéro.	17. El termómetro marca veinti cinque grados sobre cero.
18. Il fait vraiment froid.	18. Hace realmente frio.
19. Le temps est rigoureux.	19. El tiempo es rigoroso.
20. Il a gelé très-fort.	20. Ha helado mucho.
21. Le canal est gelé.	21. El canal está helado.
22. Le thermomètre est à dix degrés au-dessous de zéro.	22. El termómetro está á diez grados bajo cero.
23. Il a neigé toute la nuit.	23. Ha nevado toda la noche.
24. Il commence à dégeler.	24. Empieza á deshelar.
25. L'orage arrive sur nous.	25. La tormenta va á descargar sobre nosotros.
26. Entendez-vous le tonnerre ?	26. ¿ Oye V. el trueno ?
27. La foudre est tombée à...	27. El rayo ha caido en....
28. Y a-t-il eu des malheurs ?	28. ¿ Ha habido desgracias ?
29. Voilà un arc-en-ciel.	29. Mira un arco iris.

30. C'est demain nouvelle lune, le temps changera peut-être.

30. Mañana es luna nueva, quizá cambiará el tiempo.

31. Le temps se remet au beau.

31. El tiempo se serena.

32. Le soleil reparaît.

32. Vuelve á salir el sol.

33. Que la campagne est belle après une pluie !

33. Qué hermoso es el tiempo despues de la lluvia!

34. La soirée est superbe.

34. La noche es soberbia.

35. Le soleil se couche avec éclat.

35. El sol se pone con brillo.

36. Le beau clair de lune !

36. ¡ Qué hermosa luna !

37. Il fait brumeux.

37. Hace niebla.

38. La pluie commence à tomber.

38. Empieza á llover.

IV. Petites phrases.

IV. Frases sueltas.

Pour offrir.

Para ofrecer.

1. Permettez-moi de vous offrir ceci.

1. Permítame V. ofrecerle esto.

2. Acceptez-le pour me faire plaisir.

2. Acéptelo V. por complacerme.

3. Faites-moi le plaisir d'accepter...

3. Hágame V. el gusto de aceptar.

4. Vous me désobligeriez en refusant.

4. Me disgustaria V. si lo rehusase.

5. Tout ce que j'ai est à votre disposition.

5. Cuanto tengo está á la disposicion de V.

6. Je vous l'offre de bon cœur, acceptez-le de même.

6. Se lo ofrezco á V. de buen grado, acéptelo V. del mismo modo.

7. Tout ce que j'ai n'est-il pas à vous ?

7. ¿ No es de V. cuanto tengo ?

8. C'est de grand cœur que je vous l'offre.

8. Se lo ofrezco á V. sinceramente.

9. Acceptez-le en souvenir de moi.	9. Acéptelo V. como recuerdo mio.
10. Acceptez cette légère marque de reconnaissance.	10. Reciba V. esta ligera prueba de gratitud.
11. Je voudrais pouvoir vous offrir beaucoup mieux.	11. Quisiera poder ofrecer á V. mucho mas.
12. Je regrette de n'avoir que cela à vous offrir.	12. Siento no tener mas que esto que ofrecer á V.
13. Acceptez sans cérémonie.	13. Acepte V. sin ceremonia.
14. C'est une bagatelle que je vous prie d'accepter.	14. Ruego á V. acepte esta bagatela.
Pour refuser.	*Para rehusar.*
1. Vraiment, je ne puis accepter.	1. Verdaderamente no puedo aceptar.
2. N'insistez pas, cela est impossible.	2. No insista V., eso es imposible.
3. Cela ne dépend pas de moi.	3. Eso no depende de mi.
4. Ce n'est pas moi que cela regarde.	4. Eso no me incumbe.
5. C'est avec un vif regret, mais je ne puis accepter.	5. Siento en el alma no poder aceptar.
6. Je le regrette autant que vous.	6. Me pesa tanto como á V.
7. Je ne puis accepter sans cela.	7. No puedo aceptar sin eso.
8. Je suis désolé d'être forcé de vous refuser.	8. Me duele tener que rehusárselo á V.
9. Je ne puis vous accorder ce que vous me demandez.	9. No puedo otorgar á V. lo que me pide.
10. Je n'ai pas l'influence que vous croyez.	10. No tengo la influencia que V. cree.
11. Une autre fois nous serons plus heureux.	11. Otra vez seremos mas felices.
12. N'y comptez pas.	12. No cuente V. con ello.

13. Je n'y puis rien.	13. Nada puedo en ello.
14. Soyez convaincu qu'il n'y a pas de ma faute.	14. Crea V. que no es culpa mia.
15. Je ne le puis plus maintenant.	15. Ya no puedo ahora.
16. Vous comprendrez que cela m'est impossible.	16. V. comprendera que eso me es imposible.
17. Pourquoi insister ? Vous voyez que je ne le puis pas.	17. ¿ Para qué insistir ? bien vé V. que no puedo.
18. Il m'est très-pénible de vous refuser.	18. Me es doloroso rehusar á V.
19. Croyez que je le regrette beaucoup plus que vous.	19. Crea V. que lo siento mas que V.
Pour affirmer.	*Para afirmar.*
1. Je suis certain que je l'ai vu.	1. Estoy seguro, lo he visto.
2. Je vous en donne ma parole d'honneur.	2. Doy á V. mi palabra de honor.
3. Vous pouvez me croire.	3. Puede V. creerme.
4. Cela est certain — positif.	4. Eso es cierto — positivo.
5. Je tiens le fait de M. X..., qui était présent.	5. Lo sé por el Señor X... que estaba presente.
6. J'en ai des preuves convaincantes.	6. Tengo pruebas convincentes.
7. Je vous garantis la chose.	7. Se lo garantizo á V.
8. Je puis vous en fournir la preuve.	8. Puedo dar á V. la prueba.
9. Rien n'est plus certain.	9. Nada mas cierto.
10. J'étais témoin du fait, et je puis vous le certifier.	10. Fui testigo del hecho y puedo certificarle.
11. C'est un fait incontestable.	11. Es un hecho incontestable.

Pour nier.

1. Pardon, monsieur, vous vous trompez.
2. Permettez-moi, madame, de vous dire que vous êtes dans l'erreur.
3. Je ne croirai jamais cela.
4. Vous vous trompez, je n'ai pas dit cela.
5. C'est impossible, je n'y étais pas.
6. Cela me paraît impossible.
7. Je ne puis croire que cela soit jamais arrivé.
8. Vous essayez de m'en faire accroire.
9. Je le nie formellement.
10. Je dis que vous vous trompez, pour ne pas dire plus.
11. C'est faux.
12. On vous a menti.
13. Cela n'est pas vrai.

Para negar.

1. Dispense V., caballero, V. se engaña.
2. Permita me V., Señora, decirle que está V. engañada.
3. Jamás creeré eso.
4. V. se equivoca, no he dicho eso.
5. Es imposible, yo no estaba allí.
6. Eso me parece imposible.
7. No puedo creer que eso haya sucedido jamás.
8. V. trata de engañarme.
9. Lo niego formalmente.
10. Digo que V. se equivoca por no decir mas.
11. Es falso.
12. Le han mentido á V.
13. Eso no es verdad.

Pour s'excuser.

1. Je ne voulais pas vous blesser.
2. Je ne croyais pas mal faire.
3. Je vous prie d'agréer toutes mes excuses.
4. Vous êtes par trop susceptible.
5. Je suis au désespoir de vous avoir contrarié.

Para disculparse.

1. No queria ofender á V.
2. No creia hacer mal.
3. Ruego á V. que acepte todas mis disculpas.
4. Es V. demasiado susceptible.
5. Me duele en el alma haber contrariado á V.

6. Donnons-nous la main et n'en parlons plus.	6. Démonos la mano y no hablemos mas de eso.
7. Je réclame toute votre indulgence.	7. Reclamo toda la indulgencia de V.
8. J'ai eu tort, j'en conviens.	8. He hecho mal, lo confieso.
9. Soyez indulgent pour cette fois.	9. Sea V. indulgente por esta vez.
10. Je connais si peu votre langue que vous devez m'excuser.	10. Conozco tan poco la lengua que debe V. dispensa. me.
11. J'ai beaucoup de chagrin de vous avoir contrarié.	11. Siento mucho haber contrariado á V.
12. Je ne comprends pas ce qui est écrit, excusez-moi donc.	12. No comprendo lo que está escrito, dispénseme V.
13. Puis-je compter sur votre bon vouloir?	13. ¿ Puedo contar con la voluntad de V. ?
14. C'est une complaisance que je vous demande, j'espère que vous ne me la refuserez pas.	14. Lo que pido á V. es un favor y espero no me lo niegue.
15. J'attends cela de votre amitié.	15. Espero esto de su amistad de V.
16. Je suis désespéré d'avoir encore à vous importuner.	16. Me desconsuela tener que importunar á V. otra vez.
17. C'est la seule grâce que je vous demande.	17. Es el único favor que pido á V.
Pour consentir.	*Para consentir.*
1. Avec grand plaisir.	1. Con mucho gusto.
2. Comment donc! mais très-volontiers.	2. ¡ Cómo ! de muy buena gana.
3. Quand vous voudrez.	3. Cuando V. guste.
4. De suite si vous voulez.	4. Enseguida, si V. quiere.
5. C'est entendu, comptez sur moi.	5. Entendido, cuente V. conmigo.

6. Je suis heureux d'avoir l'occasion de vous être agréable.	6. Celebro tener la ocasion de agradar á V.
7. Je suis entièrement à votre disposition.	7. Estoy enteramente á la disposicion de V.
8. Vous avez bien fait de vous adresser à moi.	8. Ha hecho V. bien en dirigirse á mí.
9. Je ferai pour vous tout ce que je pourrai.	9. Haré por V. cuanto pueda.
10. Pourquoi ne pas m'en avoir parlé plus tôt?	10. ¿ Porqué no habló V. ántes ?
11. Je suis à vous dans l'instant.	11. Al punto soy con V.
12. Je puis donc une fois vous être utile!	12. Con que podré una vez serle á V. útil !
13. Je voudrais vous rendre un plus grand service.	13. Quisiera hacer á V. mayor servicio.
14. Je suis tout à votre service.	14. Soy todo de V.
15. Usez de moi tant que vous voudrez.	15. Empleeme V. en cuanto quiera.
16. C'est un plaisir pour moi de vous être utile.	16. Es para mí un placer serle á V. útil.
17. Je n'ai rien à vous refuser.	17. Nada puedo rehusar á V.
18. Je ferai pour vous ce que je ne ferais pas pour un autre.	18. Haré por V. lo que no haria por otro.
19. J'irai certainement, vous pouvez y compter.	19. Iré seguramente, cuente V. con ello.
Pour demander un conseil, un avis.	*Para pedir consejo, parecer.*
1. Je suis bien embarrassé; que feriez-vous à ma place?	1. Estoy indeciso, ¿ qué haria V. en mi lugar ?
2. Si j'étais à votre place, je ferais ainsi.	2. En lugar de V. obraria así.

3. Quel conseil me donnez-vous ?
4. Le cas est bien embarrassant.
5. Que faut-il faire ? — Donnez-moi votre avis.
6. Je crains de ne m'y être pas bien pris.
7. Quel moyen voyez-vous pour remédier à cela ?
8. Je tiens à avoir votre opinion.
9. Il faut pourtant prendre un parti.
10. Croyez-vous que je ferais bien d'y retourner ?
11. Ainsi, vous ne trouvez rien à me conseiller ?
12. Quel parti devons-nous prendre ?

3. ¿ Qué consejo me dá V. ?
4. El caso es muy embarazoso.
5. ¿ Qué haré ? — Déme V. su parecer.
6. Temo no haber acertado.
7. ¿ Qué medio vé V. de remediar esto ?
8. Me importa saber la opinion de V.
9. Fuerza es sin embargo tomar una resolucion.
10. ¿ Crée V. que haré bien en volver allá ?
11. Así, ¿ no se le ocurre á V. nada que aconsejarme ?
12. ¿ Qué partido tomaremos ?

Pour remercier.

1. Je vous remercie beaucoup.
2. Je vous suis bien obligé.
3. J'accepte avec un grand plaisir et vous suis reconnaissant.
4. Vous êtes mille fois trop bon.
5. Agréez tous mes remerciements.
6. Je suis confus de toutes vos bontés.
7. Vous me faites beaucoup d'honneur.

Para agradecer.

1. Se lo agradezco á V. mucho.
2. Estoy á V. muy obligado.
3. Acepto con gusto y se lo agradezco.
4. Es V. mil veces sobrado bondadoso.
5. Doy á V. un millon de gracias.
6. Me confunden todas sus bondades.
7. Me hace V. mucho honor.

8. Comment reconnaîtrai-je toutes vos bontés?	8. ¡ Cómo pagaré todas sus bondades !
9. On n'est pas plus aimable.	9. No se puede ser mas amable.
10. Je vous en serai toujours reconnaissant.	10. Quedaré á V. reconocido siempre.
11. Je ne saurais vous dire combien cela me fait plaisir.	11. No puedo decir á V. cuanto me complace eso.
12. Je n'oublierai jamais toutes vos bontés.	12. Jamás olvidaré todas las bondades de V.
13. Comment pourrai-je jamais m'acquitter envers vous ?	13. ¿ Cómo podré nunca desquitarme ?
14. Je suis confus de la peine que je vous donne.	14. Me confunde la molestia que V. se toma.
15. Je ne vous remercierai jamais assez.	15. Jamás se lo agradeceré á V. bastante.
16. Je ne sais comment répondre à toutes vos politesses.	16. No sé cómo responder á todas sus atenciones.
17. Merci mille fois de votre extrême obligeance.	17. Gracias mil veces por su extremo favor.
18. Je suis heureux d'avoir pu vous être agréable.	18. Me congratulo de haber podido complacerle.
19. Enchanté de vous avoir été de quelque utilité.	19. Me alegro de haberle sido útil en algo.
20. J'en suis plus heureux que vous.	20. Soy en ello mas feliz que V.
21. Cela ne vaut pas la peine d'en parler.	21. Eso no vale la pena de mentarlo.
22. Rien n'est plus naturel.	22. Nada era mas natural.
23. Vous en auriez fait autant.	23. En mi lugar hubiera V. procedido como yo.
24. Vous n'avez nullement à m'en savoir gré.	24. Nada tiene V. que agradecerme.
25. J'en ai été récompensé par votre agréable société.	25. He estado recompensado con su amable compañia.
26. Le plaisir a été pour moi.	26. El gusto ha sido mio.

Pour demander.	*Para preguntar.*
1. Oserai-je vous faire une demande?	1. ¿ Me atreveria á hacer á V. una pregunta ?
2. J'ai un petit service à vous demander.	2. Tengo que pedir á V. un favor.
3. Puis-je espérer que vous voudrez bien?	3. ¿ Puedo esperar que V. me lo concederá ?
4. M'accorderez-vous cette faveur ?	4. Dispénseme V. esta merced.
5. Seriez-vous assez bon pour...?	5. ¿ Tendria V. la bondad de.... ?
6. Vous me rendrez grand service.	6. Me favoreceria V. mucho.
7. Je ne compte que sur vous.	7. Solo cuento con V.
8. Ne me refusez pas, je vous en prie.	8. Ruego á V. que no me lo niegue.
9. Voulez-vous me faire ce plaisir?	9. ¿ Quiere V. darme ese gusto ?
10. Vous me rendriez un signalé service.	10. Me haria V. singular favor.
11. Vous ne sauriez me faire un plus grand plaisir.	11. No podria V. darme mayor gusto.
12. Vous me rendriez un grand service.	12. Me haria V. una gran merced.
13. Puis-je vous demander de bien vouloir?	13. ¿ Puedo pedir á V. que tenga á bien.... ?
14. Ayez cette complaisance.	14. Tenga V. esa complacencia.
15. Je vous en serai fort obligé.	15. Se lo agradeceré á V. infinito.
16. Je vous en aurai le plus grand gré.	16. Le quedaré á V. reconocido.

V. Une rencontre. / V. Un encuentro.

1. Mais je ne me trompe pas, c'est bien M. X....	1. Si no me engaño, es el amigo M. X...

2. Que je suis heureux de vous rencontrer !	2. ¡ Qué feliz soy en encontrar á V. !
3. Comment vous êtes-vous porté depuis que j'ai eu le plaisir de vous voir ?	3. ¿ Cómo le ha ido á V. desde que tuve el gusto de verle ?
4. Je suis charmé de vous rencontrer ici.	4. Celebro encontrar á V. aquí.
5. Et depuis quand êtes-vous ici ?	5. ¿ Y desde cuando esta V. por acá ?
6. Qu'ètes-vous devenu depuis que je vous ai quitté ?	6. ¿ Qué es de V. desde que nos separamos ?
7. Quel Juif-Errant vous faites !	7. Es V. un judío errante.
8. Quant à moi, j'ai beaucoup voyagé.	8. En cuanto á mi, he viajado mucho.
9. Combien de temps pensez-vous rester ici ?	9. ¿ Cuánto tiempo piensa V. estar aquí ?
10. Je n'y suis que pour quelques jours.	10. Estoy solo por unos dias.
11. Je n'y suis qu'en passant.	11. Estoy de paso.
12. Êtes-vous seul ici, ou avez-vous votre famille ?	12. ¿ Solo ó con su familia ?
13 A quel endroit êtes-vous descendu ?	13. ¿ En dónde para V. ?
14. Pour moi, je demeure rue.... nº....	14. Yo, vivo en la calle.. .. número.....
15. Il y a huit jours que je suis ici.	15. Llegué hace ocho dias.
16. Y ètes-vous pour affaires, ou pour votre plaisir ?	16. ¿ Viene V. por negocios ó por divertirse ?
17. Puisque vous connaissez la ville, je me recommande à vous pour me la faire visiter.	17. Ya que conoce V. la ciudad me recomiendo á V. para visitarla.
18. Maintenant je ne vous quitte plus.	18. Ya no me separo de V.
19. Où allez-vous de ce pas ?	19. ¿ Adónde va V. así ?

20. Je fais comme vous, je me promenais.	20. Como V. me paseaba.
21. Permettez que je vous accompagne.	21. Permítame V. que le acompañe.
22. En quittant cette ville, où comptez-vous aller ?	22. Al dejar esta ciudad ¿ adónde va V. ?
23. Je ne pensais pas partir sitôt, car j'ai encore plusieurs affaires à terminer — beaucoup de choses à voir.	23. No pensaba marcharme tan pronto porque tengo todavía muchos negocios que terminar — muchas cosas que ver.
24. Si vous me servez de guide, cela ira plus vite.	24. Si V. me sirve de guia concluiré mas pronto.
25. Nous nous reverrons ; où pourrai-je vous rencontrer ?	25. Nos volveremos á ver ¿ en dónde podré encontrar á V. ?
26. A quelle heure sortez-vous ?	26. ¿ Á qué hora sale V. ?
27. Si vous le voulez bien, j'irai vous prendre pour déjeuner — pour dîner.	27. Si V. quiere iré por V. para almorzar — para comer.
28. Que faites-vous ce soir ?	28. ¿ Qué hace V. esta noche ?
29. Nous pourrions passer la soirée ensemble.	29. Podríamos pasar la noche juntos.
30. J'ai à faire une visite dont je ne puis me dispenser.	30. No puedo dispensarme de hacer una visita.
31. Alors ce sera pour demain ; je compte sur vous.	31. Entónces hasta mañana, cuento con V.

VI. Les adieux. — VI. Despedida.

1. Je regrette beaucoup que vous partiez si vite.	1. Siento mucho que V. se marche tan pronto.
2. Pourquoi nous quittez-vous si tôt ?	2. ¿ Porqué nos abandona V. tan pronto ?
3. Quand partez-vous ?	3. ¿ Cuándo marcha V. ?
4. Puis-je espérer vous revoir encore ?	4. ¿ Volveré á ver á V. ?

5. C'est avec un vrai chagrin que je vous quitte.

6. Nous étions si bien tous ensemble.

7. Pourquoi nous séparer si vite ?

8. Je n'oublierai jamais le plaisir que j'ai goûté dans votre société.

9. J'aurai le plaisir de vous voir à mon retour.

10. Soyez persuadé que je ne vous oublierai pas.

11. Avez-vous quelques commissions pour.... ?

12. Quand comptez-vous partir ?

13. Je vous fais mon compliment, c'est un beau voyage que vous allez entreprendre.

14. Combien de temps pensez-vous être absent ?

15. J'espère que je serai bientôt de retour.

16. Quand pensez-vous être de retour ?

17. Si je puis vous être utile, disposez de moi.

18. Si je ne craignais d'être indiscret, je vous prierais de vous charger de ce petit paquet — de cette lettre pour mon ami M. X....

19. Puisque vous avez cette bonté, je profiterai de votre offre.

20. Je viens de recevoir une lettre de ma famille qui me rappelle subitement.

5. Con verdadero pesar me separo de V.

6. ¡ Estabamos tan bien juntos !

7. ¿ Porqué separarnos tan pronto ?

8. Jamás olvidaré el gusto que he tenido al lado de V.

9. Tendré la satisfaccion de ver á V. á mi vuelta.

10. Viva V. persuadido de que no le olvidaré.

11. ¿ Tiene V. algunos encargos para........ ?

12. ¿ Cuándo piensa V. marchar ?

13. Felicito á V. por el hermoso viaje que va á emprender.

14. ¿ Cuánto tiempo estará V. ausente ?

15. Espero regresar pronto.

16. ¿ Cuando piensa V. volver ?

17. Disponga V. de mi si puedo serle útil.

18. Si no temiera ser indiscreto, daria á V. este paquetito — esta carta para mi amigo X...

19. Ya que es V. tan bueno me aprovecharé de su oferta.

20. Acabo de recibir una carta de mi familia que me llama de repente.

21. Un de mes parents est sérieusement malade.
22. Je ne puis différer mon départ.
23. Soyez sûr que nous nous reverrons.
24. Vous reverrai-je une fois avant votre départ ?
25. A quelle heure partez-vous ?
26. J'irai vous conduire à la gare.
27. Vous serez bien aimable.
28. Je vous écrirai dès que je serai arrivé.
29. Ne manquez pas de me donner de vos nouvelles.
30. N'oubliez pas mon adresse.
31. Bon voyage — adieu — au revoir.

21. Un amigo mio está gravemente enfermo.
22. No puedo diferir mi marcha.
23. Esté V. seguro que nos volveremos á ver.
24. ¿ Veré á V. otra vez ántes de su marcha ?
25. ¿ Á qué hora marcha V. ?
26. Acompañaré á V. á la estacion.
27. Será V. muy amable.
28. Escribiré á V. en cuanto llegue.
29. No deje V. de darme noticias suyas.
30. No olvide V. mis señas.
31. Buen viaje — Adios — hasta la vista.

VII. Pour exprimer l'amitié.

1. Nous ne nous quittons pas.
2. Je le vois tous les jours.
3. Il m'a donné mille preuves d'amitié.
4. Sa présence m'est fort agréable.
5. Nous n'avons pas de secrets l'un pour l'autre.
6. Je ne saurais vous exprimer toute la sympathie que j'ai pour vous.

VII. Para expresar la amistad.

1. No nos separamos.
2. Le veo todos los dias.
3. Me ha dado mil pruebas de amistad.
4. Su presencia me es muy grata.
5. No tenemos secretos uno para otro.
6. No podria expresar toda la simpatia que V. me merece.

7. Notre amitié a été toute spontanée.

8. Que ne vivons-nous ensemble !

9. J'ai pour lui la plus grande estime.

10. Nous nous accordons parfaitement.

11. Il a toutes mes sympathies.

12. Il me rend bien l'amitié que j'ai pour lui.

13. C'est mon ami — mon meilleur ami.

14. Nous sommes intimement liés.

VIII. Pour exprimer l'aversion.

1. Je n'aime pas cette personne.

2. Cette personne m'est antipathique.

3. Je n'ai que de l'aversion pour lui.

4. Son abord me glace.

5. Nous ne nous aimons guère.

6. Quel être insupportable !

7. L'ennuyeux personnage !

8. Je l'évite autant que possible.

9. Sa conversation me déplaît.

10. Ses manières sont désagréables.

7. Nuestra amistad fué muy espontánea.

8. ¡ Porqué no vivimos juntos !

9. Le estimo en sumo grado.

10. Nos entendemos muy bien.

11. Merece todas mis simpatías.

12. Me devuelve la amistad que le profieso.

13. Es mi amigo — mi mejor amigo.

14. Estamos intimamente ligados.

VIII. Para expresar la aversion.

1. No me gusta esa persona.

2. Ese individuo me es antipático.

3. Solo me inspira aversion.

4. Su trato me hiela.

5. No nos queremos.

6. ¡ Qué ente tan insoportable !

7. ¡ Qué hombre tan fastidioso !

8. Le evito cuanto puedo.

9. Su conversacion me desagrada.

10. Son desagradables sus modales.

11. Il a un très-mauvais caractère.

12. Sa figure est repoussante.

13. Décidément je ne puis le souffrir.

14. Il est impossible de vivre avec lui.

15. C'est un homme mal élevé.

16. Il est détesté de tout le monde.

11. Tiene muy mal carácter.

12. Su figura es repugnante.

13. En suma, no le puedo sufrir.

14. Es imposible vivir con él.

15. Es un hombre mal educado.

16. Todos le detestan.

IX. La joie et le plaisir.

1. J'en suis très-content.

2. Rien ne pouvait m'être plus agréable.

3. J'en suis ravi — enchanté — bien aise.

4. Cette nouvelle me fait grand plaisir.

5. Quelle joie pour toute la famille !

6. Ce voyage me fait un plaisir extrême.

7. Je suis bien heureux de voir d'aussi belles choses.

8. Je vous en fais mon compliment.

9. Je suis très-content d'être arrivé.

10. Je suis enchanté d'en être débarrassé.

11. J'en suis on ne peut plus content.

12. Vous me comblez de joie.

IX. El gozo y el placer.

1. Estoy muy contento.

2. Nada podia serme mas grato.

3. Eso me alegra — me encanta — me agrada.

4. Celebro mucho esa noticia.

5. ¡ Qué gozo para toda la familia !

6. Ese viaje me causa un placer extremo.

7. Me felicito de ver tantas bellezas.

8. Doy á V. la enhorabuena.

9. Me alegra mucho haber llegado.

10. Celebro verme libre de él.

11. Reboso de júbilo.

12. Me llena V. de alegria.

13. Je suis très-heureux de vous être agréable.

13. Me complazco en ser á V. agradable.

14. Tout le plaisir est pour moi.

14. Todo el placer es mio.

15. Je partage votre satisfaction.

15. Participo de su satisfaccion de V.

16. Que l'on est heureux de voyager !

16. ¡ Qué dicha es viajar !

17. C'est le plus grand plaisir que vous puissiez me faire.

17. No puede V. proporcionarme mayor satisfaccion.

18. Nous en sommes tous très-heureux.

18. Á todos nos hace muy felices.

X. L'admiration.

X. La admiracion.

1. L'âme se dilate à la vue de toutes ces merveilles.

1. El alma se ensancha al ver todas esas maravillas.

2. Je n'ai rien vu d'aussi beau.

2. Nada he visto mas bello.

3. Je n'en puis croire mes yeux.

3. ¿ No me engañan mis ojos ?

4. Si on ne le voyait, on n'y croirait pas.

4. No se creeria sin verlo.

5. Je ne connais rien de plus beau au monde.

5. Nada he visto mas bello en el mundo.

6. En croirai-je mes yeux ?

6. ¿ Es verdad lo que veo ?

7. Cette vue est superbe — magnifique — splendide — merveilleuse.

7. Esta vista es soberbia — magnifica — esplendida — maravillosa.

8. Je ne me lasse pas d'admirer ce tableau.

8. No me canso de admirar ese cuadro.

9. C'est d'un effet prodigieux.

9. Es de un efecto prodigioso.

10. C'est d'un grandiose incroyable.

10. Es una grandeza increible.

11. C'est prodigieux — admirable.

11. Es portentoso — admirable.

12. On resterait une journée à le regarder.
12. No basta un dia para contemplarlo.

13. J'ai rarement vu une aussi jolie femme.
13. Pocas veces he visto una muj r t n hermosa.

14. Je suis en admiration devant tout ce que je vois.
14. Me embelesa cuanto veo.

15. C'est un des plus beaux points de vue du monde.
15. Es uno de los mas bellos puntos de vista del universo.

XI. L'étonnement, la surprise, le doute.
XI. El asombro, la sorpresa, la duda.

1. Voilà qui est étonnant.
1. ¿ Es extraño ?

2. Cela me parait incroyable.
2. Eso me parece increible.

3. Que me dites-vous là ?
3. ¿ Qué me dice V. ?

4. C'est à n'y pas croire.
4. ¡ No se puede creer !

5. Qui s'en serait douté ?
5. ¿ Quién lo hubiese sospechado ?

6. Je suis très-surpris de ce que vous me dites.
6. Mucho me sorprende lo que V. me dice.

7. Cela passe toutes prévisions.
7. Eso excede á toda prevision.

8. Ah ! par exemple !
8. ¡ Vaya !

9. Je ne m'en serais jamais douté.
9. ¡ Nunca lo hubiera creido !

10. Ah ! la bonne plaisanterie !
10. La broma es buena.

11. Vraiment ! vous parlez sérieusement ?
11. ¿ De veras? ¿ habla V. seriamente ?

12. En croirai-je mes yeux ?
12. ¿ Me engañan mis ojos ?

13. Plus j'y pense, plus j'en suis étonné.
13. ¡ Cuanto mas lo pienso, tanto mas me asombro !

14. Personne ne pouvait prévoir cela.
14. Nadie podia preverlo.

15. Permettez-moi d'en douter.
15. Permitame V. que lo dude.

16. En êtes-vous bien certain ?	16. ¿ Está V. bien seguro de ello ?
17. Vous vous trompez sans doute	17. Sin duda se equivoca V.
18. Cela ne se peut pas.	18. Eso no puede ser.
19. Vous avez été mal informé.	19. Le han informado á V. mal.
20. Il faut le voir pour le croire.	20. Preciso es verlo para creerlo.
21. Comment cela se fait-il ?	21. ¿ Cómo es eso ?
22. J'ai bien de la peine à le croire.	22. Mucho me cuesta creerlo.
23. Cela me paraît bien étrange.	23. Eso me parece bien extraño.

XII. Le chagrin, la douleur. — XII. El pesar, el dolor.

1. Je suis bien malheureux.	1. Soy muy desgraciado.
2. Combien vous êtes éprouvé !	2. ¡ Qué desgracia es la de V. !
3. Je prends part à votre douleur.	3. Participo de su dolor.
4. Je comprends votre chagrin.	4. Comprendo el pesar de V.
5. Cela me désespère.	5. Eso me desespera.
6. Rien ne pouvait arriver de plus malheureux.	6. No podia sucederme mayor desdicha.
7. Nous voilà dans de beaux draps !	7. ¡ Frescos estamos !
8. Qu'allons-nous devenir ?	8. ¡ Qué va á ser de nosotros !
9. Croyez que je comprends votre peine.	9. Crea V. que comprendo su pena.
10. Je suis au désespoir.	10. Estoy en la desesperacion.
11. Je vous plains de tout mon cœur.	11. Le compadezco á V. con toda mi alma.

12. Mon pauvre ami, que je vous plains !	12. ¡ Pobre amigo mio ! le compadezco á V.
13. Je ne puis que pleurer avec vous.	13. Solo puedo acompañar á V. á llorar.
14. Faites appel à votre courage.	14. Apele V. al valor.
15. Il faut avoir bien du malheur.	15. Preciso es ser bien desgraciado.
16. Vous n'avez vraiment pas de chance.	16. No tiene V. suerte.
17. La fatalité vous poursuit.	17. La fatalidad persigue á V.
18. C'est un guignon sans pareil.	18. Es desdicha sin igual.
19. Il ne faut pourtant pas se laisser abattre.	19. Sin embargo no hay que dejarse abatir.
20. Faites appel à toute votre énergie.	20. Recurra V. á toda su energia.
21. C'est une douleur intolérable.	21. Es un dolor intolerable.
22. Je voudrais pouvoir partager vos ennuis.	22. Quisiera poder compartir sus disgustos.
23. Il faut faire contre mauvaise fortune bon cœur.	23. Hay que hacer de tripas corazon.

XIII. Le mécontentement. — XIII. El descontento.

1. Je ne suis pas content de vous.	1. No estoy contento con V.
2. Je ne souffrirai pas cela.	2. No sufriré eso.
3. Je vous avais dit de ne pas le faire.	3. Ya dije á V. que no lo hiciese.
4. Comment avez-vous pu faire cela ?	4. ¿ Cómo ha podido V. hacer eso ?
5. Est-ce comme cela que vous faites ce que l'on vous demande ?	5. ¿ Así hace V. lo que se le manda ?

6. Je suis fort mécontent de vous.	6. Estoy muy descontento de V.
7. Cela ne pourra pas continuer ainsi.	7. No podrá continuar así.
8. Puisque vous ne voulez pas faire ce que je vous dis, vous pouvez vous en aller.	8. Ya que no quiere V. hacer lo que le digo, puede marcharse.
9. Vous êtes trop maladroit.	9. Es V. muy torpe.
10. Vous y mettez de la mauvaise volonté.	10. Tiene V. mala voluntad.
11. Taisez-vous, en voilà assez.	11. Silencio, basta.
12. Vous mériteriez que je vous mette à la porte.	12. Merece V. que le eche á la calle.
13. Allez-vous-en, laissez-moi tranquille.	13. Váyase V., déjeme en paz.
14. Prenez garde une autre fois.	14. Cuidado otra vez.
15. Vous ne faites attention à rien.	15. No hace V. caso de nada.
16. C'est bien, n'en parlons plus.	16. Bueno, no hablemos mas.
17. Finissez! vous dis-je.	17. Basta ! digo.
18. Pas tant de raisons.	18. Ménos razones.
19. Faites comme je vous dis.	19. Haga V. como digo.
20. Souvenez-vous-en une autre fois.	20. Acuérdese V. otra vez.
21. Allez-vous vous taire?	21. ¿ Se callará V. ?
22. Allez au diable! laissez-moi la paix.	22. Váyase V. al diablo, déjeme en paz.
23. Votre conduite est intolérable.	23. Su conducta es intolerable.
24. Vous mériteriez que je vous chasse.	24. Mereceria V. que le echase.

XIV. La colère.	XIV. La colera.
1. Je suis furieux.	1. Estoy furioso.
2. Vous me voyez fort en colère.	2. Reviento de cólera.
3. Je suis de bien mauvaise humeur.	3. Estoy de muy mal humor.
4. Je suis très-fâché.	4. Estoy muy enfadado.
5. De quelle humeur êtes-vous donc aujourd'hui ?	5. ¿ Qué humor tiene V. pues, hoy ?
6. Sur quelle herbe avez-vous marché ?	6. ¿ Qué mala yerba ha pisado V. ?
7. Vous êtes inabordable.	7. Está V. intratable.
8. On ne sait par quel bout vous prendre.	8. No se sabe por qué cabo se le ha de coger á V.
9. Finissons, je suis à bout de patience.	9. Acabemos, se me agota la paciencia.
10. Vous paraissez de bien mauvaise humeur.	10. Parece que esta V. de muy mal humor.
11. Vous avez tort de vous fâcher ainsi.	11. Hace V. mal en enfadarse así.
12. Ne vous mettez pas en colère.	12. No se irrite V.
13. Si vous vous emportez, nous ne pourrons plus nous entendre.	13. Si V. se encoleriza, no podemos entendernos.
14. A quoi sert de vous mettre en colère ?	14. ¿ De qué sirve el encolerizarse ?
15. Vous n'arriverez à rien en vous fâchant.	15. Nada se consigue con enfadarse.
16. Pourquoi cette colère ?	16. ¿ Á qué es esa cólera ?
17. Si vous recommencez, vous aurez affaire à moi.	17. Si vuelve V. á las andadas nos veremos las caras.
18. Je vais vous faire faire connaissance avec ma canne.	18. Va V. á entrar en relaciones con mi palo.

19. Voyons, calmez-vous, en voilà assez.

19. Vaya tranquilícese V., ya basta.

20. Faites attention à vos paroles.

20. Mida V. sus palabras.

XV. Le temps et ses composés.

XV. El tiempo y sus divisiones.

1. Pourvu que j'arrive à l'heure.

1. Con tal que llegue á la hora.

2. Je me suis trompé d'heure.

2. Me equivoqué de hora.

3. A quelle heure le déjeuner — le dîner — le souper — le départ — l'arrivée?

3. ¿ Á qué hora es el almuerzo — la comida — la cena — la salida — la llegada ?

4. A quelle heure les courses commencent-elles?

4. ¿ Á qué hora empiezan las corridas?

5. Dans combien de temps les bureaux ouvriront-ils?

5. ¿ Cuánto tiempo tardarán en abrir los despachos ?

6. C'est une heure fort incommode — gênante — désagréable.

6. Es una hora muy incómoda — molesta — desagradable.

7. C'est de bien bonne heure.

7. Es bien temprano.

8. C'est vraiment trop tard.

8. Realmente es muy tarde.

9. Je l'attends d'heure en heure.

9. De hora en hora le espero.

10. Comment! il est déjà... heure?

10. Cómo ! son ya las.....?

11. Je suis ici depuis... heure.

11. Estoy aqui desde hace horas.

12. Attendre une heure, c'est bien long.

12. Es muy largo esperar una hora.

13. Il ne faut pas une heure pour aller là.

13. No se necesita una hora para ir allá.

14. Vingt minutes me suffiront.

14. Veinte minutos me bastarán.

15. Quelle heure est-il, s'il vous plait?	15. ¿ Tiene V. la bondad de decirme qué hora es ?
16. J'oublie l'heure auprès de vous.	16. Olvido la hora al lado de V.
17. Fixez l'heure et comptez sur moi.	17. Fije V. la hora y cuente conmigo.
18. Quelle est l'heure qui vient de sonner?	18. ¿ Qué hora acaba de dar ?
19. Notre promenade ne durera qu'une heure.	19. Nuestro paseo durará solo dos horas.
20. Il n'est que midi, j'ai encore le temps.	20. No son mas que las doce ; tengo tiempo todavia.
21. L'heure avance, hâtons-nous.	21. El tiempo vuela, despachémonos.
22. L'heure est passée ; il est trop tard.	22. Pasó la hora, es ya tarde.
23. A quelle heure dinez-vous?	23. ¿ Á qué hora come V. ?
24. A quelle heure pourrai-je vous rencontrer?	24. ¿ Á qué hora podria encontrar á V. ?
25. Il fait petit jour — jour — grand jour.	25. Clarea el dia — es de dia — dia entrado.
26. Ce sera pour un autre jour.	26. Será para otro dia.
27. C'est un grand — beau — heureux — malheureux — mauvais—triste jour.	27. Es un dia — grande — bueno — hermoso — desgraciado — malo — triste.
28. Les forces reviennent de jour en jour.	28. Las fuerzas vuelven de dia en dia.
29. Je vis au jour le jour.	29. Nunca guardo para mañana.
30. Encore un jour de perdu.	30. ¡ Otro dia perdido !
31. Pourquoi ce jour-là plutôt qu'un autre?	31. ¿ Porqué ese dia mas bien que otro ?
32. Je l'ai vu — aperçu — rencontré l'autre jour.	32. Le vi — le encontré — el otro dia.
33. Un jour ou l'autre, peu m'importe.	33. Un dia ú otro poco me importa.

34. Nous nous reverrons un de ces jours.	34. Nos volveremos á ver un dia de estos.
35. Ce sera terminé sous peu de jours.	35. Estará concluido en breves dias.
36. Patientez encore quelques jours.	36. Espere V. aun algunos dias.
37. Cela arrive tous les jours.	37. Eso sucede todos los dias.
38. Je partirai — j'irai — dans... jours.	38. Partiré — iré — dentro de... dias.
39. J'irai dans huit jours.	39. Hace hoy ocho dias.
40. Voilà notre journée employée.	40. Ya tenemos empleado nuestro dia.
41. Cela durera toute la journée — une partie de la journée.	41. Eso durará todo el dia — parte del dia.
42. Quelle charmante journée nous avons passée !	42. ¡ Qué buen dia hemos pasado !
43. Je ne rentrerai pas de la journée.	43. No volveré á entrar en todo el dia.
44. La journée s'annonce bien.	44 El dia se presenta bueno.
45. Vous voilà de grand matin.	45. ¡ Ahí está V. tan temprano !
46. Que faisons-nous ce matin ?	46. ¿ Que hacemos esta mañana ?
47. J'ai rendez-vous ce matin.	47. Tengo cita esta mañana.
48. Voici une bien belle matinée.	48. Qué hermosa mañana !
49. Pouvez-vous disposer de votre matinée ?	49. ¿ Puede V. disponer de la mañana ?
50. Je n'ai rien fait de la matinée.	50. Nada he hecho en toda la mañana.
51. Aujourd'hui ou demain à votre choix.	51. Hoy ó mañana como V. quiera.
52. Il m'est impossible d'y aller aujourd'hui.	52. No puedo ir hoy.

53. Après-demain je serai à votre disposition.

54. Je l'ai rencontré avant-hier.

55. Je suis indisposé depuis hier.

56. Que faites-vous de votre soirée ?

57. Il faudra me prévenir la veille.

58. La veille, on ne se doute de rien.

59. J'irai vous prendre ce soir.

60. Je vous attendrai ce soir à... heures.

61. Vous allez me faire passer la nuit à la belle étoile.

62. Il ne faut pas faire du jour la nuit.

63 Allons-nous cette après-midi visiter... ?

64. Vous savez que l'on nous attend ce matin.

65. La soirée s'avance, il est temps de partir.

66. Quel admirable coucher de soleil !

67. Les soirées dans ce pays sont délicieuses.

68. La soirée est fraiche, il faut se couvrir.

69. Le temps va se mettre à la pluie.

70. Comment avez-vous passé la nuit ?

71. Je vous souhaite une bonne nuit.

53. Pasado mañana estaré á la disposicion de V.

54. Le encontré ántes de ayer.

55. Estoy indispuesto desde ayer.

56. ¿ Qué hace V. esta noche ?

57. Será preciso prevenirme la víspera.

58. La víspera nadie sabe lo que hará.

59. Iré á buscar á V. esta tarde.

60. Esperaré á V. esta tarde á las.....

61. Va V. á hacerme pasar la noche á la luz de las estrellas.

62. No hay que hacer del dia noche.

63. ¿ Vamos esta tarde a visitar... ?

64. Sabe V. que nos esperan esta mañana.

65. La noche avanza, es tiempo de partir.

66. ¡ Qué admirable puesta del sol !

67. Las tardes son deliciosas en este pais

68. La noche es fresca, hay que cubrirse.

69. El tiempo indica lluvia.

70. ¿ Cómo ha pasado V. la noche ?

71. Deseo á V. una buena noche.

72. La nuit porte conseil, nous en reparlerons demain matin.	72. Lo consultaré con la almohada y hablaremos mañana por la mañana.
73. Votre absence durera-t-elle longtemps?	73. ¿ Durará mucho la ausencia de V. ?
74. Pensez-vous être absent plus d'une semaine?	74. ¿ Piensa V. estar ausente mas de ocho dias?
75. Le musée sera-t-il ouvert la semaine prochaine?	75. ¿ Estará abierto el museo la semana próxima?
76. Quel changement d'une semaine à l'autre!	76. ¡ Qué cambio de una semana á otra!
77. Tout ce mois-ci a été très-beau.	77. Todo este mes ha sido muy hermoso.
78. Les matinées et les soirées sont fraîches.	78. Las mañanitas y las noches son frescas.
79. Je suis parti depuis deux mois.	79. Salí dos meses ha.
80. Je resterais avec plaisir plusieurs mois ici.	80. Me quedaré con gusto aquí varios meses.
81. Je vous souhaite une heureuse année.	81. Deseo á V. un año feliz.
82. Il y avait trois ans que je n'étais venu dans ce pays.	82. Hacia tres años que no venia á este país.
83. Chaque année la ville s'embellit.	83. Cada año se embellece la ciudad.
84. Je suis heureux de vous revoir en bonne santé, après tant d'années.	84. Me complazco en ver á V. tan bueno al cabo de tantos años.
85. Les années passent sur vous, sans y laisser de traces.	85. Los años pasan por V. sin dejar huellas.
86. Il me semble qu'il y a un siècle que je ne vous ai vu.	86. Me parece que hace un siglo que no he visto á V.
87. Dans quel siècle ce monument a-t-il été construit?	87. ¿ En qué siglo se construyó ese monumento?
88. Un siècle détruit ce qu'un autre a produit.	88. Un siglo destruye lo que el otro produce.
89. Il faut être de son siècle.	89. Es preciso ser de su siglo.

CHAPITRE VI

DE LA SANTÉ ET DES SOINS

I. Chez un pharmacien.

1. J'ai recours à vous pour un petit accident qui vient de m'arriver.

2. Mon pied a glissé sur un trottoir, et en tombant je me suis foulé le poignet.

3. Je me suis donné une entorse.

4. Auriez-vous la complaisance de m'y mettre une compresse d'alcool camphré et une bande pour la maintenir ?

5. Je viens d'avoir le doigt écrasé entre la portière d'une voiture, je voudrais de l'arnica pour l'y mettre baigner.

6. Depuis deux heures, j'ai un saignement de nez qui ne s'arrête pas, ne pouvez-vous me donner quelque chose pour le faire cesser ?

7. Je me suis blessé au genou en tombant, que pouvez-vous me donner pour mettre dessus ?

8. Je me suis écorché le front, pourriez-vous me donner un peu de taffetas d'Angleterre pour mettre dessus ?

I. Con un farmacéutico.

1. Acudo á V. por un fracaso que me ha sucedido.

2. Se me resbaló el pié en la acera y al caer me disloqué la muñeca.

3. Me he torcido el pié.

4. Sírvase V. aplicarme un apósito de alcool alcanforado y una venda para sujetarle.

5. Acabo de aplastarme el dedo en la portezuela de un coche y quisiera árnica para bañármelo.

6. Hace dos horas que sangro sin parar de nariz ¿ me da V. algo para cortar la sangre ?

7. Me he herido la rodilla al caer ¿ que puede V. darme para ponerme en ella ?

8. Me he despellejado la frente ¿ me da V. un poco de tafetan inglés ?

9. Si vous n'avez pas de taffetas d'Angleterre, donnez-moi quelque chose qui produise le même effet.	9. Si no tiene V. tafetan inglés, déme algo que produzca el mismo efecto.
10. J'ai un mal de doigt qui depuis plusieurs jours me fait beaucoup souffrir.	10. Hace varios dias que me duele mucho este dedo.
11. Ayez la complaisance de l'examiner.	11. Sírvase V. examinarlo.
12. Que me conseillez-vous de mettre dessus ?	12. ¿ Qué he de ponerme?
13. J'ai déjà mis de petits cataplasmes.	13. Ya he puesto cataplasmas.
14. Croyez-vous que je doive aller chez un médecin pour le faire ouvrir ?	14. ¿ Cree V. que deba ir á ver al médico para abrírmelo ?
15. Si vous pouvez le faire vous-même, je le préférerais.	15. Preferiria que lo hiciese V.
16. Croyez-vous que je perdrai l'ongle ?	16. ¿ Cree V. que pierda la uña ?
17. J'ai recours à votre obligeance pour vous prier de m'enlever un corps étranger qui m'est entré dans l'œil et qui, depuis ce matin, m'empêche de voir clair.	17. Acudo á V. para que me saque un cuerpo extraño que se me ha metido en el ojo y que desde esta mañana me impide ver.
18. Vous m'avez rendu un véritable service, vous êtes fort adroit.	18. Me ha hecho V. un gran favor : es V. muy hábil.
19. J'ai une écharde, c'est-à-dire un petit bout d'épine qui m'est entré dans le doigt; — je ne puis la retirer, vous seriez bien aimable de voir si cela vous est possible.	19. Tengo un rancajo, es decir la punta de una espina que se me metió en el dedo, no puedo sacarla, sírvase V. ver si lo puede conseguir.
20. Merci beaucoup, on n'est pas plus adroit.	20. Mil gracias, es V. en extremo hábil.

21. Oserai-je vous demander ce dont je vous suis redevable?	21. ¿ Me atreveré á preguntar á V. cuanto le debo ?
22. Vous êtes trop aimable, mais je ne puis accepter.	22. Es V. muy amable, pero no puedo aceptar.
23. Puisque vous vous y refusez absolument, je n'insisterai pas davantage.	23. Si V. rehusa absolutamente no insisto mas.
24. Permettez-moi de vous laisser ceci pour les pauvres.	24. Permitame V. dejar esto para los pobres.
25. Je voudrais une bouteille de limonade purgative.	25. Quisiera una limonada purgativa.
26. Avez-vous des irrigateurs ?	26. ¿ Tiene V. irrigadores ?
27. Quel prix vendez-vous celui-ci ?	27. ¿ En cuánto vende V. este ?
28. Avez-vous une grandeur au-dessous ?	28. ¿ Tiene V. un tamaño menor ?
29. Auriez-vous la complaisance de me préparer cette ordonnance ?	29. ¿ Se servirá V. prepararme esta receta ?
30. Combien de temps vous faut-il pour cela ?	30. ¿ Cuánto tiempo necesita V. para ello ?
31. Dans combien de temps puis-je l'envoyer prendre ?	31. ¿ Cuando puedo enviarla á buscar ?
32. Pouvez-vous, sitôt prête, l'envoyer à mon hôtel ?	32. Asi que este lista ¿ puede V. enviarla á mi fonda ?
33. Je désirerais un petit flacon d'éther.	33. Desearia un frasquito de éter.
34. — de sirop d'éther.	34. — de jarabe de éter.
35. — dix gouttes de laudanum.	35. — diez gotas de laudano.
36. — un flacon de magnésie.	36. — un frasco de magnesia.
37. — une petite bouteille de vin aromatique.	37. — una botellita de vino aromático.

38. Je désirerais un petit pot de pommade de concombre.
39. — un flacon d'arnica.
40. — trente grammes d'huile de ricin.
41. — du taffetas d'Angleterre.
42. — de l'alcool camphré.

43. — une bouteille de vin de quinquina.
44. — du papier chimique.
45. — un léger vomitif.
46. — de l'eau sédative.
47. — un pot de pommade camphrée.

38. Desearia un potecito de pomada de cohombro.
39. — un frasco de árnica.
40. — treinta gramos de aceite de ricino.
41. — tafetan inglés.

42. — de alcool alcanforado.
43. — una botella de vino de quinquina.
44. — papel químico.

45. — un vomitivo suave.
46. — agua sedativa.
47. — un tarro de pomada alcanforada.

II. Avec le médecin.

1. Je suis indisposé, et je voudrais consulter un médecin.
2. Connaissez-vous un médecin dans le talent duquel je pourrais avoir confiance ?
3. Ce médecin est-il un homme d'expérience?
4. Soyez assez bon pour le faire demander.
5. Priez-le de passer aussitôt que possible, je suis très-souffrant.
6. Monsieur le docteur, j'ai recours à vous pour vous prier de bien vouloir me donner vos soins.
7. Sur la recommandation de M. X..., je me suis per-

II. Con un médico.

1. Me encuentro indispuesto y quisiera consultar á un médico.
2. ¿ Conoce V. á un médico cuyo talento inspire confianza ?
3. ¿ Es ese médico hombre de experiencia ?
4. Sirvase V. mandarle llamar.
5. Ruéguele V. que venga cuanto ántes pueda, sufro mucho.
6. Señor médico, acudo á V. para que tenga á bien prestarme su asistencia.

7. Bajo la recomendacion del Sr. X... me he permitido

mis de vous déranger pour une indisposition que j'ai depuis quelques jours.	molestar á V. por una indisposicion que tengo hace dias.
8. J'ai un très-grand mal de tête — des étourdissements — cela ne ressemble pas à une migraine.	8. Me duele mucho la cabeza — tengo vahidos — esto no se parece á una jaqueca.
9. Ma vue est obscurcie, j'ai des bourdonnements dans les oreilles.	9. Se me ofusca la vista, me zumban los oidos.
10. Croyez-vous que je doive prendre un bain de pieds ? — faut-il y mettre de la moutarde ?	10. ¿ Cree V. que debo tomar un baño de piés — echar mostaza ?
11. Quelle quantité environ ?	11. ¿ Qué cantidad próximamente ?
12. Faut-il mettre des sinapismes ?	12. ¿ Me pondré sinapismos ?
13. J'ai un très-grand mal de gorge — je ne peux pas respirer — c'est à peine si je puis avaler ma salive.	13. Me duele mucho la garganta — no puedo respirar — apénas puedo tragar la saliva.
14. Quel gargarisme me conseillez-vous ? veuillez me l'écrire.	14. ¿ Qué gargarismo me receta V. ? sírvase escribirlo.
15. Ne serait-ce pas le commencement d'une angine?	15. ¿ Será principio de angina ?
16. Si vous croyez que cela soit utile, n'hésitez pas à me cautériser la gorge.	16. Si lo cree V. útil, cauteríceme la garganta.
17. J'ai un très-fort torticolis, c'est à-dire que je ne puis pas tourner la tête.	17. Tengo un torticolis muy fuerte, es decir que no puedo menear la cabeza.
18. Ce doit être un chaud et froid.	18. Debe ser un pasmo.
19. N'auriez-vous pas un liniment avec lequel je pourrais me frictionner pour diminuer la douleur ?	19. ¿ No tiene V. un linimento con que frotarme para templar el dolor ?

20. Depuis quelques jours, j'ai la bile en mouvement. Je n'ai pas d'appétit.	20. Hace dias que tengo irritada la bílis. Estoy inapetente.
21. J'ai la langue chargée.	21. Tengo la lengua cargada.
22. J'ai la bouche mauvaise.	22. Tengo la boca mala.
23. Je dois avoir besoin d'une médecine.	23. Debo necesitar una medicina.
24. Laquelle me conseillez-vous ?	24. ¿ Cual me aconseja V. ?
25. De l'huile de ricin — de la limonade — de la magnésie — de la manne ?	25. Aceite de ricino — limonada — magnesia — de maná.
26. Veuillez m'en faire une ordonnance.	26. Sírvase V. darme una receta.
27. J'ai l'estomac très-susceptible, ne me donnez pas quelque chose de fort.	27. Tengo el estómago muy delicado, no me dé V. algo de fuerte.
28. Je suis assez difficile à purger, il me faut une dose assez forte.	28. Soy bastante difícil de purgar, necesito una dósis algo fuerte.
29. Tâchez de me trouver quelque chose qui ne soit pas trop désagréable à prendre.	29. Procúreme V. algo que no sea desagradable de tomar.
30. Je ne puis aller à la garde-robe.	30. No puedo ir al asiento.
31. J'ai le corps dérangé.	31. Tengo el vientre descompuesto.
32. J'ai de violentes coliques	32. Tengo cólicos violentos.
33. Vous me conseillez des lavements ?	33. ¿ Me aconseja V. lavativas ?
34. Croyez-vous que des cataplasmes me feraient du bien ?	34. ¿ Cree V. que las cataplasmas me harán provecho ?
35. Dois-je faire diète ?	35. ¿ Debo hacer dieta ?
36. Je digère très-mal ; j'ai de violents maux d'estomac après mes repas.	36. Digiero muy mal, me duele mucho el estómago despues de las comidas.

37. Je crois que la cuisine du pays m'a donné une grande inflammation.	37. Creo que la cocina del pais me ha dado una gran inflamacion.
38. J'ai une grande altération.	38. Estoy muy alterado.
39. Je dois avoir la fièvre.	39. Debo tener calentura.
40. Je ne puis pas dormir la nuit.	40. No puedo dormir por la noche.
41. Excusez-moi si je vous fais répéter. — Je ne suis pas familiarisé avec l'anglais — l'allemand — l'italien — l'espagnol.	41. Dispénseme V. si le hago repetir. — No estoy familiarizado con el inglés — con el aleman — con el italiano — con el español.
42. Que me donnez-vous pour me couper la fièvre ?	42. ¿ Qué me da V. para cortar la calentura ?
43. La quinine me dérange toujours l'estomac.	43. La quina me molesta mucho el estómago.
44. Ne pouvez-vous me trouver autre chose ?	44. ¿ No puede V. recetarme otra cosa ?
45. J'ai des palpitations de cœur.	45. Tengo palpitaciones de corazon.
46. Je prends généralement pour cela des pilules de belladone.	46. Generalmente tomo para esto píldoras de belladona.
47. Pouvez-vous m'en faire une ordonnance ?	47. ¿ Puede V. hacerme una receta ?
48. J'ai une vive douleur au côté droit.	48. Me duele mucho el costado derecho.
49. J'ai une grande irritation de poitrine.	49. Tengo una gran irritacion de pecho.
50. Auriez-vous la complaisance de m'ausculter avec soin ?	50. ¿ Tiene V. la bondad de auscultarme con cuidado ?
51. Ne voyez-vous rien du côté des poumons ?	51. ¿ No notá V. nada hácia los pulmones ?
52. J'ai une toux très-persistante.	52. Tengo una tos muy tenaz.
53. N'hésitez pas à employer des moyens énergi-	53. No dude V. en emplear medios enérgicos para cu-

ques pour me débarrasser promptement.

rarme pronto.

54. Je suivrai toutes vos prescriptions.

54. Seguiré todas sus prescripciones.

55. Je crois qu'une saignée me ferait du bien.

55. Creo que me vendria bien una sangria.

56. Préférez-vous me mettre des sangsues ?

56. ¿ Prefiere V. que me ponga sanguijuelas ?

57. Devrai-je garder le lit ?

57. ¿ Tendré que guardar cama ?

58. Pourrai-je me lever un peu ?

58. ¿ Podria levantarme un poco ?

59. Pour combien de jours encore pensez-vous que je sois retenu ?

59. ¿ Cuantos dias cree V. que durará ?

60. Pourrai-je bientôt continuer mon voyage ?

60. ¿ Prodré continuar pronto el viaje ?

61. Quel régime me conseillez-vous ?

61. ¿ Qué régimen me aconseja V. ?

62. Si mon état était un tant soit peu grave, je tiendrais beaucoup à en être prévenu afin de pouvoir avertir ma famille qui m'attend demain.

62. Si mi estado es grave, deseo saberlo para prevenir á mi familia que me aguarda mañana.

63. Je crains beaucoup l'épidémie.

63. Temo mucho la epidemia.

64. J'ai grande confiance en vous, et je suis complétement rassuré.

64. Confio mucho en V. y estoy bien tranquilo.

65. Il est fort pénible de se trouver malade hors de chez soi.

65. Es muy doloroso estar malo fuera de casa.

66. Pouvez-vous me recommander une garde-malade ?

66. ¿ Puede V. recomendarme una enfermera ?

67. Seriez-vous assez bon pour lui donner vous-même toutes les instructions ?

67. ¿ Tendria V. la bondad de darle todas las instrucciones ?

68. Je suis d'un tempérament très-nerveux — sanguin — bilieux — lymphatique.

68. Soy de un temperamento muy nervioso — sanguineo — bilioso — linfático.

69. Quand aurai-je le plaisir de vous revoir ?

69. ¿ Cuando tendré el gusto de volver á ver á V. ?

70. Ne soyez pas longtemps à revenir.

70. No tarde V. en volver.

71. Il me reste à vous remercier et à vous demander ce dont je vous suis redevable.

71. Solo me resta darle las gracias y preguntarle cuanto le debo.

72. Grâce à vos bons soins, j'espère être sur pied dans quelques jours.

72. Gracias á la solicitud de V. espero levantarme dentro de unos dias.

73. Que devrais-je faire si j'avais une rechute ?

73. ¿ Qué haré, si tuviese una recaida ?

74. Auriez-vous la bonté de me l'écrire ?

74. Sirvase V. escribirmelo.

75. Vous ne voyez aucun inconvénient à ce que je continue mon voyage ?

75. ¿ No ve V. ningun inconveniente para que continue el viaje ?

III. Avec un chirurgien.

III. Con un cirujano.

1. Faites-moi venir un chirurgien.

1. Mande V. cuanto ántes por un cirujano.

2. Monsieur, je viens de faire une chute affreuse, et j'ai recours à vos soins.

2. Caballero, acabo de dar una caida tremenda y recurro al ministerio de V.

3. En descendant de voiture, mon pied est resté pris dans le marche-pied, et j'ai été traîné quelques pas.

3. Al apearme del coche se me enganchó el pié en el estribo y he sido arrastrado unos pasos.

4. Je suis tombé en descendant de wagon.

4. Me cai al bajar del wagon.

5. J'ai glissé dans l'esca-

5. Me resbalé en la esca-

lier, et je suis tombé la tête contre le mur.

lera y caí pegándome la cabeza contra la pared.

6. J'ai été renversé par le brancard d'une voiture.

6. Me echó al suelo la lanza del coche.

7. Je viens de faire une chute de cheval.

7. Acabo de caerme del caballo.

8. J'ai reçu un coup de pied de cheval.

8. He recibido una patada.

9. Je souffre horriblement du bras, je dois l'avoir cassé.

9. Sufro horriblemente del brazo, debo tenerle roto.

10. Examinez-le bien — il me fait beaucoup souffrir.

10. Examínele V. bien — me hace sufrir mucho.

11. Je souffre de la poitrine et je crache le sang.

11. Sufro del pecho y escupo sangre.

12. Je ne puis pas remuer le poignet ; il doit être foulé.

12. No puedo mover la muñeca ; debe estar dislocada.

13. Je m'en rapporte entièrement à vous, faites tout ce qui est nécessaire.

13. Me remito enteramente á V. haga cuanto sea necesario.

14. Croyez-vous que j'aie la jambe cassée ?

14. ¿ Cree V. que tengo rota la pierna ?

15. Dois-je mettre des sangsues ?

15. ¿ Debo ponerme sanguijuelas ?

16. Combien faut-il en mettre ?

16. ¿ Cuantos he de poner ?

17. Devrai-je les laisser saigner longtemps?

17. ¿ Han de sangrar mucho tiempo ?

18. Me conseillez-vous des ventouses ?

18. ¿ Me aconseja V. ventosas ?

19. Indiquez-moi quelqu'un d'adroit pour me les poser.

19. ¿ Diga V. en donde me las he de poner ?

20. Serai-je longtemps avant de pouvoir marcher ?

20. ¿ Tardaré mucho en poder andar ?

21. Pourrai-je bientôt me servir de mon bras ?

21 ¿ Podré pronto servirme del brazo ?

22. Me laisserez-vous longtemps cet appareil-là ?

22. ¿ Me dejará V. mucho tiempo este aparato ?

23. Quand reviendrez-vous ôter le bandage ?

24. Que faudrait-il faire si l'appareil venait à se déranger ?

23. ¿ Cuando volverá V. á quitarme la venda ?

24. ¿ Qué haré si se mueve el aparato ?

IV. Avec une garde-malade.

IV. Con una enfermera.

1. Vous m'êtes adressée par M. X.... ?

2. Vous avez l'habitude de soigner les malades ?

3. Voici les instructions du docteur.

4. Ayez la complaisance de veiller à ce que le feu ne s'éteigne pas.

5. Faites-moi, je vous prie, une boule d'eau chaude pour mettre au pied du lit.

6. Donnez-moi une cuillerée de cette potion.

7. — une tasse de tisane.

8. Sucrez-la avec ce sirop.

9. Vous en mettez trop.

10. Il n'y en a pas assez.

11. Faites chauffer cette potion au bain-marie.

12. Agitez la bouteille avant de verser.

13. Faites-moi chauffer une serviette.

14. Préparez-moi un cataplasme avec de la farine de lin.

15. Arrangez-le avec soin dans un linge bien mince.

1. ¿ Viene V. de parte del Señor X. ?

2. ¿ Está V. acostumbrada á cuidar enfermos ?

3. Aquí están las instrucciones del médico.

4. Cuide V. que no se apague el fuego.

5. Póngame V. una botella de agua caliente á los piés de la cama.

6. Deme V. una cucharada de esa bebida.

7. — una taza de tisana.

8. Endúlcela V. con ese jarabe.

9. Echa V. mucho.

10. No hay bastante.

11. Caliente V. esta bebida en el baño-maría.

12. Menee V. la botella ántes de echar.

13. Que me calienten una servilleta.

14. Prepáreme V. una cataplasma con harina de linaza.

15. Póngala V. con cuidado en un paño fino.

16. Donnez-moi un peu d'air. | 16. Déme V. un poco de aire.

17. Préparez-moi un lavement selon l'ordonnance du médecin. | 17. Prepáreme V. una lavativa segun la receta del médico.

18. Mettez-moi une compresse sur le front. | 18. Póngame V. un pano en la frente.

19. Changez-moi cette compresse | 19. Múdeme V. este paño.

20. Préparez-moi un petit potage. | 20. Prepareme V. una sopita.

21. Donnez-moi un peu de bouillon. | 21. Déme V. un poco de caldo.

22. Bassinez bien mon lit. | 22. Caliénteme V. bien la cama.

23. Allumez une veilleuse. | 23. Encienda V. una lamparilla.

24. Remontez-moi mes oreillers. | 24. Levánteme V. las almohadas.

25. Ne parlez pas si haut. | 25. No hable V. tan alto.

26. Ne pouvez-vous mettre des pantoufles ? | 26. ¿ No puede V. ponerse zapatillas ?

27. Vos souliers font trop de bruit. | 27. Esos zapatos hacen mucho ruido.

28. Donnez-moi une cuvette et de l'eau tiède, je vais faire ma toilette. | 28. Déme V. una palangana y agua tibia, voy á lavarme.

V. Dans un établissement de bains. | V. En una casa de baños.

1. Pourriez-vous m'indiquer un établissement de bains ? | 1. ¿ Puede V. indicarme una casa de baños ?

2. Est-ce près d'ici ? | 2. ¿ Está cerca ?

3. Combien de minutes environ ? | 3. ¿ Como cuantos minutos ?

4. Y a-t-il une enseigne sur la porte ? | 4. ¿ Hay muestra á la puerta ?

5. Est-ce un établissement bien tenu ?
6. Monsieur ou madame, je voudrais un bain simple.
7. — un bain de son.
8. — un bain de barège.
9. — un bain de vapeur.
10. — un bain russe.
11. — un bain de pieds.
12. — un bain de siége.
13. Préparez-moi un bain tiède.
14. Je voudrais un thermomètre pour savoir à combien de degrés est le bain.
15. Ce bain est trop chaud — trop froid.
16. Remettez de l'eau chaude — de l'eau froide.
17. Que mon bain ne soit pas trop chaud.
18. Pourrai-je réchauffer mon bain ?
19. Où est le robinet d'eau froide ?
20. Vous frapperez dans une heure à ma porte.
21. Vous viendrez lorsque je vous sonnerai.
22. Où est le cordon de sonnette ?
23. Donnez-moi un morceau de savon.
24. Lorsque je vous sonnerai, vous m'apporterez un peignoir et deux serviettes.
25. Vous aurez soin que le linge soit bien chaud.

5. ¿ Es un buen establecimiento ?
6. Caballero ó señora, quiero un baño natural.
7. — un baño de salvado.
8. — un baño sulfuroso.
9. — un baño de vapor.
10. — un baño ruso.
11. — un baño de piés.
12. — un baño de asiento.
13. Prepáreme V. un baño tibio.
14. Quisiera un termómetro para saber los grados que tiene el baño.
15. Este baño está muy caliente — muy frio.
16. Eche V. mas agua caliente — fria.
17. Que no esté muy caliente el baño.
18. ¿ Podria calentar mas el baño ?
19. ¿ Cual es la llave de agua fria ?
20. Llamará V. á la puerta dentro de una hora.
21. Venga V. cuando llame.
22. ¿ Donde está el cordon de la campanilla ?
23. Déme V. un pedazo de jabon.
24. Traiga V. cuando llame, un peinador y dos servilletas.
25. Cuide V. que la ropa esté bien caliente.

26. Ce linge n'est pas chaud, faites-le chauffer.

26. La ropa no está caliente, mándela V. calentar.

27. Apportez-moi un tire-bottes.

27. Tráigame V. el sacabotas.

28. Procurez-moi un tire-boutons.

28. Déme V. un sacabotones.

29. Apportez-moi de la lumière.

29. Traiga V. luz.

30. Voici votre pourboire.

30. Tome V. la propina.

Avec un pédicure.

Con un ortopedista.

1. Avez-vous un pédicure attaché à l'établissement ?

1. ¿ Hay ortopedista en la casa ?

2. Priez-le de venir.

2. Dígale V. que venga.

3. Monsieur, je voudrais bien que vous me coupiez les cors.

3. Mozo, quisiera cortarme los callos.

4. Je suis très-sensible, allez-y avec précaution.

4. Soy muy sensible, vaya V. poco á poco.

5. J'ai un ongle qui entre dans la chair, voyez à le couper avec beaucoup de soin.

5. La uña se me mete en la carne córtela V. con cuidado.

6. Ne le limez pas — cela m'est très-désagréable.

6. No la lime V. — me es desagradable.

7. J'ai une écorchure au talon ; que pourrais-je bien mettre dessus ?

7. Tengo deshollado el talon, ¿ qué me pondré ?

8. J'ai une grosseur à l'orteil ; n'y a-t-il rien à faire pour qu'elle ne me fasse pas souffrir ?

8. Tengo hinchado el juanete, ¿ qué haré para que no me duela ?

9. J'ai une grosseur sous la plante du pied, c'est un durillon que vous devez pouvoir diminuer.

9. Tengo un bulto en la planta del pié, es una callosidad que debe V. adelgazar.

10. Prenez garde, vous me faites mal.

10. Cuidado, me hace V. daño.

11. Allez donc plus doucement.	11. Vaya V. con mas tiento.
Bain de vapeur. — Bain russe.	*Baño de vapor y baño ruso.*
1. Je voudrais un bain de vapeur.	1. Quisiera un baño de vapor.
2. Ou prend-on la vapeur ?	2. ¿ En dónde se toma el vapor ?
3. Où est la salle de douches ?	3. ¿ En dónde está la sala de chorro ?
4. N'avez-vous que la salle commune ?	4. ¿ No hay mas que la sala comun ?
5. Vous avez des lits de repos ?	5. ¿ No tiene V. camas de descanso ?
6. Donnez-moi un peignoir bien chaud et une robe de chambre.	6. Déme V. un peinador caliente y una bata.
7. Je voudrais prendre un bain russe.	7. Quisiera tomar un baño ruso.
8. Vos garçons savent-ils bien frictionner ?	8. ¿ Saben los mozos friccionar bien ?
9. J'ai un rhumatisme dans la jambe droite — donnez-moi d'abord une douche de vapeur.	9. Tengo un reuma en la pierna derecha, déme V. primero un chorro de vapor.
10. Je voudrais un masseur.	10. Quisiera un amasador.
11. Ne craignez pas de frotter longtemps.	11. No tema V. restregar mucho.
12. Vous allez trop fort.	12. No tan fuerte.
13. Frictionnez-moi surtout les reins.	13. Frote V. sobre todo los riñones.
14. Reposez-vous un peu, vous continuerez tout à l'heure.	14. Descanse V. un poco, continuarémos despues.
15. Prenez garde, vous me faites mal.	15. Cuidado, me hace V. daño.

16. Je voudrais maintenant me rouler dans une couverture afin de transpirer.

17. Laissez-moi, je vais dormir un peu.

18. Rien ne vous délasse comme une cérémonie pareille.

19. Je me sens maintenant tout rajeuni.

16. Ahora quisiera envolverme en una manta para transpirar.

17. Déjeme V., dormiré un poco.

18. Nada descansa como ese acto.

19. Me siento ahora rejuvenecido.

VI. Aux bains froids.

1. A quel endroit peut-on prendre un bain froid ?

2. Il fait une chaleur si grande que je voudrais bien prendre un bain froid.

3. Il y a pour cela un établissement.

4. Peut-on s'y baigner sans savoir nager ?

5. Y a-t-il assez d'eau pour nager ?

6. Je voudrais un caleçon et un peignoir.

7. Combien cela coûte-t-il avec l'entrée ?

8. Puis-je laisser sans crainte ma montre et ma bourse dans le cabinet ?

9. Faut-il les déposer au bureau ?

10. Je ne sais pas nager, indiquez-moi où je puis descendre sans danger.

11. Ne peut-on avec une barque aller se baigner en pleine rivière?

VI. Baños frios.

1. ¿ Dónde se puede tomar un baño frio ?

2. Hace tanto calor que quisiera tomar un baño frio.

3. Para eso hay un establecimiento.

4. ¿ Puede uno bañarse allí sin saber nadar ?

5. ¿ Hay bastante agua para nadar ?

6. Quisiera un calzoncillo y un peinador.

7. Cuánto cuesta esto con la entrada ?

8. ¿ Puedo dejar sin peligro el reloj y la bolsa en el camarote ?

9. ¿ Hay que dejarlos en el despacho ?

10. No sé nadar, dígame V. adonde puedo bajar sin peligro.

11. ¿ No se puede ir en bote á bañar en el rio ?

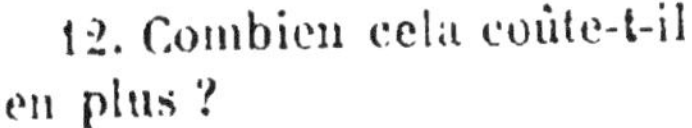

12. Combien cela coûte-t-il en plus ?

13. L'eau est très-belle.

14. L'eau est tellement sale, qu'il faudrait ensuite prendre un autre bain pour se nettoyer.

15. Cette eau est très-froide — est tiède.

16. Le courant est tellement fort, qu'il est impossible de le remonter.

17. Il y a si peu d'eau, qu'il est impossible de nager.

18. Garçon, voulez-vous m'ouvrir mon cabinet ?

12. ¿ Cuánto se paga de mas ?

13. El agua esta buena.

14. El agua esta tan sucia, que despues habrá que tomar otro baño para limpiarse.

15. Esa agua está muy fria — tibia.

16. La corriente es tan fuerte que no se puede nadar contra ella.

17. Hay tan poca agua que no se puede nadar.

18. Mozo, abra V. mi camarote.

VII. Aux bains de mer.

1. Je voudrais un costume.
2. Celui-ci est trop petit pour moi.
3. Il est trop grand — Avez-vous des bonnets de toile cirée ou autrement ?
4. Je voudrais aussi des espadrilles ou des chaussons, à cause des galets.
5. Y a-t-il des cabines libres ?
6. Vous n'avez pas de cabines plus près de la mer ?
7. Un baigneur est-il nécessaire ?
8. Si la mer n'est pas forte, je n'ai pas besoin de baigneur.

VII. Baños de mar.

1. Quisiera un traje.
2. Este es muy pequeño para mi.
3. Es muy grande — ¿ Tiene V. un gorro de hule ó de otra cosa ?
4. Tambien quisiera alpargatas ó zapatos para la arena.
5. ¿ Cuantos camarotes hay libres ?
6. ¿ No tiene V. camarotes mas cerca de la mar ?
7. ¿ Se necesita bañero ?
8. Si no hay mucha mar no necesito bañero.

9. Puis-je nager sans danger ?	9. ¿ Puedo nadar sin riesgo ?
10. Jusqu'à quel endroit puis-je aller ?	10. ¿ Hasta donde se puede llegar ?
11. Y a-t-il des courants?	11. ¿ Hay corrientes ?
12. Je ne sais pas nager, jusqu'à quel endroit aurai-je pied ?	12. No nado, ¿ hasta dónde hay pié?
13. Je voudrais un baigneur pour madame.	13. Quisiera un bañero para esta señora.
14. Vous me plongerez la tête la première.	14. Primero me zambullirá V. la cabeza.
15. Jetez-moi d'abord un seau d'eau sur la tête.	15. Echeme V. ántes un cubo de agua por la cabeza.
16. La mer est très-forte, vous me tiendrez solidement.	16. Hay mucha mar, sosténgame V. bien.
17. J'aime beaucoup qu'une vague me passe par-dessus la tête.	17. Me gusta mucho cuando pasa la ola por la cabeza.
18. Je reste très-peu de temps dans l'eau.	18. Estoy muy poco tiempo en el agua.
19. Les bains de mer me fatiguent beaucoup.	19. Me cansan mucho los baños de mar.
20. Apportez-moi un bain de pieds chaud et deux serviettes.	20. Tráigame V. un baño de piés caliente y dos servilletas.
21. Ces cabines sont fort incommodes.	21. Los cuartos son muy incómodos.
22. Ces bains sont fort bien installés.	22. Los baños están muy bien instalados.
23. Il y a beaucoup de monde et comme toujours de jolies toilettes.	23. Hay mucha gente y como siempre lindos trajés.
24. On trouve sur cette plage une société très-agréable.	24. En esta playa se encuentra siempre una sociedad muy agradable.
25. Il est fort amusant de voir tant de monde se baigner.	25. Es muy divertido ver bañarse á todos.

26. Cette dame a un costume ravissant.
26. Esta señora tiene un traje precioso.

27. Je n'en dirai pas autant de celui de cette grosse dame.
27. No diré otro tanto del de aquella matrona.

28. Croyez-vous que ce soit une dame ?
28. ¿ Cree V. que sea una mujer ?

29. Soyez indulgente pour les autres, tout le monde n'a pas votre taille.
29. Sea V. indulgente con la otra, no todo el mundo tiene esa cintura.

30. Il faut être fort bien faite pour ne pas être ridicule dans cet affreux costume.
30. Preciso es ser muy bien hecha para no parecer ridícula con ese traje tan feo.

31. Cette plage est, je crois, la plus fréquentée de toute la côte.
31. Esta playa es, en mi juicio, la mas concurrida de toda la costa.

32. L'heure du bain est le rendez-vous de toutes les élégantes.
32. Á la hora del baño se citan siempre todas las elegantes.

VIII. Dans une ville d'eaux.

VIII. En una ciudad de aguas.

1. Indiquez-moi l'établissement des bains.
1. Indíqueme V. el establecimiento de los baños.

2. Peut-on prendre des bains à toute heure ?
2. ¿ Se puede uno bañar á todas horas ?

3. Faut-il se faire inscrire à l'avance ?
3. ¿ Hay que inscribirse ántes ?

4. Où rencontre-t-on le médecin-inspecteur ?
4. ¿ En dónde se encuentra al médico inspector ?

5. Les douches sont-elles bien installées ?
5. ¿ Están bien instalados los chorros ?

6. Y a-t-il pour les douches des cabinets particuliers ?
6. ¿ Hay cuartos particulares para los chorros ?

7. La piscine est-elle assez grande pour que l'on puisse y nager ?
7. ¿ La piscina es bastante grande para poder nadar ?

8. Les baignoires sont en marbre, ce doit être bien froid.	8. Las bañeras son de mármol, deben ser muy frias.
9. Montrez-moi, je vous prie, les salles d'inhalation.	9. Sírvase V. enseñarme las salas de gases.
10. Tout cela me paraît très-confortable et parfaitement installé pour la commodité des malades.	10. Todo esto me parece muy confortable y perfectamente instalado para la comodidad de los enfermos.
11. Il doit y avoir aussi des salons de repos avec des canapés et des divans.	11. Tambien debe haber comedores con canapés y divanes.
12. Il y a beaucoup d'endroits où les eaux ne sont qu'un prétexte, mais ici il vient, je crois, beaucoup plus de malades véritables que de touristes.	12. En muchos puntos las aguas no son mas que un pretexto; pero, en mi juicio, aquí vienen muchos mas enfermos verdaderos que turistas.
13. Malgré l'efficacité des eaux, vous devez avoir ici beaucoup plus de touristes que de baigneurs.	13. Á pesar de la eficacia de las aguas, debe V. tener aquí muchos mas turistas que bañistas.
14. L'administration fait du reste tout ce qui est nécessaire pour attirer les étrangers.	14. La administracion manda cuanto es necesario para atraer á los extranjeros.
15. Vous avez certainement un casino?	15. ¿ Tendrá V. sin duda un casino ?
16. Soyez assez bon pour me l'indiquer.	16. Tenga V. la bondad de indicármelo.
17. Faut-il être présenté ?	17. Es preciso ser presentado ?
18. Dans ce cas je vous prierais de bien vouloir me rendre ce service.	18. En ese caso rogaré á V. me haga ese favor.
19. Les salons sont très-beaux.	19. Los salones son muy hermosos.
20. Il y a certainement des concerts et des bals.	20. Habrá indudablemente conciertos y bailes ?

21. Oserais-je vous prier de bien vouloir me présenter à votre ami M. X... ?

21. Me permitiré rogar á V. que me presente á su amigo, el Sr. X... ?

22. Je vous remercie mille fois de votre obligeance.

22. Mil gracias por su bondad.

23. Vous avez de très-belles promenades aux environs.

23. Tiene V. lindísimos paseos en las cercanías.

24. Il doit y avoir ici la liste de tous les étrangers ; je voudrais la consulter, afin de voir si, par hasard, je n'y verrais pas les noms de quelques compatriotes de connaissance.

24. Aquí habrá una lista de todos los extranjeros ; quisiera consultarla para ver si por casualidad encuentro los nombres de algunos compatriotas conocidos.

CHAPITRE VII

CORPS D'ÉTAT

I. Chez un banquier.

I. Con un banquero.

1. Voici, monsieur, une lettre de M. X... votre correspondant, veuillez en prendre connaissance.

1. Caballero, he aquí una carta del Sr. X. su corresponsal, sírvase V. examinarla.

2. Ce M. X... m'a fait espérer que sur sa recommandation vous voudriez bien m'ouvrir un crédit.

2. Ese Sr. X. me hizo esperar que con su recomendacion me abriria V. un crédito.

3. Voici une traite de... tirée sur votre maison, pouvez-vous m'en remettre les fonds ?

3. He aquí una letra girada de... á cargo de la casa de V. ¿ puede V. entregarme los fondos ?

4. Voici une lettre de change tirée sur vous par

4. Vea V. una letra de cambio á cargo de V. órden

M... ; elle est payable à dix jours de vue, — pouvez-vous me l'escompter de suite? — Veuillez me la viser.

del Sr... á diez dias vista — ¿puede V. descontármela en seguida? — Sírvase V. visármela.

5. Vous est-il possible de m'escompter cette valeur payable le...?

5. ¿Puede V. descontarme este valor que vence el...?

6. Je voudrais envoyer une somme de... à Naples; pouvez-vous me donner une traite à vue sur votre correspondant dans cette ville?

6. Quisiera enviar á Nápoles la cantidad de...; ¿me daria V. una letra á la vista sobre su corresponsal de V. en aquella ciudad?

7. Combien cela me coûtera-t-il?

7. ¿Cuánto me costará eso?

8. Je vous suis recommandé par M... et je viens vous prier de bien vouloir me donner des renseignements sur M..., négociant dans cette ville.

8. Vengo recomendado por el Sr..... y ruego á V. me de informes sobre el Sr... negociante de esta villa.

9. Vous pouvez compter sur ma discrétion.

9. Puede V. contar con mi discrecion.

10. Pouvez-vous m'indiquer un homme d'affaires, honnête et actif, qui puisse se charger de ce recouvrement?

10. ¿Puede V. indicarme un agente de negocios, honrado y activo, que se encargue de este cobro?

11. J'ai plusieurs traites à faire encaisser, pouvez-vous vous en charger?

11. Tengo varias letras que cobrar ¿quiere V. encargarse de ello?

12. Quelles sont vos conditions de recouvrement?

12. ¿Cuáles son sus condiciones de cobro?

13. Vous devez avoir un tarif indiquant les prix de recouvrement pour les différentes places.

13. Debe haber una tarifa que fije el precio del cobro en las diversas plazas.

14. Je vous enverrai mes valeurs, et après encaissement vous m'en couvrirez sur Paris.

14. Enviaré á V. mis valores y cobrados me los cubrirá V. sobre Paris.

15. Faut-il passer cet effet à votre ordre ?

15. ¿ Habré de endosar este efecto á la órden de V. ?

16. A quel taux est l'escompte en ce moment ?

16. ¿ Cómo es el descuento al presente ?

17. Quelle commission prenez-vous ?

17. ¿ Qué comision carga V. ?

18. Traitez-moi en client, car nos relations peuvent devenir importantes.

18. Tráteme V. como cliente porque nuestras relaciones pueden llegar á ser importantes.

19. Pouvez-vous, en échange de cette somme, me donner des chèques, payables à..., en thalers — en livres — en réaux — en francs ?

19. ¿ Puede V. darme por esta cantidad *cheques*, pagaderos en... en thalers — libras — reales — francos ?

II. Bijoutier-joaillier.

II. Bisutero-joyero.

1. Voudriez-vous me montrer des boutons de manchettes ?

1. ¿ Quiere V. enseñarme unos gemelos ?

2. Je voudrais un autre genre.

2. Quisiera de otro género.

3. En avez-vous en onyx noir, — en lapis ?

3. ¿ Los tiene V. de ónice negro — de lapis ?

4. Pouvez-vous graver un chiffre sur cette pierre ?

4. ¿ Puede V. grabar una cifra — en esta piedra ?

5. De quel prix sont ces boucles d'oreilles ?

5. ¿ Cuánto valen estos pendientes ?

6. Ce genre ne me plaît pas.

6. No me gusta ese género.

7. Ce corail n'est pas beau.

7. Este coral no es bonito.

8. Montrez-m'en d'autre.

8 Enséñeme V. otro.

9. Combien ce diamant pèse-t-il de grains de karats ?

9. ¿ Cuantos quilates pesa ese diamante ?

10. Il n'est pas très-pur, — il est un peu teinté, — il a un petit givre.

10. No es muy puro — está algo teñido — tiene una manchita.

11. Le diamant a donc beaucoup augmenté ?	11. ¿ Tanto ha aumentado el diamante?
12. La monture est trop lourde.	12. El engaste es muy macizo.
13. A quel titre employez-vous l'or ?	13. ¿ De qué ley emplea V. el oro ?
14. Ce diamant est mal monté, on court risque de le perdre.	14. Este diamante está mal engastado, hay riesgo de perderle.
15. Je voudrais voir des médaillons.	15. Quisiera ver unos medallones.
16. Ceci est trop ordinaire ; je voudrais beaucoup plus beau.	16. Este es muy ordinario, los quisiera más ricos.
17. Ceci est beaucoup trop beau; il me faudrait plus ordinaire.	17. Este es demasiado rico, le quiero más comun.
18. Je voudrais d'un prix intermédiaire.	18. Quisiera de un precio intermedio.
19. N'avez-vous pas des médaillons pouvant au besoin servir de broches ?	19. ¿ No tiene V. medallones que puedan servir de alfiler ?
20. Je voudrais quelque chose ayant le caractère de ce que vous faites dans le pays.	20. Quisiera algo que tenga el carácter de lo que V. hace en el país.
21. C'est un souvenir du pays que je voudrais rapporter à une jeune fille.	21. Quisiera llevar á una jóven un recuerdo del país.
22. Montrez-moi quelques bagues.	22. Enséñeme V. algunas sortijas.
23. Celles-ci sont-elles montées en pierres fines?	23. ¿ Son estas de piedras finas ?
24. Comment appelez-vous cette pierre ?	24. ¿ Cómo se llama esta piedra ?
25. Pouvez-vous me l'élargir, — me la rétrécir ?	25. ¿ Puede V. ensancharla, — estrecharla ?
26. Celle-ci me convient, mais elle est trop chère.	26. Esta me conviene ; pero es muy cara.

27. Si vous pouvez me la laisser à..., je la prendrai.

27. La llevaré si me la deja V. en...

28. Je voudrais une épingle de cravate.

28. Quisiera un alfiler de corbata.

29. Ceci est trop fantaisie.

29. Esto es demasiado caprichoso.

30. Je voudrais une épingle de fantaisie.

30. Quisiera un alfiler de fantasia.

31. Je ne veux pas de diamant, c'est trop cher.

31. No quiero diamantes, son muy caros.

32. Vous me garantissez qu'elle est en or, je ne vois pas le contrôle.

32 ¿ Me asegura V. que es de oro ? no veo la contramarca.

33. Ayez la bonté de me faire voir ces bracelets.

33. Sirvase V. enseñarme esos brazaletes.

34. Celui-ci est fort joli, mais trop cher.

34. Este es lindisimo; pero muy caro.

35. Je voudrais beaucoup plus simple.

35. Le quisiera mucho más sencillo.

36. L'émail de celui-ci est abîmé.

36. El esmalte de este está estropeado.

37. Montrez-moi des montres d'homme — à remontoir — à répétition — en or — en argent.

37. Enséñeme V. relojes de hombre — con llave propia — de repeticion — de oro — de plata.

38. Je veux quelque chose de très-simple, c'est pour le voyage.

38. Lo quiero más sencillo para viaje.

39. Je tiens à avoir un très-bon mouvement.

39. Deseo un excelente movimiento.

40. Combien de temps me le garantissez-vous ?

40. ¿ Por cuánto tiempo me le garantiza V. ?

41. Est-ce un mouvement de Genève ?

41. ¿ Es movimiento de Ginebra ?

42. Combien me prendrez-vous pour mettre le chiffre sur la cuvette ?

42. ¿ Cuánto pide V. por poner cifras en la tapa?

43. Il me faudrait une chaîne de montre.

43. Necesitaria una cadena de reloj.

44. Celle-ci est trop lourde.	44. Esta es muy pesada.
45. Combien pèse-t-elle?	45. ¿Cuánto pesa?
46. Vous en comptez la façon trop cher.	46. Pide V. mucho por la hechura.
47. Je voudrais quelque chose de plus solide.	47. La quiero más sólida.
48. Je désirerais que la clef de montre soit après.	48. Desearia que tuviese la llave.
49. Ces coulants me déplaisent.	49. No me gustan estas correderas.
50. Pour combien me reprendrez-vous celle-ci?	50. ¿Por cuánto me tomaria V. esta cadena?
51. Vous vendez très-cher, mais vous voulez acheter trop bon marché.	51. Vende V. muy caro, y compra muy barato.
52. Avez-vous des dés en or — en argent — en vermeil?	52. ¿Tiene V. dedales de oro — de plata — de plata sobredorada?
53. Celui-ci est trop petit — trop grand.	53. Este es muy pequeño, — muy grande.
54. Donnez-moi la grandeur au-dessus — au-dessous.	54. Démele V. un poco mayor — un poco menor.
55. Montrez-moi des tabatières — des cachets.	55. Enséñeme V. una caja de tomar polvo — sellos.
56. — un petit nécessaire.	56. — un neceser pequeño.
57. Vous me mettrez cela dans un écrin.	57. Póngame V. esto en una cajita.
58. N'en avez-vous pas d'une autre couleur?	58. ¿No la tiene V. de otro color?
59. Vous mettrez, je vous prie, ces initiales sur le dessus.	59. Grábeme V. estas iniciales en la tapa.
60. Voici toujours un à-compte sur votre facture.	60. Tóme V. á cuenta de la factura.
61. Je payerai le reste, lorsque vous me livrerez le tout.	61. Pagaré lo demas á la entrega.

III. A la blanchisseuse.

1. J'ai du linge à donner à blanchir.
2. Y a-t-il une blanchisseuse dans l'hôtel ?
3. Est-elle bien exacte ?
4. Quand doit-elle venir ?
5. Faites-la monter, je vous prie.
6. Veuillez la faire demander, car je suis pressé.
7. Vous êtes la blanchisseuse de l'hôtel ?
8. Voici du linge à laver ; mais il me le faut dans quatre jours.
9. Pouvez-vous me le promettre ?
10. Ne vous en chargez pas, si vous pensez ne pas pouvoir me le donner.
11. Quand rapporterez-vous ce linge ?
12. Blanchissez-le avec soin.
13. Je vous recommande les chemises tout particulièrement.
14. Que les devants soient bien raides — ne soient pas trop empesés.
15. Faites attention à mes mouchoirs, ils sont de différentes marques.
16. Je puis sans faute compter sur vous ?

III. Con una lavandera.

1. Tengo ropa que dar á lavar.
2. ¿ Hay lavandera en la fonda ?
3. ¿ Es muy exacta ?
4. ¿ Cuándo vendrá ?
5. Mándela V. subir.
6. Sírvase V. llamarla, porque tengo prisa.
7. ¿ Es V. la lavandera de la fonda ?
8. Aquí esta mi ropa ; pero la necesito ántes de cuatro dias.
9. ¿ Puede V. prometérmelo ?
10. No se comprometa V. si no puede darmela.
11. ¿ Cuándo me traerá V. la ropa ?
12. Lávela V. con esmero.
13. Recomiendo á V. muy particularmente las camisas.
14. Que esten las pecheras bien tiesas — que no esten muy almidonadas.
15. Cuide V. de los pañuelos, tienen diferentes marcas.
16. ¿ Puedo contar con V. sin falta ?

17. N'oubliez pas que je pars à la fin de la semaine.

17. No olvide V. que marcho á fines de semana.

18. Voici la note de ce que j'ai à blanchir.

18. Aquí está la nota de la ropa sucia.

19. Voyez si le compte y est bien.

19. Vea V. si está exacta la nota.

20. Chemises d'homme — de femme — chemises de nuit — paires de chaussettes — de bas — caleçons de toile — de coton — mouchoirs de toile — de batiste — gilet de flanelle — de piqué blanc — pantalons de coutil — jaquette de coutil — faux-cols — cravate — serviettes — manchettes — cols — foulards.

20. Camisas de hombre — de muger — camisas de noche — pares de calcetines — de medias — calzoncillo de hilo — de algodon — pañuelos de hilo — de batista — chaleco de franela — de piqué blanco — pantalones de cutí, — chaquetilla de cutí, — cuellos postizos — corbata — servilletas — puños — cuellos de seda.

21. Vous me rapporterez la note.

21. Me traerá V. la cuenta.

22. Les chemises sont mal repassées.

22. Las camisas están mal planchadas.

23. Ce jupon n'est pas assez empesé.

23. Esta saya no está bastante almidonada.

24. Cette serviette n'est pas à moi.

24. Esta servilleta no es mia.

25. Il me manque un mouchoir de poche.

25. Me falta un pañuelo de bolsillo.

26. Ce linge n'est pas blanc.

26. Esta ropa no está blanca.

27. Avez-vous retrouvé la serviette égarée ?

27. ¿ Encontró V. la servilleta perdida ?

28. Vous avez enlevé les boutons de mes chemises, il faut m'en recoudre d'autres.

28. Me ha quitado V. los botones de las camisas, hay que coserme otros.

29. Si vous ne soignez pas mieux le linge, je serai forcé de vous quitter.

29. Si V. no cuida mejor la ropa, tendré que dejarla.

30. Pouvez-vous raccommoder mes chaussettes ? — Faites-le avec soin.
30. ¿ Puede V. remendarme los calcetines ? Hágalo V. bien.

31. Remettez-moi une boucle à ce gilet.
31. Ponga V. la hebilla á este chaleco.

32. Vous me mettrez un bouton à ce caleçon.
32. Me coserá V. un boton en este calzoncillo.

33. Faites une reprise à ce gilet de flanelle.
33. Haga V. un zurcido en esta almilla.

34. Donnez-moi votre note.
34. Deme V. la cuenta.

35. Je veux vous payer de suite.
35. Quiero pagar á V. en seguida.

36. Une autre fois soyez plus exacte.
36. Sea V. más exacta otra vez.

IV. Un bottier.

IV. Un zapatero.

1. Je voudrais une paire de bottes.
1. Quisiera un par de botas.

2. En avez-vous de toutes faites ?
2. ¿ Las tiene V. hechas ?

3. Apportez-m'en plusieurs paires, je choisirai.
3. Tráigame V. algunos pares para escoger.

4. Je vais les essayer moi-même ; il me faudrait des crochets pour les mettre.
4. Lo mismo me las probaré ; necesito ganchos para meterlas.

5. Elles sont trop larges, — trop étroites.
5. Son muy anchas, — muy estrechas.

6. Elles me gènent du coup-de-pied.
6. Me incomodan en el empeine.

7. Elles me sont trop justes.
7. Me están muy prietas.

8. Je veux, surtout en voyage, avoir le pied à l'aise.
8. Quiero tener el pié desahogado,sobre todo en viaje.

9. Combien vous faut-il de temps pour m'en faire ?
9. ¿ En cuánto tiempo me las hará V. ?

10. Je ne puis attendre.
10. No puedo esperar.

11. Je pars dans... jours.
11. Me marcho dentro de... dias.

12. Donnez-moi le tire-botte pour me débotter.

12. Déme V. el sacabotas para descalzarme.

13. J'aime à être chaussé largement.

13. Me gusta el calzado ancho.

14. J'attendrai que vous m'en fassiez.

14. Esperaré á que V. me las haga.

15. Prenez-moi mesure.

15. Tómeme V. medida.

16. Je marche en dehors (en dedans), vous ferez les talons en conséquence.

16. Pizo hácia fuera, hácia dentro, haga V. los talones en consecuencia.

17. Vous me mettrez des doubles semelles.

17. Écheme V. dobles suelas.

18. Montrez-moi des bottines en chevreau — en cuir verni — en étoffe — en veau.

18. Enséñeme V. botitos de cabra — de charol — de tela — de becerro.

19. Je n'aime pas les boutons, je préfère les élastiques.

19. No me gustan los botones, prefiero las gomas.

20. Voyons une autre paire.

20. Veamos otro par.

21. Ces chaussures me blessent, pouvez-vous les mettre en forme pour les élargir ?

21. Este calzado me hace daño ¿ puede V. ponerle en la horma para ensancharle ?

22. Il y a dans cette bottine un clou qui me blesse, pouvez-vous l'enfoncer ?

22. Este botito tiene un clavo que me hiere ¿ puede V. remacharle ?

23. Pouvez-vous recoudre cette botte ?

23. ¿ Puede V. coserme esta bota ?

24. Je voudrais que vous puissiez me remettre des élastiques à ces bottines.

24. Quisiera que me volviera V. á poner gomas á estos botitos.

25. Avez-vous des semelles de liége ?

25. ¿ Tiene V. suelas de corcho ?

26. Je voudrais faire remettre des talons (des semelles) à ces chaussures.

26. Quisiera volver á echar tacones (suelas) á este calzado.

27. Je ne suis ici qu'en passant, il me les faut pour demain.

27. Estoy aqui de paso, lo necesito para mañana.

28. Il y a dans cette botte une couture qui me fait mal, pouvez-vous l'aplatir?

28. En esta bota hay una costura que me hace daño ¿ puede V. aplastarla ?

29. Montrez-moi, je vous prie, des pantoufles.

29. Enséñeme V. zapatillas.

30. Vous n'en avez pas d'autres? ceci est très-laid.

30. ¿ Tiene V. otras ? estas son feas.

31. Il me faudrait aussi des guètres en coutil — en cuir — en drap.

31. Necesito tambien polainas de cutí — de cuero — de paño.

V. Chez un changeur. — V. Con un cambista.

1. Je voudrais changer ces billets contre de l'or allemand.

1. Quisiera cambiar estos billetes por oro aleman.

2. Donnez-moi de la monnaie la plus courante dans ce pays.

2. Deme V. la moneda más corriente del país.

3. Pour combien prenez-vous le napoléon de vingt francs?

3. ¿ Por cuánto toma V. un Napoleon de veinte francos?

4. A combien prenez-vous la livre anglaise ?

4. ¿ A cómo toma V. la libra inglesa ?

5. Combien l'or vaut-il en ce moment ?

5. ¿ Cuanto vale el oro en este momento ?

6. Si vous préférez me donner de la monnaie anglaise, cela m'est indifférent.

6. Si V. prefiere darme moneda inglesa, me es igual.

7. Quelle est, je vous prie, la monnaie la plus courante en Russie ?

7. ¿ Cual es la moneda más corriente en Rusia ?

8. Je préfère m'en munir avant de partir.

8. Prefiero llevarla conmigo ántes de marchar.

9. Je ne comprends pas grand'chose à votre compte, permettez que je consulte mon Guide donnant la concordance des différentes monnaies.

9. No comprendo mucho la cuenta, permítame V. que consulte mi Guia que trae la correspondencia de todas las monedas.

Angleterre.

Or.

Souverain (livre sterling) ou 20 schellings, 25 fr. (le cours en varie de 25 fr. à 25 fr. 50 c.).

Le demi-souverain (demi-livre ou 10 sc.) 12 fr. 50 c.

Argent.

Couronne (5 sch.)...	6	25
Demi-couronne (2 sch. 6 penc.)	3	10
Schelling (12 p.)....	1	20
Demi-sch. (6 pence)..	»	60
4 pence............	»	40
3 pence............	»	30
2 pence............	»	20

Cuivre.

Penny.............	»	10
Demi-penny.........	»	5

La guinée valant 21 sch. ou 26 fr. 25 c. n'a presque plus cours (il faut les éviter).

Allemagne.

PRUSSE, ALLEMAGNE DU NORD ET DU SUD.

Or.

Couronne.........	34	40
Demi-couronne.....	17	20
Pièces de 20 marcs.	25	10
» » 10 »	12	55

Inglaterra.

Monedas de *oro*.

Soberano (libra esterlina) á 20 chelines, 25 fr. (su curso varia de 25 fr. á 25 fr. 50 c.).

El medio soberano (media-libra á 10 chel.) 12 fr. 50 c.

Plata.

Corona (5 chel.).....	6	25
Media corona (2 chel. 6 peniques).......	3	10
Chelin (12 peniques).	1	20
Medio chelin (6 pen.)	»	60
4 peniques..........	»	40
3 peniques..........	»	30
2 peniques..........	»	20

Cobre.

Penique.............	»	10
Medio penique.......	»	5

La guinea de 21 chel. ó 26 fr. 25 c. no tiene ya curso (debe evitarse).

Alemania.

PRUSIA, ALEMANIA DEL NORTE Y DEL SUR.

Oro.

Corona............	34	40
Media corona.......	17	20
Piezas de 20 marcos.	25	10
» » 10 »	12	55

Argent.

Thaler (ou 30 silbergroschen).........	3	75
5 silbergroschen.....	»	60
Silbergroschen ou 12 pfennings......	»	12
Florin d'Autriche....	2	45
1 marc Imp^{al} (1/2 thal).	1	25

Espagne.

Or.

Doublon d'Isabelle, 100 réaux........	25	95
Écu d'or...........	21	60
Piastre d'or........	10	80

Argent.

Piastre (20 réaux)...	5	25
Écu (10 réaux)......	2	60
Peseta (4 réaux).....	1	05
Media peseta (2 réaux)............	»	50
Réal..............	»	25

Portugal.

Or.

Couronne de 10000 reis............	55	90
5000 reis.........	27	95
2000 reis.........	11	15
1000 reis.........	5	60

Argent.

500 reis.............	2	60
200 reis.............	1	10
100 reis.............	»	55
50 reis.............	»	27

Plata.

Thaler (ó 30 silbergroschen).........	3	75
5 silbergroschen.....	»	60
Silbergroschen ó 12 pfennings.........	»	12
Florin de Austria....	2	45
1 marco imp^{al} (1/2 th.)	1	25

España.

Oro.

Doblon de Isabel, 100 reales........	25	95
Escudo de oro.......	21	60
Piastra de oro......	10	80

Plata.

Duro (20 reales).....	5	25
Escudo (10 reales)...	2	60
Peseta (4 reales).....	1	05
Media peseta (2 reales).	»	52
Real...............	»	25

Portugal.

Oro.

Corona de 10000 reis.	55	90
5000 reis.........	27	95
2000 reis.........	11	15
1000 reis.........	5	60

Plata.

500 reis.............	2	60
200 reis.............	1	10
100 reis.............	»	55
50 reis.............	»	27

VI. Chapelier.

1. Connaissez-vous un bon chapelier ?

2. Veuillez m'écrire son nom et son adresse.

3. Je voudrais un chapeau de soie — de feutre — haute forme — rond — feutre souple — à larges bords — mécanique.

4. Je voudrais un chapeau pareil à celui-ci.

5. Ce chapeau est trop haut — trop bas — m'est trop grand — trop petit.

6. Avec un peu d'ovale il m'ira.

7. Je ne puis attendre que vous m'en fassiez un.

8. Il faut que je le trouve tout fait.

9. Combien vous faut-il de temps pour me le faire ?

10. Quand puis-je y compter ?

11. Ne me manquez pas de parole, le chapeau vous resterait pour compte.

12. Je voudrais une coiffe d'une autre couleur.

13. Quel en est le prix ?

14. C'est beaucoup trop cher.

15. Voyez si vous pouvez me le donner pour...

VI. Sombrerero.

1. ¿ Conoce V. un buen sombrerero ?

2. Escríbame V. su nombre y su direccion.

3. Quiero un sombrero de seda — de fieltro — de copa alta — hongo — de castor flexible — de ala ancha — mecánico.

4. Quisiera un sombrero como este.

5. Este sombrero es muy alto — muy bajo — me está demasiado grande — demasiado pequeño.

6. Con un poco más de óvalo me sentará bien.

7. No puedo esperar á que me haga V. uno.

8. Necesito encontrarle hecho.

9. ¿ Cuánto tiempo necesita V. para hacérmele?

10. ¿ Cuándo le tendré ?

11. No falte V. á su palabra, sino le dejaré el sombrero.

12. Quisiera un forro de otro color.

13. ¿ Qué precio tiene?

14. Es muy caro.

15. Vea V. si puede dármele para.....

16. Je n'y mettrai rien de plus.	16. No daré nada más.
17. Je voudrais une casquette de voyage légère — chaude — souple — en soie noire — en toile blanche.	17. Quisiera una gorra de viaje ligera — de abrigo — flexible — de seda negra — de lienzo blanco.
18. Avez-vous des bonnets fourrés ?	18. ¿Tiene V. gorros forrados ?
19. Il me faudrait un chapeau de paille.	19. Quisiera un sombrero de paja.
20. Celui-ci est trop beau. je voudrais plus ordinaire.	20. Este es muy fino, le quiero más ordinario.
21. Avez-vous quelque chose de mieux ?	21. ¿Le tiene V. de mejor género ?
22. Veuillez mettre un crêpe à mon chapeau ?	22. Sirvase V. ponerme un crespon al sombrero.
23. Mon chapeau a été mouillé, pouvez-vous lui donner de suite un coup de fer ?	23. Se me ha mojado el sombrero ¿puede V. plancharle en seguida ?
24. Combien de temps cela durera-t-il ?	24. ¿Cuánto tardará V. ?
25. Je vais l'attendre, je le reprendrai dans une heure.	25. Le esperaré, volveré á tomarle dentro de una hora.
26. Pendant que vous le tenez, remettez une coiffe neuve.	26. Ya que le tiene V. en la mano póngale forro nuevo.
27. Combien vous dois-je ?	27. ¿Cuánto debo?

VII. Avec un coiffeur. — VII. Con un peluquero.

1. Je voudrais me faire couper les cheveux.	1. Quisiera cortarme el pelo.

2. Vous me les rafraîchirez seulement.	2. Me lo recortará V. solamente.
3. Vous les couperez très-courts.	3. Lo cortará V. al rape.
4. Coupez mes cheveux de façon à découvrir les oreilles.	4. Córteme V. el pelo de modo que se vea la oreja.
5. Nettoyez-moi la tête et faites-moi une friction.	5. Limpieme V. la cabeza y deme una friccion.
6. Rafraîchissez seulement les favoris.	6. Recorte V. solo las patillas.
7. Donnez-moi un coup de fer.	7. Ríceme V. el pelo.
8. Ramenez les cheveux devant.	8 Écheme V. el pelo hácia adelante.
9. Voudriez-vous me faire la barbe ?	9. ¿ Quiere V. afeitarme ?
10. Ayez soin que votre rasoir soit bien doux.	10. Tenga V. cuidado de que la navaja sea muy suave.
11. Je suis très-sensible.	11. Soy muy sensible.
12. Veuillez me donner ce qui est nécessaire pour que je puisse faire ma barbe moi-même.	12. Deme V. lo necesario para afeitarme solo.
13. Je préfère me raser moi-même, avez-vous de la poudre de riz ?	13. Prefiero afeitarme solo ¿ tiene V. polvos de arroz ?
14. Mettez-moi de l'eau dans une cuvette.	14. Eche V. agua en la palangana.
15. Mettez dans l'eau un peu de vinaigre de toilette pour ôter le feu du rasoir.	15. Eche V. en el agua un poco de vinagre de tocados para quitarme el ardor de la navaja.
16. Donnez-moi un morceau de savon, un pot de pommade et un flacon de vinaigre.	16. Deme V. una pastilla de jabon, un tarro de pomada y un frasco de vinagre.

VIII. Un coutelier.

1. Je voudrais un bon couteau.
2. En avez-vous qui contiennent plusieurs accessoires : tire-bouchon — lime à ongles — serpettes?
3. Avez-vous des canifs — coupe-cors — poinçon — scie — couteaux-poignards?
4. Celui-ci est trop grand — trop beau — trop ordinaire — trop cher.
5. Combien coûtent ces ciseaux — ce nécessaire de dame — cette boîte de couteaux à dessert?
6. Je voudrais de bons couteaux de table.
7. Je désirerais des rasoirs.
8. Montrez-moi ce que vous avez de mieux.
9. Quel est le prix?
10. Je les trouve trop chers.
11. Montrez-m'en d'un prix inférieur.
12. Que coûte ce sécateur?
13. Voulez-vous bien me remettre une lame à ce couteau?
14. Combien cela coûtera-t-il?

VIII. Un cuchillero.

1. ¿ Tiene V. una buena navaja?
2. ¿ Las tiene V. con accesorios : sacacorchos — lima de uñas — podadera?
3. ¿ Tiene V. cortaplumas — cuchillito de callos — punzon — sierra — hoja de puñal?
4. Este es muy grande — muy bueno — muy comun — muy caro.
5. ¿ Cuánto valen estas tijeras — este neceser de señora — esta caja de cuchillos de postre?
6. Quisiera buenos cuchillos de mesa.
7. Desearia navajas de afeitar.
8. Enséñeme V. lo mejor que V. tenga.
9. ¿ Cual es su precio?
10. Las encuentro demasiado caras.
11. Enséñeme V. otras más baratas.
12. ¿ Cuánto vale esta podadera?
13. ¿ Quiere V. poner una hoja á esta navaja?
14. ¿ Cuánto costará eso?

15. Je voudrais faire repasser ces rasoirs.

16. Dans combien de temps pourrai-je les avoir?

15. Quisiera afilar estas navajas de afeitar.

16. ¿ Cuándo las podré tener?

IX. Couturière.

1. Madame, j'ai besoin de différents objets, et je suis très-pressée, pouvez-vous vous en charger?

2. Montrez-moi les étoffes que vous avez.

3. Je désirerais d'abord un costume de voyage; je veux pour cela une étoffe très-solide, qui ne craigne ni l'eau ni la poussière.

4. Cette disposition me convient assez, mais je voudrais une autre nuance.

5. Vous m'assurez que l'eau ne tachera pas?

6. Ceci est trop léger, je voudrais plus fort.

7. Je préfère encore un costume en flanelle.

8. Montrez-moi ce que vous avez de plus chaud.

6. Un écossais me plairait assez.

10. Vous me ferez la jupe avec deux petits volants, puis une seconde jupe avec des nœuds sur le côté.

11. Quelle garniture proposez-vous pour le corsage?

IX. Costurera.

1. Señora necesito varias cosas y tengo mucha prisa ¿ puede V. encargarse de ellas?

2. Enséñeme V. las telas que tiene.

3. Deseo en primer lugar un traje de viaje, de tela muy sólida, que no tema el agua ni el polvo.

4. Esta me gusta; pero quisiera otro color.

5. ¿ V. me asegura que no se manchará con el agua?

6. Esto es muy ligero, le quiero más fuerte.

7. Prefiero un vestido de franela.

8. ¿ Á ver lo que V. tiene de más abrigo?

9. Me agradaria bastante un escocés.

10. Las faldas con dos volantitos y otra con lazos al costado.

11. ¿ Qué adorno me aconseja V. para el cuerpo?

12. Je veux quelque chose de plus simple.

13. Montrez-moi ce que vous avez en mousseline — en alpaga — en soie — en barège — en gaze.

14. Je voudrais voir une confection très-simple — un manteau de voyage.

15. Il me faut quelque chose de très-chaud, c'est pour sortir le soir et mettre en wagon.

16. N'avez-vous pas un capuchon ?

17. Je désire une rotonde garnie de fourrure.

18. Pouvez-vous m' doubler cela en flanelle?

19. Ceci est trop lourd, c'est une maison que l'on a sur les épaules.

20. Vous devez avoir d'autres modèles que celui-ci ?

21. Montrez-moi toujours, il n'y a qu'en les voyant que je pourrai en avoir une idée.

22. Je préfère un manteau imperméable.

23. N'en avez-vous pas avec manches ?

24. C'est beaucoup plus commode.

25. Avez-vous un cadenas ?

26. Celui-ci me conviendrait, mais il est trop long.

27. Il est aisé de le raccourcir.

12. Quiero una cosa muy sencilla.

13. Enséñeme V. lo que tenga de muselina — de alpaca — de seda — de varés — de gasa.

14. Quisiera ver una confeccion muy sencilla — una capa de viaje.

15. Necesito una cosa de mucho abrigo para salir de noche y ponérmela en wagon.

16. ¿ No tiene V. una capucha ?

17. Deseo una rotonda con pieles.

18. ¿ Puede V. forrarme esto con franela ?

19. Es muy pesado, como si se tuviese una casa sobre los hombros.

20. Debe V. tener otros modelos.

21. Veamos, viéndolo se puede escoger.

22. Prefiero una capa impermeable.

23. ¿ La tiene V. con mangas ?

24. Es mucho mas cómodo.

25. Tiene V. un candado ?

26. Este me convendria ; pero es muy largo.

27. Se puede acortar.

28. Pouvez-vous l'arranger pour ce soir ?

28. ¿ Me lo arreglará V. para esta tarde ?

29. Il m'est impossible d'attendre plus longtemps, je dois partir.

29. Me es imposible esperar mas tiempo : tengo que marchar.

X. Chez un emballeur.

X. Con un embalador.

1. Pourriez-vous me faire venir un emballeur ?

1. ¿ Puede V. mandar por un embalador ?

2. Je voudrais faire emballer ces différents objets avec grand soin.

2. Quisiera que embalasen con cuidado estos objetos.

3. Ces objets ne peuvent tenir dans ma malle, je voudrais que vous me fassiez une boîte pour les mettre.

3. Estos objetos no caben en mi baul. Quisiera que hiciese V. una caja para meterlos.

4. Voici des objets plus fragiles que je désire expédier directement, emballez-les-moi avec soin.

4. Estos objetos muy frágiles, quiero expedirlos directamente, empaquételos V. con cuidado.

5. Ces objets sont très-fragiles, et j'y tiens beaucoup.

5. Estos objetos son muy frágiles y me interesan mucho.

6. Je tiens à ce que tout cela arrive intact.

6. Me interesa que todo eso llegue intacto.

7. Faites autant de caisses qu'il en faudra.

7. Haga V. cuantos cajones sean necesarios.

8. Pouvez-vous vous charger des formalités de l'expédition ?

8. ¿ Puede V. encargarse de las formalidades de expedicion ?

9. Vous mettrez ces colis à la petite vitesse.

9. Envie V. estos bultos por pequeña velocidad.

10. Faut-il une déclaration pour la douane ?

10. ¿ Se necesita declaracion de aduana ?

11. Voici l'adresse à laquelle il faut les expédier.

11. Hé aquí la direccion á donde han de enviarse.

12. Ma malle a été abimée, pouvez-vous me la réparer promptement ?	12. Mi baul está estropeado ¿puede V. componerle pronto ?
13. La serrure de cette malle a été enlevée, pouvez-vous m'en mettre une autre ?	13. Han quitado la cerradura de este baul, ¿puede V. ponerme otra?
14. Je vous prie de me consolider un peu cette malle — cette valise — ce sac de nuit.	14. Sírvase V. reforzarme un poco este baul — esta maleta — este saco de noche.
15. J'ai besoin d'une malle de voyage.	15. Necesito un baul de viaje.
16. Cette malle est trop grande — trop petite.	16. Este baul es muy grande — muy pequeño.
17. Celle-ci est incommode, je voudrais quelque chose de mieux.	17. Este es muy incómodo, quisiera cosa mejor.
18. Je ne tiens pas à avoir quelque chose d'aussi bien que cela.	18. No me interesa tener una cosa tan buena.
19. Je voudrais une malle assez grande pour y mettre plusieurs robes — un carton à chapeau — une valise.	19. Quisiera un baul bastante grande para meter varios vestidos — una sombrerera — una maleta.
20. Je voudrais un sac de nuit.	20. Quisiera un saco de noche.
21. Avez-vous une courroie pour mettre des couvertures ?	21. ¿ Tiene V. una correa para mantas ?
22. Je la voudrais très-longue.	22. La quisiera muy larga.
23. Je voudrais une courroie plus solide.	23. Quisiera una correa más solida.

XI. Un horloger. — XI. Un relojero.

1. Veuillez examiner ma montre.	1. ¿ Quiere V. examinar mi reloj ?

2. Elle ne va plus depuis quelques jours.	2. Hace dias que no anda.
3. Je l'ai laissée tomber, le ressort doit être cassé.	3. Le dejé caer, debe estar roto el muelle.
4. Elle s'arrête par intervalles.	4. Se para de cuando en cuando.
5. Elle doit avoir besoin d'être nettoyée.	5. Debe ser necesario limpiarle.
6. Combien faut-il de temps pour la réparer ?	6. ¿ Cuánto tiempo necesita V. para componerle ?
7. C'est bien long, car j'en ai besoin à chaque instant.	7. Es muy largo, porque á cada instante le necesito.
8. Pouvez-vous, pendant ce temps, m'en prêter une ?	8. ¿ Entre tanto puede V. prestarme otro ?
9. J'ai cassé le verre de ma montre, ayez la bonte de m'en mettre un autre.	9. He roto el cristal del reloj, sírvase V. ponerme otro.
10. Les aiguilles sont cassées, mettez-m'en d'autres.	10. Estan rotas las agujas, póngame V. otras.
11. Combien vous faudra-t-il de temps pour la réparer ?	11. ¿ Cuánto tiempo necesita V. para componerle ?
12. Veillez à ce qu'elle soit bien réglée.	12. Cuide V. que ande bien.
13. Je voudrais une bonne montre en or — en argent — d'homme — de femme — à remontoir — à répétition.	13. Quisiera un buen reloj de oro — de plata — de hombre — de muger — de llave — de repeticion.
14. Vous m'avez été indiqué comme une maison de confiance, je m'en rapporte à vous.	14. Me han dirigido á V. como de confianza : en V. confio.
15. Je ne veux pas une montre trop plate, généralement elles ne vont pas bien.	15. No quiero un reloj demasiado chato, generalmente andan mal.
16. Donnez-moi un mouvement de Genève.	16. Déme V. un movimiento de Ginebra.

17. Combien de temps me la garantissez-vous ?

17. ¿ Por cuánto tiempo me le garantiza V. ?

18. Vous me la mettrez sur la facture.

18. Póngale V. en la factura.

19. Quel prix allez-vous me la vendre ?

19. ¿ En cuánto me le va V. á vender ?

20. C'est horriblement cher.

20. Es horriblemente caro.

21. Je ne veux pas mettre ce prix-là.

21. No quiero gastar tanto.

22. Elle doit avoir besoin d'être repassée.

22. Debe necesitar repasarse.

23. Combien vous faut-il de temps pour la régler ?

23. ¿ Cuánto tiempo necesita V. para repasarla ?

24. Puis-je faire graver mon chiffre sur la cuvette ?

24. ¿ Se puede poner mi cifra en la tapa ?

25. La montre est assez chère pour que vous ne me fassiez pas payer cela.

25. El reloj es bastante caro para no cobrarme eso.

26. Montrez-moi des clefs.

26. Enséñeme V. algunas llaves.

27. En avez-vous qui servent de barrettes pour se mettre dans la boutonnière du gilet et tenir la chaine ?

27. ¿ Las tiene V. que sirvan de barreta para sostener la cadena en el ojal del chaleco ?

28. Celle-ci ne va pas avec ma chaine.

28. Esta no va bien con mi cadena.

29. Il me faut quelque chose de plus riche — de plus simple.

29. Quisiera una cosa más rica — más sencilla.

XII. Chez un libraire-papetier.

XII. En una librería y papelería.

1. Je voudrais avoir une grammaire allemande, anglaise, espagnole, italienne.

1. Quisiera una gramática alemana — inglesa — española — italiana.

2. Donnez-moi la plus abrégée que vous ayez.

2. Déme V. la más compendiada que tenga.

3. Je voudrais un livre de lecture courante pour me familiariser avec votre langue que je ne connais que bien imparfaitement.	3. Quisiera un libro de lectura para familiarizarme con esa lengua que conozco imperfectamente.
4. Avez-vous le plan de la ville ?	4. ¿ Tiene V. el plano de la ciudad ?
5. Celui-ci est trop grand, n'avez-vous rien de plus petit ?	5. Este es muy grande, ¿ no hay otro mas pequeño ?
6. Je voudrais quelque chose de mieux fait.	6. Quisiera algo mejor que eso.
7. Avez-vous un catalogue du musée ?	7. ¿ Tiene V. un catálogo del museo ?
8. Je désirerais un guide spécial pour visiter cette ville.	8. Quisiera una guia especial para visitar la ciudad.
9. Puisqu'il n'y en a pas, donnez-moi un Guide Joanne.	9. Ya que no la hay deme V. una guia Joanne.
10. Ce sont les meilleurs que je connaisse.	10. Son las mejores que conozco.
11. Vous avez grand tort de n'en pas avoir, vous en vendriez beaucoup.	11. Hace V. mal en no tenerlas, venderia V. muchas.
12. Je connais celui que vous m'offrez : il est gros ; mais il a beau coûter bon marché, il est encore trop cher, car il ne vaut rien.	12. Conozco la que V. me ofrece : es voluminosa ; pero por vasta que sea, todavia es cara, porque no vale nada.
13. Si vous tenez la librairie française — allemande, etc., vous devez avoir l'ouvrage de X.... sur....	13. Si V. tiene la libreria francesa — alemana, etc. tendrá la obra de... sobre ..
14. Pourriez-vous me le procurer ?	14. ¿ Puede V. proporcionármela ?
15. Combien de temps vous faut-il pour cela ?	15. ¿ Cuánto tiempo necesita V. para ello ?
16. Je ne puis pas attendre.	16. No puedo esperar.

17. Je prendrai ceci en place.

17. Tomaré estos en su lugar.

18. Avez-vous des photographies des tableaux du musée — de la cathédrale — des différents monuments de la ville ?

18. ¿ Tiene V. fotografias de los cuadros del museo — de la catedral — de los monumentos de la ciudad ?

19. J'en voudrais de plus grandes — de plus petites

19. Las quisiera más grandes — más pequeñas.

20. Combien vendez-vous la douzaine ?

20. ¿ Á cuanto vende V. la docena ?

21. C'est beaucoup trop cher.

21. Es muy caro.

22. Vos confrères les affichent meilleur marché.

22. Los colegas de V. las anuncian más barato.

23. Je voudrais un album des costumes du pays.

23. Quisiera un album de los trajes del país.

24. Je voudrais un livre à images pour donner à mes enfants.

24. Querria un libro de estampas para regalárselo á un niño.

25. Il faut que cela fasse plus d'effet.

25. Es preciso que sea de más efecto.

26. Je voudrais quelque chose de mieux.

26. Quisiera algo mejor que eso.

27. Auriez-vous.... traduits en français — en anglais ?

27. ¿ Tendria V.... traducido en frances — inglés ?

28. Je le voudrais relié.

28. Le quiero encuadernado.

29. Je m'en contenterai broché.

29. Me conformaré con el que está en rústica.

30. Ne louez-vous pas des livres au mois ?

30. ¿ No alquila V. libros por mes ?

31. Combien l'abonnement ?

31. ¿ Cuánto es el abono ?

32. Peut-on prendre toute espèce d'ouvrages ?

32. ¿ Pueden tomarse toda clase de libros ?

33. Sans abonnement, combien louez-vous chaque volume ?

33. ¿ Á cuánto alquila V. el volúmen sin abono?

34. Combien de jours alors peut-on le garder ?	34. ¿ Cuántos dias se puede conservar?
35. Recevez-vous les journaux de.... ?	35. ¿ Recibe V. los periódicos de.... ?
36. Pouvez-vous me vendre ce numéro ?	36. ¿ Puede V. venderme este número ?
37. Ne pourriez-vous m'indiquer un cabinet de lecture, ou un cercle où je pourrais lire les journaux ?	37. ¿ Podria V. indicarme un gabinete de lectura ó un circulo en donde leer los diarios ?
38. Vendez-vous du papier à lettre ?	38. ¿ Vende V. papel de cartas ?
39. Je le voudrais plus beau.	39. Le quiero más fino.
40. — d'un plus grand format.	40. — de mayor tamaño.
41. Avez-vous du papier à lettre avec de petites vues dans l'angle ?	41. ¿ Tiene V. papel de carta con viñetas en el ángulo ?
42. J'en voudrais plusieurs cahiers.	42. Quisiera varios cuadernillos.
43. Il me faut aussi du papier ordinaire et une boite d'enveloppes gommées.	43. Necesito papel ordinario y una caja de sobres engomados.
44. Celles-ci sont trop petites pour le papier que vous m'avez donné.	44. Estos son muy pequeños para el papel que me ha dado.
45. Je voudrais une bouteille d'encre.	45. Quisiera una botellita de tinta.
46. N'avez-vous pas de petits encriers de poche ?	46. ¿ No tiene V. tinteritos de bolsillo ?
47. Vous me garantissez qu'il ne se répandra pas dans ma malle ?	47. ¿ Me garantiza V. que no se derramará en el baul ?
48. Donnez-moi aussi de la cire — un crayon — une règle — un canif — des plumes de fer.	48. Déme V. tambien lacre — un lápiz — una regla — un cortaplumas — plnmas de metal.

XIII. Linger.

1. Voulez-vous me montrer de la toile ?

2. La meilleure que vous ayez, je tiens moins à la finesse qu'à la solidité ; c'est pour faire des chemises.

3. Celle-ci est pourtant trop grosse.

4. Combien en faut-il pour six chemises ?

5. Prenez-moi mesure, je vous prie.

6. Vous me ferez des devants unis.

7. Vous les ferez ouvrir par derrière — par devant.

8. Ne mettez ni cols ni manchettes.

9. Je vous en enverrai une pour modèle.

10. Dans combien de temps me les donnerez-vous ?

11. Soyez exacte, ou elles vous resteraient pour compte.

12. Montrez-moi des gilets de flanelle.

13. Cette flanelle ne vaut rien, montrez-m'en de meilleure.

14. Je voudrais aussi des caleçons en toile — en calicot — en flanelle — en coton.

XIII. Con un mercader de lenceria.

1. ¿ Quiere V. enseñarme telas de hilo ?

2. La mejor que V. tenga, prefiero lo sólido á lo fino; es para camisas.

3. Esta sin embargo es demasiado gruesa.

4. ¿ Cuánto se necesita para seis camisas ?

5. Sirvase V. tomarme medida.

6. Me hará V. las pecheras lisas.

7. Las hará V. abiertas por la espalda — por delante.

8. No ponga V. cuello ni puños.

9. Enviaré á V. una de modelo.

10. ¿ Cuándo me las dará V. ?

11. Sea V. exacto, ó se las dejo por su cuenta.

12. Enséñeme V. almillas.

13. Esta franela no vale nada, enséñeme V. otra mejor.

14. Quisiera tambien calzoncillos de hilo — de percal — de franela — de algodon.

15. Pendant que j'y suis, il me faudrait aussi une douzaine de faux cols et des manchettes.

15. Ya que de esto hablamos necesito tambien una docena de cuellos y puños postizos.

16. Il me faudrait encore des mouchoirs de poche en toile — en batiste — avec chiffre.

16. Necesito pañuelos de bolsillo de hilo — de batista — con cifras.

17. Auriez-vous la complaisance de me les faire ourler ?

17. ¿ Tiene V. la bondad de dobladillarlos?

18. Montrez-moi des chaussettes de coton — de fil — de laine.

18. Enséñeme V. calcetines de algodon — de hilo — de lana.

19. Je voudrais de meilleure qualité.

19. Los quiero de mejor calidad.

20. Celles-ci sont trop grosses — je voudrais plus fin.

20. Estos son muy gruesos — démelos V. más finos.

21. Combien vendez-vous la douzaine?

21. ¿ Á cómo es la docena ?

22. Pouvez-vous me les marquer ?

22. ¿ Puede V. marcármelos ?

23. Il me faudrait un gilet de laine en tricot.

23. Necesito una almilla de punto.

24. Tout ce que vous avez de plus chaud.

24. Lo que V. tenga de más abrigo.

25. Je le voudrais de couleur foncée.

25. La quisiera de color oscuro.

26. Montrez-moi des cravates noires — de couleur — de fantaisie — en soie — en foulard.

26. Enséñeme V. corbatas negras — de color — de capricho — de seda — de fular.

27. Un grand foulard pour mettre autour du cou.

27. Un gran fular para el cuello.

28. Avez-vous des gants de peau — de fil ?

28. ¿ Tiene V. guantes de piel — de hilo?

29. Puis-je les essayer ?

29. ¿ Puedo probarlos ? —

— Mettez de la poudre — passez-y les baguettes.

Échelés V. polvos — ábralos V.

30. Recousez les boutons, ils ne tiennent pas.

30. Cosa V. los botones — estan flojos.

31. Auriez-vous des boutons en nacre pour chemises — faux cols — manchettes?

31. ¿ Tiene V. botones de nácar para camisa — cuellos postizos — puños ?

XIV. Modiste.

XIV. Modista.

1. Montrez-moi, je vous prie, des chapeaux, pas celui-là, celui qui est à côté.

1. Enséñeme V. sombreros, este no, el que está á su lado.

2. Croyez-vous que cette couleur convienne à mon teint ?

2. ¿ Cree V. que este color sentará bien á mi tez ?

3. Je n'aime pas la forme de ce chapeau.

3. No me gusta la forma de este sombrero.

4. La forme de ces chapeaux est bien petite.

4. La forma de estos sombreros es muy pequeña.

5. On porte donc ici des chapeaux comme cela ?

5. ¡ Qué ! ¿ se lleva aqui esa clase de sombreros ?

6. Essayez-moi celui-là.

6. Pruébeme V. aquel.

7. Pouvez-vous mettre dessus le bouquet qui se trouve sur celui-ci ?

7. ¿ Se puede poner á este el ramillete de aquel ?

8. Je veux un chapeau qui me garantisse du soleil — je voudrais de plus grands bords.

8. Quiero un sombrero que me guarezca del sol — que tenga alas más grandes.

9. Montrez-moi un chapeau de paille d'Italie.

9. Enséñeme V. un sombrero de paja de Italia.

10. Pouvez-vous me le garnir avec un bouquet de fleurs des champs, bleuets, coquelicots, etc. ?

10. ¿ Puede V. adornarle con un ramillete de flores campestres — aciano — amapolas, etc. ?

11. Je préfère une garni-

11. Prefiero un adorno de

ture en velours — en rubans de soie.

12. Vous devez avoir des plumes?

13. Que me conseillez-vous de mettre dessus ?

14. C'est trop simple.

15. Cela fait trop d'effet.

16. Il me faudrait une voilette.

17. Je la voudrais assez jolie — très-ordinaire.

18. Avez-vous des chapeaux de jardin ?

19. Je veux un chapeau pour le voyage — quelque chose de fort ordinaire.

20. Auriez-vous un chapeau pour cet enfant ?

21. Dites-moi de suite votre prix le plus juste, je n'aime pas à marchander.

22. Pouvez-vous me regarnir ce chapeau ?

23. Les rubans ont été perdus par une averse.

24. La plume pourra reservir.

25. Il faut être habitué à cette forme.

26. Il est vrai que l'on en voit beaucoup.

27. Les dames, en Espagne, ne portent pas de chapeaux, et avec leur mantille elles se font une coiffure ravissante

28. Je voudrais une coiffure

terciopelo — de cintas de seda.

12. ¿ Debe V. tener plumas.

13. ¿ Que me aconseja V. que ponga ?

14. Es muy sencillo.

15. Eso hace mucho efecto.

16. Necesitaria un velillo.

17. Le quisiera bastante lindo — muy ordinario.

18. ¿ Tiene V. sombreros de jardin ?

19. Quiero un sombrero de viaje — muy ordinario.

20. ¿ Tiene V. un sombrero para este niño ?

21. Digame V. en seguida el precio exacto, no me gusta regatear.

22. ¿ Puede V. volverme á adornar este sombrero ?

23. Las cintas se estropearon con un aguacero.

24. La pluma podrá servir todavia.

25. Preciso es estar acostumbrada á esta forma.

26. Verdad es que se ven muchos asi.

27. En España no gastan sombrero las señoras, y con la mantilla, hacen un tocado precioso.

28. Yo quisiera un tocado

très-simple, assez élégante pour aller en soirée.

29. Celle-ci est trop lourde, je voudrais quelque chose de très-léger.

30. Ces fleurs ne sont pas fraîches, montrez-m'en d'autres.

muy sencillo, bastante elegante, para ir á soirée.

29. Este es muy pesado, le quiero más ligero.

30. Estas flores no estan frescas, enséñeme V. otras.

XV. Un opticien.

1. J'ai cassé mon binocle, je voudrais le remplacer.

2. Montrez-moi les montures que vous avez.

3. Je la voudrais en acier — en argent — en or — en écaille.

4. Ce système est incommode ; il ne tient pas sur le nez — il serre trop le nez.

5. Je ne sais si vous avez la même manière de classer les verres.

6. J'avais du numéro.... je suis myope.

7. Je suis presbyte.

8. Donnez-m'en plusieurs à essayer avant de les ajuster au lorgnon.

9. Ceux-ci sont trop forts — trop faibles.

10. Ils me fatigueraient la vue.

11. Ceux-ci vont bien, vous pouvez les mettre.

12. Je désirerais des lunettes bleues.

XV. Un óptico.

1. Se me ha roto el binocelo, quisiera reemplazarle.

2. Enséñeme V. algunas armazones.

3. La quiero de acero — de plata — de oro — de concha.

4. Este sistema es incómodo ; no se sujeta en la nariz — la aprieta mucho.

5. No sé si tiene V. el mismo modo de clasificar los cristales.

6. Tenia el número.... soy miope.

7. Soy présbita.

8. Deme V. otros que ensayar ántes de ajustarlos en el lente.

9. Estos son muy fuertes — muy débiles.

10. Me cansarian la vista.

11. Estos son buenos, póngalos V.

12. Quisiera unos anteojos azules.

13. Cette monture est trop lourde, j'en voudrais en acier très-fin.

13. Esta armazon es muy pesada, la quisiera de acero muy fino.

14. Montrez-moi des lorgnettes — pour la campagne — pour le théâtre.

14. Enséñeme V. anteojos — para el campo — para el teatro.

15. Je veux une lorgnette marine, ce que vous avez de plus puissant.

15. Quiero un anteojo marino, el de más alcance que V. tenga.

16. Elle est trop grosse — c'est un vrai monument à porter.

16. Es muy grueso — un verdadero monumento.

17. Vous devez en avoir de plus légeres.

17. Debe V. tenerlos más ligeros.

18. Avez-vous de ces petites lorgnettes très-petites ?

18. ¿ Tiene V. anteojitos, muy pequeños ?

19. Je voudrais un étui et une courroie pour la suspendre.

19. Necesito un estuche y una correa para colgarle.

20. Voici de beaux microscopes, combien les vendez-vous ?

20. Hé aqui unos hermosos microscopios. ¿ Cuánto valen ?

21. Vous fabriquez les instruments de précision ?

21. ¿ V. fabrica instrumentos de precision ?

22. Donnez-moi donc une loupe, celle-ci est trop forte.

22. Déme V. pues un lente, este es muy fuerte.

23. Vous tenez certainement aussi les baromètres et les thermomètres ?

23. ¿ Tambien tendrá V. barómetros y termómetros ?

24. Il ne faut pas penser à acheter cela lorsque l'on est en voyage.

24. Inútil es pensar comprar eso cuando se está de viaje.

XVI. Chez un tailleur.

XVI. Con un sastre.

1. Indiquez-moi un bon tailleur.

1. Indíqueme V. un buen sastre.

2. Montrez-moi, je vous prie, une étoffe pour un pantalon d'été — d'hiver.

2. Sirvase V. enseñarme una tela para pantalon de verano — de invierno.

3. Je désire une étoffe plus chaude — plus légère — plus souple.

3. Deseo una tela más caliente — más ligera — más flexible.

4. Cette étoffe me convient.

4. Este paño me conviene.

5. Cette étoffe est trop claire — trop foncée.

5. Este paño es claro — demasiado oscuro.

6. Je n'aime pas cette disposition.

6. No me gusta esta forma.

7. Je prendrai cette étoffe-ci — mettez-la de côté.

7. Tomaré este paño — separele V.

8. Faites-moi un pantalon collant — demi-collant — large.

8. Quiero un pantalon estrecho — medio ajustado — ancho.

9. Quel sera le prix du pantalon ?

9. ¿ Cual será el precio del pantalon ?

10. C'est trop cher, je voudrais meilleur marché.

10. Es muy caro, le quiero más barato.

11. Je monte à cheval, vous mettrez des sous-pieds.

11. Monto á caballo, ponga V. estriberas.

12. Remarquez que je ne porte pas de bretelles, il faut que le pantalon serre à la ceinture.

12. Repare V. que no gasto tirantes, es preciso que el pantalon sea estrecho de cintura.

13. Vous me ferez ce pantalon un peu large, je n'aime pas à être serré.

13. Hágame V. el pantalon algo ancho, no me gusta estar apretado.

14. Montrez-moi de l'étoffe pour un gilet — de drap — — de fantaisie — de soie — de piqué — de coutil.

14. Enséñeme V. género para un chaleco de paño — de fantasía — de seda — de piqué — de cuti.

15. Faites-moi un gilet à châle — découvert — de soirée et très-ouvert — montant — sans col — croisé.

15. Hagame V. un chaleco de chal — abierto — de soirée, muy abierto — subido — sin cuello — cruzado.

16. Vous me mettrez une

16. Póngame V. bolsillo

poche de lorgnon à gauche — à droite.	de lente á la izquierda — á la derecha.
17. Il me faut une jaquette — en étoffe légère — en coutil — en drap un peu épais.	17. Necesito una jaquette — de tela ligera — de cuti — de paño algo fuerte.
18. Montrez-moi des étoffes pour une redingote — un pardessus — un paletot.	18. Enséñeme V. géneros para una levita — un sobre-todo — un paletot.
19. N'avez-vous pas des dessins pour me montrer ce que vous pensez me faire ?	19. ¿ Tiene V. figurines para ver lo que va á hacer?
20. Prenez-moi mesure, je n'aime pas à être serré dans mes habits.	20. Tómeme V. medida, no me gusta la ropa estrecha.
21. Vous me mettrez une poche de portefeuille à gauche et une autre à droite pour le porte-cigare.	21. Ponga V. un bolsillo de cartera á la izquierda y otro á la derecha para la petaca.
22. Quelle doublure me mettrez-vous ?	22. ¿ Qué forros pondrá V. ?
23. La soie s'use trop vite, mettez-moi autre chose.	23. La seda se usa pronto, ponga V. otra cosa.
24. Je suis très-frileux, mettez-moi quelque chose de bien chaud.	24. Soy muy friolero, póngame V. algo que caliente.
25. Quel prix me ferez-vous payer le tout?	25. ¿ Qué precio quiere V. por todo ?
26. Il faut me diminuer quelque chose.	26. Hay que rebajar algo.
27. Quel jour devrai-je venir essayer ?	27. ¿ Qué dia vendrá á probármelo ?
28. Pouvez-vous venir m'essayer ces effets ?	28. ¿ Puede V. venir á probarme estas prendas ?
29. Je préfère venir les essayer.	29. Prefiero venir á probármelas.
30. Combien vous faut-il de temps pour les faire ?	30. ¿ Cuánto tardará V. en hacerlas ?
31. C'est trop tard.	31. Es muy tarde.

32. Il me les faut absolument pour....	32. Las necesito absolutamente para....
33. Si vous pensez ne pas arriver, ne vous en chargez pas.	33. Si no cree V. conseguirlo, no las haga.
34. Si vous me manquez de parole, le tout vous restera pour compte.	34. Si falta V. á la palabra, no lo tomo.
35. Je tiens beaucoup à l'exactitude.	35. Me gusta mucho la exactitud.
36. Les jambes du pantalon sont trop longues — trop courtes — trop étroites — trop larges.	36. Las piernas del pantalon son muy largas — muy cortas — muy estrechas — muy anchas.
37. Le fond est trop étroit, je ne puis me baisser.	37. El trasero es muy estrecho, no puedo bajarme.
38. Il est trop large de ceinture.	38. Es muy ancho de cintura.
39. Il va bien ainsi, j'en suis content.	39. Así está bien, me gusta.
40. Voyons le gilet — il est trop ouvert — trop montant — trop large du bas.	40. Veamos el chaleco — es demasiado abierto — demasiado subido — ancho.
41. Mettez-y d'autres boutons, ceux-ci me déplaisent.	41. Ponga V. otros botones, no me gustan estos.
42. Essayons le paletot — la jaquette.	42. Probemos el paletot — la jaquette.
43. Cela me gêne sous les bras.	43 Me molesta en la sobaquera.
44. Le col est trop haut.	44. El cuello es muy alto.
45. Les manches sont trop courtes — trop longues — trop larges.	45. Las mangas son muy cortas — largas — anchas.
46. La jupe est trop longue.	46. El vuelo es muy largo.
47. Reculez les boutons.	47. Ponga V. más atras los botones.
48. Faites-moi une poche ici.	48. Hágame V. aquí un bolsillo.

49. Faites ces retouches de suite.	49. Retóquelo V. en seguida.
50. Quand cela sera-t-il terminé ?	50. ¿ Cuándo estará concluido ?
51. Voici mon adresse ; vous me livrerez à l'hôtel de.... chambre n°....	51. Hé aquí mi direccion; me lo llevará V. á la fonda de.... cuarto número....
52. Venez le matin avant dix heures.	52. Venga V. por la mañana ántes de las diez.
53. Je compte sur votre promesse.	53. Cuento con la promesa de V.
54. Vous apporterez votre facture et je vous payerai de suite.	54. Lleve V. la cuenta, y la pagaré en seguida.

CHAPITRE VIII

EXCURSIONS ET PROMENADES

EXCURSIONES Y PASEO.

I. Pour une excursion à pied.	**I. Para una excursion á pié.**
1. Y a-t-il loin d'ici à... ?	1. ¿ Hay mucho de aquí á... ?
2. La route est-elle longue — belle ?	2. ¿ Es el camino largo — hermoso ?
3. Est-ce un chemin que je puis faire à pied ?	3. ¿ Es un camino que se puede hacer á piés ?
4. Quinze kilomètres ne m'effrayent pas.	4. No me asustan quinoe kilómetros.
5. Ne pourriez-vous m'in-	5. ¿ Me indicará V. un

diquer un chemin de traverse qui abrége la distance?

6. Vous me dites qu'il a l'inconvénient d'être très-mauvais.

7. Il est cependant praticable.

8. Il est très-sablonneux.

9. Il monte très-rapidement.

10. Trouverai-je de bonnes auberges sur la route ?

11. Combien faut-il d'heures pour faire le trajet?

12. Le paysage est-il joli?

13. Quel chemin des deux me conseillez-vous de prendre ?

14. J'aime mieux le plus difficile s'il est plus pittoresque.

15. Si je me trouvais fatigué, pourrais-je trouver à coucher ?

16. Mon ami, pourriez-vous me dire si je suis bien dans le chemin qui mène à... ?

17. Vous croyez que je me suis trompé ?

18. On m'avait pourtant bien dit de suivre tout droit, puis de tourner à gauche.

19. Vous seriez bien aimable de me remettre dans mon chemin.

20. Vous conviendrait-il de porter un peu mon sac ?

21. L'endroit que je vais voir est-il curieux?

atajo que acorte la distancia?

6. Dice V. que tiene el inconveniente de ser muy malo.

7. Pero es practicable.

8. Es muy arenoso.

9. Esta' en cuesta muy rapida.

10. ¿ Habrá buenas posadas en el camino ?

11. ¿ Cuantas horas se necesitan para llegar ?

12. ¿ El paisaje es lindo ?

13. ¿ Cual de los dos caminos me aconseja V. que tome ?

14. Prefiero el mas áspero si es mas pintoresco.

15. Si me canso, ¿ hallaré donde dormir ?

16. Amigo, ¿ tiene V. la bondad de decirme si voy bien en direccion á... ?

17. ¿ Cree V. que me he equivocado ?

18. Sin embargo me dijeron que siguiese todo derecho y despues volviese á la izquierda.

19. Mucho agradeceria á V. que me pusiese en camino.

20. ¿ Tendria V. inconveniente en llevar mi saco ?

21. ¿ Es curioso el sitio que voy á ver ?

22. Voyez-vous beaucoup d'étrangers y aller ?	22. ¿ Le visitan muchos extranjeros ?
23. Conduisez-moi donc dans un endroit où nous pourrons nous rafraîchir.	23. Llévcme V. adonde refresquemos.
24. Vous accepterez bien un verre de vin (ou de bière) avec moi ?	24. Acepte V. una copa de vino (ó de cerbeza) conmigo.

II. Pour une promenade en voiture.	II. Para pasearse en coche.
1. Il me faudrait une voiture pour faire l'excursion de....	1. Necesitaria un coche para la excursion de...
2. Indiquez-moi un loueur.	2. Indiqueme V. un alquilador.
3. Il me faudrait une voiture découverte à deux chevaux.	3. Quisiera un coche descubierto con dos caballos.
4. Celle-ci est trop petite, nous sommes quatre.	4. Este es muy pequeño, somos cuatro.
5. Une petite voiture à un cheval suffira.	5. Bastará un cochecito de un caballo.
6. Nous ne sommes que deux.	6. No somos mas que dos.
7. Que prenez-vous pour la journée ?	7. ¿ Qué hace V. pagar al dia ?
8. Nous voulons aller visiter....	8. Queremos ir á visitar...
9. Je voudrais un bon cheval.	9. Quiero un buen caballo.
10. Celui-là ne doit pas être assez fort, le cocher nous ferait descendre à chaque instant.	10. Ese no debe de ser muy fuerte : el cochero nos haria apear á cada paso.
11. Vous n'avez pas de voiture plus confortable ? celle-ci est ignoble.	11. ¿ No tiene V. un coche mas cómodo ? ese vale poco.

12. Vous pourrez venir nous prendre demain à sept heures du matin, hôtel de....

13. Ayez soin de découvrir la voiture.

14. Cocher, c'est vous qui allez nous conduire.

15. Si vous êtes complaisant, vous aurez un bon pourboire.

16. Prenez la plus belle route.

17. Vous connaissez bien l'endroit dont je veux vous parler ?

18. Combien faut-il de temps pour y aller ?

19. Nous y trouverons de quoi déjeuner ?

20. En route et bon train.

21. Arrêtez-vous un peu, nous allons monter la route à pied.

22. Votre cheval a chaud, laissez-le souffler.

23. Il commence à pleuvoir, baissez la capote.

24. Vous pouvez dételer votre cheval, si vous voulez ; nous allons déjeuner ici.

25. Cocher, vous pouvez atteler, nous allons partir.

26. Pressez votre cheval, nous ne serons jamais rentrés pour dîner.

12. Venga V. á buscarnos mañana á las siete de la mañana á la fonda de...

13. Cuide V. que este abierto el coche.

14. Cochero, V. nos va á llevar.

15. Si es V. complaciente tendrá una buena propina.

16. Tome V. el camino mas hermoso.

17. ¿Ya sabe V. el punto de que hablo ?

18. ¿Cuanto se tarda en ir ?

19. ¿Habrá allí de almorzar ?

20. Andando y á buen paso.

21. Pare V. un poco : subirémos la cuesta á pié.

22. Ese caballo está sudando, déjele V. respirar.

23. Empieza á llover, eche V. la capota.

24. Desenganche V. el caballo, almorzarémos aquí.

25. Cochero, á enganchar, que nos vamos.

26. Apresure V. el caballo, no podremos estar en casa para comer.

III. Pour une excursion à cheval ou à mulet.

1. Je voudrais un mulet et un guide pour aller à....

2. Croyez-vous qu'un guide soit nécessaire ?

3. J'aime mieux en avoir un, on ne risque pas de passer près de quelque chose de curieux sans le voir.

4. On m'a dit qu'il y avait deux routes pour aller à...

5. Quelle est la meilleure ?

6. Je ne voudrais pas d'une route qui soit unie comme la main.

7. Je viens pour me promener, j'aime mieux la route la plus curieuse, quand même elle serait plus longue.

8. Dois-je emporter des provisions ?

9. Je trouverai toujours bien du pain et du fromage, avec cela on ne meurt pas de faim.

10. En voyage je ne suis pas difficile.

11. Quel est le prix du cheval ?

12. Combien donne-t-on cu guide ?

13. La nourriture du mulet ne me regarde pas plus que aelle du guide.

III. Para una excursion á caballo ó en mulo.

1. Quiero un mulo y un guia para ir á...

2. ¿ Cree V. que necesite un guia ?

3. Prefiero llevarle para no pasar al lado de alguna curiosidad sin verla.

4. Dicen que hay dos caminos para ir á...

5. ¿ Cual es el mejor ?

6. No quisiera que el camino fuese liso como la palma de la mano.

7. Vengo á pasearme, y me gusta mas el camino accidentado aunque sea mas largo.

8. ¿ Llevaré provisiones ?

9. Siempre encontraré pan y queso, con lo cual nadie se muere de hambre.

10. No soy difícil en viaje.

11. ¿ Cuánto por el caballo ?

12. ¿ Qué se paga al guia por dia ?

13. Nada tengo que ver con el alimento del mulo ni del guia.

14. Vous pouvez m'assurer que la route est bien sûre ?
15. Le temps des brigands est passé.
16. Guide, le cheval n'est pas assez sanglé.
17. La selle tourne.
18. Raccourcissez-moi les étriers.
19. Rallongez donc un peu les étriers.
20. Attachez cette petite valise derriere la selle.
21. Quelle est la montagne que nous voyons là-bas ? — Vous dites qu'il va falloir en faire l'ascension ?
22. Cela va nous prendre beaucoup de temps. — Combien pour monter environ ?
23. Trouverons-nous au moins à nous rafraîchir là-haut ?
24. Que récolte-t-on dans ce pays ?
25. Quelle est la principale culture ?
26. Je ne vois guère de vignes.
27. Vos blés sont maigres, la terre est mal entretenue.
28. Il y a beaucoup de bois dans ce pays.
29. Le vendez-vous bien ?
30. L'exploitation doit en être difficile, parce qu'il n'y a ni rivières ni chemins de fer.

14. ¿ Crée V. que el camino es seguro ?
15. Pasó ya el tiempo de los ladrones.
16. Guia, la cincha del caballo está floja.
17. La silla dá vuelta.
18. Encoja V. los estribos.
19. Alárgueme V. los estribos.
20. Sujete V. esta maletilla en la grupa.
21. ¿ Qué montaña es la que se vé á lo léjos? — ¿ Dice V. que tendrémos que subirla ?
22. Eso nos costará mucho tiempo. — ¿ Cuánto se tarda en subir ?
23. ¿ Encontrarémos al ménos con que refrescarnos arriba ?
24. ¿ Qué se cosecha en este país ?
25. ¿ Cual es el principal cultivo ?
26. No veo viñas.
27. Los trigos son pobres y la tierra mal cuidada.
28. Hay mucha leña en este país.
29. ¿ Se vende bien?
30. Su explotacion debe ser difícil por falta de rios y de ferrecarril.

31. Le paysan est-il aisé ?	31. ¿ Están desahogadso los aldeanos ?
32. S'il ne l'est pas, ce doit être sa faute, parce que le sol a l'air très-bon.	32. Si no lo están debe ser por culpa suya porque la tierra parece buena.
33. Voilà de beaux moutons.	33. ¡ Qué hermosos carneros !
34. Vos vaches sont tres-petites.	34. Las vacas son muy pequeñas.
35. Donnent-elles beaucoup de lait ?	35. ¿ Dan mucha leche ?
36. Vous vous servez de bœufs pour le labourage ?	36. ¿ Se sirven Vds. de bueyes para la labranza ?
37. Faites-vous des élèves de chevaux ?	37. ¿ Se dedican Vds. á la cria caballar ?
38. Votre pays est renommé pour ses beaux chevaux.	38. El país es famoso por sus buenos caballos.
39. Jusqu'à quel âge les mettez-vous au pré ?	39. ¿ Hasta qué edad los tienen Vds. en el campo ?
40. Les mulets, chez nous, remplacent les chevaux. — Ils ont le pied plus sûr pour la montagne.	40. Aquí los mulos reemplazan á los caballos. — Tienen el pié mas seguro para la montaña.
41. Quelle est donc cette petite espèce de cochons noirs que je vois partout ?	41. ¿ Qué especie de cochinillos negros es esa que veo por todas partes ?
42. Le gibier est-il abondant ?	42. ¿ Abunda la caza ?
43. Quelle espèce de gibier avez-vous ?	43. ¿ Qué especie de caza tienen Vds. ?
44. La chasse ne doit être permise que pendant un certain temps.	44. No debe permitirse la caza sino durante cierto tiempo.
45. A partir de quelle époque ?	45. ¿ Desde qué época ?
46. Quand ferme-t-elle ?	46. ¿ Cuándo se cierra ?
47. Il faut naturellement un port d'armes ?	47. Naturalmente se necesita licencia.
48. Combien coûte-t-il ?	48. ¿ Cuánto cuesta ?

49. Y a-t-il beaucoup de braconniers ?

50. En causant, la route paraît moins longue — le temps passe plus vite.

IV. Pour une promenade en bateau.

1. Indiquez-moi le patron d'une barque.

2. Je voudrais faire une promenade en bateau sur le lac.

3. Voyons les bateaux que vous avez.

4. Allez-vous à la voile ou à la rame ?

5. Je crains toujours d'aller à la voile.

6. On dit toujours qu'il n'y a pas de danger, jusqu'à ce qu'un accident soit arrivé.

7. Combien mettrez-vous de rameurs ?

8. S'il y a assez de vent, je préfère aller à la voile.

9. N'allez à la rame que si vous ne pouvez pas faire autrement.

10. Combien peut-on tenir dans votre bateau ?

11. Il faut avant de partir vider l'eau qui est dans la cale.

12. Vous aurez bien un coussin à nous donner pour nous asseoir ?

49. ¿ Hay muchos cazadores fraudulentos ?

50 Con la conversacion parece ménos largo el camino — pasa pronto el tiempo.

IV. Para un paseo en barco.

1. Enséñeme V. un patron de barca.

2. Quisiera pasearme por el lago.

3. Veamos los botes que V. tiene.

4. ¿ Va V. á vela ó á remo ?

5. Siempre temo ir á vela.

6. Dícese que no hay peligro hasta que sucede la desgracia.

7. ¿ Cuántos remeros pone V. ?

8. Si hay bastante viento prefiero ir á vela.

9. No vaya V. á remo sino cuando no se puede de otro modo.

10. ¿ Cuantos caben en la embarcacion ?

11. Ántes de marchar hay que achicar el agua.

12. ¿ Nos dará V. un cogin para sentarnos ?

13. Combien allez-vous nous prendre pour une promenade de deux heures?	13. ¿ Cuánto se paga por un paseo de dos horas?
14. Combien mettrez-vous de temps pour traverser le lac?	14. ¿ Qué tiempo se tarda en cruzar el lago?
15. Vous nous demandez beaucoup trop. Je vous offre tant par heure, nous serons le temps que nous voudrons.	15. Pide V. mucho, le ofrezco á V... por hora y estarémos el tiempo que nos acomode.
16. Arrangez votre bateau pour partir le plus vite possible.	16. Apronte V. la barca para salir cuanto ántes.
17. Vous devez pouvoir mettre une tente, car il fait un soleil de plomb.	17. Ponga V. un toldo, porque hace un sol de plomo.
18. Peut-on se baigner dans le lac — dans la rivière?	18. ¿ Se puede uno bañar en el lago—en el rio?
19. Vous dites que l'eau est beaucoup trop froide?	19. ¿ Dice V. que el agua es muy fria?
20. Cela m'est égal, je ne suis pas frileux.	20. No importa, no soy sensible al frio.
21. Le courant a l'air d'être très-rapide.	21. Parece que es muy violenta la corriente.
22. Y a-t-il beaucoup de fond?	22. ¿ Hay mucha profundidad?
23. Ce doit être très-poissonneux.	23. Debe abundar la pesca.
24. Le temps se couvre, rentrons au plus vite.	24. El cielo se anubla, volvamos cuanto ántes.

V. Pour une promenade en mer.	**V. Para un paseo por mar.**
1. Je voudrais une barque pour faire un tour dans le golfe.	1. Quisiera una barquilla para dar una vuelta por el golfo.

2. Je voudrais faire une promenade en mer.	2. Deseo dar un paseo por mar.
3. Procurez-moi une barque pour faire une petite promenade en mer.	3. Proporcióneme V. una barquilla para dar un paseito por mar.
4. Vous êtes le patron de la barque ?	4. ¿ Es V. el patron de la barca ?
5. Combien me prendrez-vous pour faire un tour d'une marée à l'autre ?	5. ¿ Cuánto me llevará V. por pasearme de marea á marea ?
6. Je voudrais visiter les côtes.	6. Deseo recorrer la costa.
7. Nous voudrions aller visiter le bâtiment américain qui est mouillé au large.	7. Quisiéramos ir á bordo del buque americano que está fondeado en alta mar.
8. Pensez-vous que demain le temps soit favorable ?	8. ¿ Tendremos mañana tiempo favorable ?
9. Comment sont les vents ? — nord — nord-ouest — nord-est — sud — sud-est — sud-ouest ?	9. ¿ Qué vientos hay ? — Norte — Noroeste — Nordeste — Sur — Sud-este — Sudoeste ?
10. Combien d'hommes avez-vous avec vous ?	10. ¿ Cuántos hombres lleva V. consigo ?
11. Votre barque est pontée ?	11. ¿ La barca tiene cubierta ?
12. Je tiens à avoir une barque pontée.	12. Tengo empeño en que la barca sea con cubierta.
13. A quelle heure la première marée ?	13. ¿ Á qué hora es la primera marea ?
14. Nous partirons, dès qu'elle montera.	14. Partirémos desde que empiece á subir.
15. Je serai très-matinal.	15. Seré muy matinal.
16. Nous emporterons par précaution quelques provisions.	16. Llevaremos por precaucion provisiones.
17. On sait bien quand on part, mais on ne sait pas quand on revient.	17. Se sabe cuando se sale, pero no cuando se vuelve.

18. Sommes-nous prêts pour embarquer ?

19. Donnez-moi la main.

20. Nous avons bonne brise.

21. Je ne suis jamais malade.

22. Ce mouvement de tangage m'incommode beaucoup, je vais être malade.

23. Ne vous occupez pas de moi.

24. Le vent change — nous avons vent debout — nous avons vent arrière.

25. Comment appelez-vous cette voile ?

26. Nous sommes dans un fort courant.

27. Faut-il larguer cette amarre ?

28. Le vent est très-fort, si vous preniez un ris — deux ris.

29. Pouvez-vous aborder ?

30. Faut-il vous tenir le gouvernail ?

31. Voulez-vous une goutte de rhum — d'eau-de-vie ?

32. Un marin ne refuse jamais cela.

33. Maintenant, donnez-moi d" feu pour allumer ma pipe.

34. Avez-vous de l'amadou ? jamais vous ne ferez prendre une allumette avec le vent qu'il fait.

18. ¿ Estamos prontos á embarcarnos ?

19. Deme V. la mano.

20. Tenemos brisa fresca.

21. Jamás me marco.

22. Este balanceo molesta mucho, me voy á marcar.

23. No se ocupe V. de mi.

24. Cambia el viento — tenemos viento de proa — tenemos viento de popa.

25. ¿ Cómo se llama esta vela?

26. Nos encontramos en una corriente fuerte.

27. ¿ Largo esta amarra ?

28. El viento es muy fresco, coja V. un rizo — dos rizos.

29. ¿ Puede V. aportar?

30. Quiere V. que tenga el timon?

31. ¿ Toma V. una gota de rom — aguardiente?

32. Eso jamás lo rehusa un marino.

33. Ahora déme V. fuego para encender la pipa.

34. ¿ Tiene V. yezca? Jamás prenderá una pajuela con este viento.

35. Pourriez-vous avec ce bord faire le cabotage ?

36. Combien jauge-t-il de tonneaux ?

37. Nous marchons vite, combien de nœuds filons-nous ?

38. Combien croyez-vous qu'il y ait de brasse de profondeur à l'endroit ou nous sommes ?

39. La mer est trop forte, il vaut mieux rentrer.

40. Mettons le cap sur....

41. Avez-vous servi dans la marine de l'État ? — Pendant combien de temps ?

42. Avez-vous passé le cap Horn ?

43. Le vent est tout à fait tombé ; nous n'avançons plus.

44. Nous serons obligés de rentrer à la rame.

45. Pourvu que nous arrivions à temps pour rentrer dans le port.

46. La marée doit commencer à baisser.

47. Pourriez-vous nous mettre à terre avec le petit canot ?

48. Je suis heureux d'être débarqué.

49. Je commençais à en avoir assez.

50. Je suis content de cette

35. ¿ Podria V. hacer el cabotaje con esa barquilla?

36. ¿ Cuantas toneladas tiene ?

37. Vamos bien, ¿ cuantos nudos andamos?

38. ¿ Cuàntas brazas son deará el sitio en que estamos?

39. La mar está muy brava, mas vale volver.

40. Pongamos la proa hácia...

41. ¿ Ha servido V. en la marina del estado? — ¿ Cuánto tiempo?

42. ¿ Pasó V. el cabo de Hornos?

43. Ha caido el viento, ya no avanzamos.

44. Tendrémos que aportar al remo.

45. Con tal que lleguemos á tiempo para entrar en el puerto.

46. Empieza á bajar la marea.

47. ¿ Podria V. echarnos á tierra con el botecito ?

48. Cuanto me alegro de haber ya desembarcado.

49. Empezaba á cansarme.

50. Estoy contento de este

promenade, et je la recommencerai volontiers.

paseo y con gusto le volvería á dar.

VI. En omnibus.

1. Pourriez-vous m'indiquer l'omnibus qui conduit à... ?

2. Passe-t-il dans cette rue ?

3. Dois-je aller au bureau prendre un numéro ?

4. Veuillez me donner un numéro pour la voiture qui conduit à....

5. Cette voiture est-elle bien celle qui conduit à .. ?

6. Conducteur, vous m'arrêterez à la Bourse.

7. Vous m'arrêterez aussi près que possible de la place Royale.

8. Passez-vous loin de la Banque ?

9. Dès que vous aurez une place en haut, vous m'avertirez.

10. Dès qu'il y aura une place de libre dans l'intérieur, vous me préviendrez.

11. Donnez-vous des correspondances ?

12. De quel côté voyez-vous une place ?

13. Quel temps mettez-vous à peu près pour aller au Palais-Royal ?

VI. En ómnibus.

1. ¿ Podria V. indicarme el ómnibus que va á... ?

2. ¿ Pasa por esta calle?

3. ¿ Deberé ir al despacho á tomar un número ?

4. Deme V. un número para el coche que va á...

5. ¿ Es este coche el que conduce á...?

6. Conductor, me parará V. en la bolsa.

7. Páreme V. lo mas cerca que sea posible de la plaza Real.

8. ¿ Pasa V. léjos del Banco ?

9. En cuanto haya un asiento arriba me prevendrá V.

10. Prevéngame V. cuando haya un asiento libre en el interior.

11. ¿ Dá V. correspondencias ?

12. ¿ En dónde ve V. un asiento ?

13. ¿ Cuánto se tarda en ir al Palacio Real ?

14. Veuillez me permettre de m'asseoir — de passer — de descendre.

14. Permítame V. sentarme — pasar — bajar.

15. Conducteur, voulez-vous arrêter ?

15. Conductor, ¿ quiere V. parar ?

16. Si cela ne vous dérange pas, j'ouvrirai ce carreau — je le fermerai.

16. Si no le molesta á V., abriré — cerraré este cristal.

17. Jusqu'à quelle heure les omnibus vont-ils ?

17. ¿ Hasta qué hora circulan los ómnibus ?

18. La place est-elle d'un prix uniforme quelle que soit la distance ?

18. ¿ Es igual el precio cualquiera que sea la distancia.

19. L'omnibus passe-t-il fréquemment ?

19. ¿ Pasa el ómnibus con frecuencia ?

VII. En fiacre.

VII. En simon.

1. A quel endroit trouverai-je un fiacre ?

1. ¿ En qué punto encontraré un simon ?

2. Pourriez-vous me donner leur tarif ?

2. ¿ Podria V. darme su tarifa ?

3. Aurai-je avantage à le prendre à l'heure ou à la course ?

3. ¿ Me convendria mas tomarle á la hora ó á la carrera ?

4. Cocher, je vous prends à l'heure ; voyons votre montre.

4. Cochero, vamos á la hora, veamos su reloj de V.

5. Elle avance (retarde) de cinq minutes sur la mienne.

5. Adelanta — retrasa — cinco minutos con el mio.

6. Je vais à la poste, marchez rondement — allez donc un peu plus vite.

6. Voy al correo, ande V. bien — vaya V. un poco mas aprisa.

7. Vous m'arrêterez au premier bureau de tabac.

7. Pare V. en el primer estanco.

8. Mettez cette malle sur la voiture.

8. Ponga V. este baul en el coche.

9. Donnez-moi votre tarif.

9. Deme V. la tarifa.

10. Vous demandez plus qu'il ne vous est dû.

11. Je vous dois deux heures un quart, ce qui fait... vous n'aurez rien de plus.

12. Cocher, je vous prends pour toute la journée : conduisez-moi aux endroits les plus curieux.

13. Quel est ce grand monument ?

14. Comment appelez-vous cette place ? Sommes-nous loin de la cathédrale ?

15. Connaissez-vous un bon restaurant ?

16. Ne pourrais-je pas trouver dans les environs un cabinet d'aisances ?

17. Savez-vous si le musée est ouvert en semaine ?

18. Cocher, je suis content de la promenade que vous m'avez fait faire, revenez me prendre demain à la même heure.

10. Pide V. mas de lo justo.

11. Selo debo dos horas y cuarto, lo que hace...... no daré à V. nada de mas.

12. Cochero, le tomo á V. por todo el dia, lléveme á los sitios mas curiosos.

13. ¿ Cual es ese gran monumento?

14. ¿Cómo se llama esa plaza ? ¿ Está léjos la catedral ?

15. ¿ Sabe V. de una buena fonda ?

16. ¿ No podria encontrar por aquí un lugar escusado ?

17. ¿ Sabe V. si el museo está abierto durante la semana ?

18. Cochero, estoy muy satisfecho del paseo que hemos dado, vuelva V. mañana á la misma hora.

VIII. Pour visiter un pays.

1. Combien faut-il compter de temps pour visiter ce pays ?

2. Est-ce un voyage long — coûteux ?

3. Peut-on faire beaucoup de trajet en chemin de fer ?

4. Seriez-vous assez bon

VIII. Para recorrer un país.

1. ¿ Cuánto tiempo se necesita para recorrer este país ?

2. ¿ Es un viaje largo — costoso?

3. ¿ Se anda mucho por ferro-carril ?

4. ¿ Tiene V. la bondad de

pour me faire un petit itinéraire ?

marcarme un itinerario ?

5. Les voyages sont-ils faciles dans ce pays ?

5. ¿ Son cómodos los viajes en este país ?

6. Est-ce un pays curieux à visiter ?

6. ¿ Es curioso el país ?

7. Quelle est la saison préférable pour faire ce voyage ?

7. ¿ Qué estacion debe preferirse para viajar ?

8. Combien faut-il de temps pour aller et venir ?

8. ¿ Cuánto tiempo se tarda en ir y venir ?

9. Cette excursion demande-t-elle beaucoup de jours ?

9. ¿ Exige muchos dias esta excursion ?

10. Une journée suffit-elle pour tout voir ?

10. ¿ Basta un dia para verlo todo ?

11. Peut-on y aller en voiture ?

11. ¿ Puede irse en coche ?

12. Peut-on facilement se faire comprendre dans les hôtels ?

12. ¿ Puede uno darse á entender fácilmente en las fondas ?

13. Un guide est-il indispensable ?

13. ¿ Es indispensable un guia ?

14. A quelle distance sommes-nous de... ?

14. ¿ Á qué distancia nos encontramos de... ?

15. Combien faut-il de temps pour retourner ?

15. ¿ Cuanto se tarda en volver ?

16. Est-ce vraiment aussi curieux que l'on dit ?

16. ¿ Es en realidad tan curioso como dicen ?

17. Je regretterais de quitter ce pays sans y avoir été.

17. ¿ Sentiria abandonar el país sin haber estado allí ?

18. Vous me conseillez d'y aller ?

18. ¿ Me aconseja V. que vaya ?

19. Est-ce un voyage facile à faire avec une dame ?

19. ¿ Se viaja fácilmente con una señora ?

IX. Pour visiter une ville.

IX. Para visitar una ciudad.

1. Combien pensez-vous

1. ¿ Cuántos dias cree V.

qu'il faille de jours pour visiter cette ville?

necesarios para visitar la ciudad?

2. N'avez-vous pas ici un plan de cette ville ?

2. ¿ No tiene V. aquí un plano de la ciudad?

3. Quelle est la population de cette ville ?

3. ¿ Qué poblacion tiene esta ciudad?

4. Cette ville est-elle curieuse ?

4. ¿ Es una ciudad curiosa ?

5. Indiquez-moi les principaux monuments à visiter.

5. Indíqueme V. los principales monumentos dignos de visitarse?

6. Dois-je prendre un cicerone ?

6. ¿ Deberé tomar un cicerone ?

7. En avez-vous un à m'indiquer ?

7. ¿ Tiene V. alguno que indicarme ?

8. Combien lui donne-t-on par jour?

8. ¿ Cuánto se le da diariamente?

9. Je préfère visiter seul, ayez seulement la bonté de me tracer un itinéraire.

9. Prefiero visitar solo; tenga la bondad de trazarme un itinerario.

10. Faut-il des billets pour visiter....?

10. ¿ Se necesitan billetes para visitar....?

11. Auriez-vous la complaisance de demander pour moi les billets nécessaires ?

11. ¿ Tendrá V. la bondad de pedir los billetes necesarios para ir?

12. Je désirerais visiter l'arsenal. — Faut-il une permission ? — Mon passe-port suffit-il ?

12. Quisiera visitar el arsenal. — ¿ Se necesita permiso? — ¿ Basta el pasaporte ?

13. Je désirerais voir la salle d'armes.

13. Desearia ver la armería.

14. Indiquez-moi le port, je voudrais visiter quelques bâtiments.

14. Señáleme V. el puerto, quisiera visitar algunos buques.

15. Veuillez demander au capitaine s'il veut bien m'autoriser à visiter son bâtiment.

15. Sírvase V. preguntar al capitan si me permite visitar su buque.

16. Combien ce navire porte-t-il de tonneaux ?

16. ¿ Cuántas toneladas mide este buque ?

17. Combien votre machine a-t-elle de chevaux de force ?

17. ¿ Qué fuerza de caballos tiene esta máquina ?

18. Ce doit être un bon voilier — un bon marcheur.

18. Debe ser buen velero — buen andador.

19. La coupe de ce navire est fort élégante.

19. El corte del buque es muy elegante.

20. Combien ce navire porte-t-il de canons ?

20. ¿ Cuántos cañones tiene el buque ?

21. Tout est rangé avec un ordre admirable.

21. Todo está distribuido con un órden admirable.

22. Je vous remercie beaucoup de m'avoir accompagné.

22. Mil gracias por haberme acompañado.

23. Puis-je visiter la fonderie de canons ?

23. ¿ Puedo visitar la fundicion de cañones ?

24. Faut-il faire pour cela une demande à l'amirauté ?

24. ¿ Es preciso hacer para ello una peticion al almirantazgo ?

25. Indiquez-moi donc le moyen d'arriver à pouvoir entrer, je saurai reconnaître votre obligeance.

25. Indíqueme V. un medio de poder entrar, sabré reconocer el favor.

26. Où faut-il s'adresser pour entrer dans la cathédrale ?

26. ¿ Adónde hay que dirigirse para entrar en la catedral ?

27. L'église n'est-elle ouverte que le matin ?

27. ¿ Está la iglesia abierta solo por la mañana ?

28. Je désirerais visiter la cathédrale, pouvez-vous m'accompagner ?

28. Desearia visitar la catedral, ¿ puede V. acompañarme ?

29. Quel est ce tombeau ?

29. ¿ Qué sepulcro es ese ?

30. De quel siècle est cette partie de l'église ?

30. ¿ De qué siglo es esta parte de la iglesia ?

31. Le guide que voici me renseigne sur ce que je vois ; je n'ai que faire de vos explications auxquelles je ne comprends rien.

31. La guia que tengo me informa de cuanto veo ; no me hacen falta las explicaciones de V. que son para mi incomprensibles.

32. Ne puis-je entrer dans cette chapelle ?

32. ¿ No puedo entrar en esta capilla ?

33. Pouvez-vous me découvrir ce tableau ?

33. ¿ Puede V. descubrirme ese cuadro ?

34. Vous devez avoir ici un tableau de... montrez-le-moi donc.

34. Debe V. tener aquí un cuadro de.... enseñémele V.

35. A quel endroit se trouve le tombeau de... ?

35. ¿ En qué lugar está la tumba de... ?

CHAPITRE IX

RÉUNIONS. — THÉATRE. — PLAISIRS.

TERTULIAS. — TEATRO. — PLACERES.

I. En soirée.

I. En tertulia.

1. Seriez-vous assez bon pour me présenter chez votre ami M. X. ?

1. ¿ Tendria V. la bondad de presentarme en casa de su amigo el Sr. X. ?

2. On dit que sa dame est fort aimable et qu'il reçoit très-bien.

2. Dicen que su señora es muy amable y que él recibe muy bien.

3. Je me ferai un plaisir de vous accompagner chez M.

3 Tendré sumo placer en acompañar á V. á casa del Señor.....

4. Quelle toilette dois-je faire ?

4 ¿ Qué traje debo ponerme ?

5. Faut-il me mettre en habit et cravate blanche ?

5. ¿ Hay que llevar frac y corbata bianca ?

6. Je vous prierai de bien vouloir me présenter à la maîtresse de la maison.

6 Sirvase V. presentarme á la señora de la casa.

7. Je suis, Madame, bien reconnaissant à mon ami dont l'obligeance m'a permis de vous présenter mes hommages.

7. Señora, agradezco infinito á mi amigo por haberme permitido el presentar á V. mis respetos.

8. Je vous suis très-reconnaissant de votre bienveillant accueil.

8. Mucho agradezco a V. su bondadosa acogida.

9. Quelle ravissante soirée et quelle réunion de jolies personnes !

9. ¡ Qué soirée tan deliciosa y qué reunion de lindas damas !

10. Après avoir vu votre salon on ne peut plus dire que les Parisiennes ont le privilége de l'élégance.

10. Despues de haber visto el salon de V. no se puede decir que las Parisienses monopolizan la elegancia.

11. Puis-je me permettre d'inviter une dame sans lui être présenté ?

11. ¿ Me es licito invitar á una señora sin haber sido presentado á ella ?

12. Madame, voulez-vous me faire l'honneur de danser avec moi ce quadrille — cette polka — cette mazurka ?

12. Señora, ¿ me dispensa V. el honor de bailar conmigo este rigodon — esta polka — esta mazurka?

13. Vous seriez bien aimable de me faire vis-à-vis.

13. Seria V. muy amable en hacerme vis á vis.

14. Je serai très-heureux, mademoiselle, si vous voulez bien m'accorder une valse.

14. ¿ Se serviria V. señorita, concederme un vals.

15. Vous dansez admirablement bien.

15. Baila V. admirablemente.

16. Voulez-vous vous reposer un instant ? nous reprendrons tout à l'heure.

16. ¿ Desea V. descansar un instante ? continuaremos despues.

17. Cette jeune personne est très-bonne musicienne, n'est-ce pas la fille de madame X... ?

17. Esa jóven es gran música, ¿ no es hija de la Señora X... ?

18. J'ai rarement vu de soirée aussi animée.

18. Pocas veces he visto una soirée tan animada.

19. La maîtresse de la maison reçoit vraiment avec une grâce charmante.	19. La señora de la casa recibe con gracia sin igual.
20. Je suis étranger, et c'est une bonne fortune pour moi que mon ami M. X... ait bien voulu me présenter dans cette maison.	20. Soy extranjero y he tenido buena suerte con que mi amigo el Señor X... se haya servido presentarme en esta casa.
21. Mademoiselle, je vous rappelle que vous avez bien voulu me promettre cette valse.	21. Señorita, recuerdo á V. que ha tenido la bondad de prometerme este vals.
22. Je danse toujours avec plaisir.	22. Siempre bailo con gusto.
23. Je ne suis plus assez jeune pour danser.	23. No soy ya jóven para bailar.
24. Auriez-vous la bonté de me dire le nom de la dame qui cause en ce moment avec.... ?	24. ¿ Se serviria V. decirme como se llama la señora que ahora habla con... ?
25. Il me semble que j'ai déjà eu l'honneur de la rencontrer.	25. Me parece que he tenido ya el honor de verla.
26. Les réunions comme celle-ci doivent être assez rares.	26. Reuniones como esta deben ser muy raras.
27. Je préfère de beaucoup les réunions un peu intimes aux grands bals.	27. Prefiero las reuniones de confianza á los grandes bailes.
28. Cette soirée, Madame, m'a fait le plus grand plaisir ; elle m'a rappelé celles que je passais dans ma famille.	28. Señora, esta reunion me ha complacido en extremo : me recuerda las que pasaba en mi familia.
29. Cette jeune personne a une voix superbe.	29. Esa jóven tiene una voz soberbia.
30. Elle chante surtout avec beaucoup de goût.	30. Canta sobre todo con mucho gusto.
31. Je regrette, Madame,	31. Lo siento, Señora; pe-

mais je suis un chanteur détestable.

32. Si je me mettais au piano, je ferais sauver tous vos invités.

33. Très-volontiers, Madame ; je réclamerai seulement toute votre indulgence, car je suis un très-mauvais chanteur.

34. Je suis d'autant plus confus de vos compliments, que je ne les mérite aucunement.

35. Je vous remercie beaucoup, mais je ne connais aucun jeu de cartes.

36. Cette soirée est charmante, mais il est temps de nous retirer.

37. Il me reste à vous remercier mille fois de votre bienveillant accueil.

38. Cette bonne soirée sera un des meilleurs souvenirs de mon voyage.

39. Je profiterai de votre aimable invitation et j'aurai l'honneur de vous revoir avant mon départ.

40. Je ne puis, à regret, accepter votre aimable invitation, car je suis sur mon départ.

II. Le théâtre.

1. J'aime beaucoup le théâtre.

ro soy un cantor detestable.

32. Si me pongo al piano ahuyento á todos los convidados.

33. Con gusto, Señora ; pero reclamo toda la indulgencia de V., porque soy malisimo cantor.

34. Me confunden esos cumplidos que no merezco.

35. Mil gracias, no juego á las cartas.

36. Esta soirée es deliciosa ; pero es tiempo de retirarse.

37. Doy á V. mil gracias por su bondadosa acogida.

38. Esta buena soirée será uno de mis mejores recuerdos de viaje.

39. Aprovecharé su amable invitacion y tendré el honor de volver á ver á V. ántes de mi marcha.

40. Siento no poder aceptar la amable invitacion porque estoy á punto de partir.

II. El teatro.

1. Me gusta mucho el teatro.

2. Le théâtre est une de mes distractions.

2. El teatro es una de mis grandes distracciones.

3. Avez-vous ici plusieurs théâtres ?

3. ¿ Hay aquí muchos teatros ?

4. J'aime par-dessus tout la musique.

4. Lo que mas me gusta es la música.

5. Avez-vous plusieurs théâtres consacrés à la musique ?

5. Tienen Vs. muchos teatros de música ?

6. Avez-vous un grand opéra ?

6. ¿ Hay Opera ?

7. Alors on joue tout sur le même théâtre ?

7. ¿ Entónces el mismo teatro es para todo ?

8. Cela dépend des troupes que peut avoir le directeur.

8. Eso depende de las compañías que puede tener el empresario.

9. L'opéra est-il bien monté ?

9. ¿ Está bien montada la ópera ?

10. Qui avez-vous en ce moment comme ténor ?

10. ¿ Qué tenor hay ahora ?

11. Que joue-t-on ce soir ?

11. ¿ Qué representan esta noche ?

12. J'ai grande envie d'y aller.

12. Tengo muchas ganas de ir al teatro.

13. Vous seriez bien aimable de m'accompagner.

13. ¿ Tendria V. la bondad de acompañarme ?

14. Avez-vous vu l'affiche ?

14. ¿ Ha visto V. el cartel del teatro ?

15. A quel spectacle préférez-vous aller ?

15. ¿ Á qué teatro prefiere V. ir ?

16. Allons à celui que vous voudrez.

16. Vamos al que V. guste.

17. Cela m'est indifférent.

17. Me es indiferente.

18. C'est seulement pour passer la soirée

18. Solo es por pasar la noche.

19. A quelle heure le spectacle commence-t-il ?

19. ¿ Á qué hora empieza el teatro ?

Pour avoir des places.	*Para tomar asientos.*
1. Faut-il retenir ses places d'avance ?	1. ¿ Es preciso tomar el asiento de antemano ?
2. Faut-il prendre sa place au bureau ?	2. ¿ Hay que tomar el asiento en el despacho ?
3. Ne peut-on acheter des billets dans des agences spéciales ?	3. ¿ No se pueden tomar los asientos en agencias especiales ?
4. Trouverons-nous des billets à la porte ?	4. ¿ Encontraremos billetes á la entrada ?
5. N'y a-t-il pas des gens qui offrent des places au rabais ?	5. ¿ No hay quien venda asientos con rebaja ?
6. Pourriez-vous nous faire retenir des places ?	6. ¿ Puede V. hacer que nos guarden asientos ?
7. Quelles places me conseillez-vous de prendre ?	7. ¿ Qué asientos me aconseja V. que tome ?
8. Où sont les bureaux où l'on peut prendre sa place à l'avance ?	8. ¿ Dónde estan los despachos en que se toman los asientos anticipadamente ?
9. Que faut-il payer de plus pour la location ?	9. ¿ Qué hay que pagar de mas por el alquiler ?
10. A quelle heure les bureaux ouvrent-ils ?	10. ¿ A qué hora se abren los despachos ?
11. De quel côté se trouve le bureau des premières ?	11. ¿ En qué parte estan los despachos de primeras ?
12. C'est bien insupportable de faire la queue.	12. Es muy insoportable hacer cola.
13. Les bureaux vont-ils bientôt s'ouvrir ?	13. ¿ Abrirán pronto los despachos ?
14. Il y a beaucoup de monde devant nous.	14. Hay mucha gente delante de nosotros.
15. Croyez-vous que nous aurons des places ?	15. ¿ Cree V. que encontraremos asiento ?
16. Si je savais n'en pas avoir, j'irais voir aux alentours, il doit y avoir des marchands de billets.	16. Si supiese que no habia, iria por aqui cerca en busca de revendedores.

17. Vous pouvez toujours essayer.	17. Vea V.
18. Gardez-moi ma place pendant ce temps.	18. Guárdeme V. el sitio entretanto.
19. Combien me vendriez-vous deux fauteuils d'orchestre ?	19. ¿ En cuánto me vende V. dos sillones de orquesta ?
20. C'est un prix déraisonnable.	20. Es un precio exorbitante.
21. Je crains de m'exposer à quelque malentendu.	21. Temo exponerme á algun tropiezo.
22. Je préfère encore me mettre à la queue.	22. Prefiero hacer cola.
23. Les portes ne sont pas encore ouvertes.	23. Aun no se han abierto las puertas.
24. Les bureaux viennent d'ouvrir.	24. Se acaban de abrir los despachos.
25. On commence à entrer.	25. Ya entran.
26. Ne poussez pas tant, vous n'irez pas plus vite.	26. No empuje V. no por eso entrará V. ántes.
27. Pardon, Monsieur, mais j'étais avant vous.	27. Dispense V. caballero, yo estaba delante.
28. Enfin, nous voici au guichet.	28. Por fin estamos en el postigo.
29. Je voudrais un — deux fauteuils d'orchestre — fauteuils de balcon — de galerie.	29. Quisiera uno — dos sillones de orquesta — de balcon — de galeria.
30. Avez-vous des stalles d'orchestre — de galerie — de pourtour ?	30. ¿ Tiene V. asientos de orquesta — de galería — de corredor ?
31. Si vous n'avez aucune de ces places, dites-moi ce qu'il vous reste.	31. Si no hay ninguno de esos ¿ qué es lo que V. tiene ?
32. Il nous reste encore des places à la galerie du deuxième — du troisième étage.	32. Nos quedan asientos de de galeria segundo — de tercer piso.

33. Sont-elles sur le premier rang ?	33. ¿ Son delanteras ?
34. Sont-elles de face ?	34. ¿ Son de frente ?
35. Cela me semble bien haut.	35. Eso me parece muy alto.
36. Nous serons très-mal.	36. Estaremos muy mal.
37. N'avez-vous plus de parterre ?	37. ¿ No tiene V. asientos de patio ?
38. A la guerre comme à la guerre, prenons-en toujours.	38. Tomémoslos y ¡ ancha Castilla !
39. Je ne veux pas avoir fait la queue pour rien.	39. No quiero haber hecho en balde la cola.
40. Vous reste-t-il des baignoires ?	40. ¿ Le quedan á Vs. plateas ?
41. A défaut de baignoires, avez-vous des premières loges ?	41. ¿ Á falta de plateas, tiene V. palcos principales ?
42. Je voudrais une première loge de face pour six personnes.	42. Quisiera palco principal para seis personas.
43. Avez-vous des loges à salon — des loges d'avant-scène — des loges découvertes ?	43. ¿ Tiene V. palcos con salon — palcos de proscenio — palcos abiertos ?
44. J'aime mieux monter un étage plus haut et ne pas être sur le côté.	44. Prefiero subir un piso mas y no estar de soslayo.
45. Avez-vous des petites loges donnant sur l'intérieur de la scène ?	45. ¿ Tiene V. palcos pequeños que den al foro ?
46. Puis-je aller à l'orchestre sans être en habit ?	46. ¿ Puedo ir á la orquesta sin ponerme frac ?
47. J'ai entendu dire qu'à Covent-Garden de Londres les hommes n'étaient admis qu'en habit noir.	47. He oido decir que en Covent-Garden de Lóndres no se admite á los caballeros sino con frac negro.
48. En Italie on paye un prix d'entrée uniforme, mais	48. En Italia se paga una entrada, pero no da de-

cela ne vous donne droit qu'aux places de parterre debout ou d'amphithéâtre.

49. Si vous connaissez du monde dans une loge, vous pouvez y aller et y rester. Généralement ces loges sont très-grandes.

50. En Italie et en Espagne les spectacles sont des endroits de réunion ; on se reçoit et l'on se visite dans les loges.

51. On y prend des glaces et en Espagne on y fume la cigarette.

52. En payant un supplément ne puis-je être mieux placé ?

recho mas que al patio de pié ó al anfiteatro.

49. Si V. conoce á alguien en un palco puede V. ir allá y quedarse, generalmente los palcos son muy grandes.

50. En Italia y España los teatros son puntos de reunion : se hacen visitas en los palcos.

51. Allí se toman helados y en España se fuman cigarrillos.

52. ¿ No puedo estar mejor pagando un suplemento?

Dans la salle.

1. Je donnerai ma canne à l'ouvreuse.

2. Je vois beaucoup de loges vides, sont-elles toutes louées ?

3. Peut-être qu'en donnant la pièce à l'ouvreuse nous pourrions être mieux.

4. Si vous pouvez nous placer un peu mieux, nous ne vous oublierons pas.

5. Donnez un petit banc à madame.

6. Gardez mon chapeau — mon pardessus — ma canne.

7. Me donnez-vous un numéro ?

En la sala.

1. ¿ Daré mi baston á la acomodadora ?

2. Veo muchos palcos vacíos, ¿ están todos alquilados ?

3. Quizá podríamos estar mejor dando una propina á la acomodadora.

4. No la olvidaremos á V. si nos coloca con mas comodidad.

5. De V. un banquillo á la señora.

6. Guárdeme el sombrero — el abrigo — el baston.

7. ¿ Me da V. el número ?

8. Voici mon billet ; voulez-vous m'indiquer ma place ?	8. Aqui está mi billete ; ¿ quiere V. indicarme mi asiento ?
9. Pardon, Monsieur, je crois que vous êtes à ma place.	9. Dispense V. caballero, creo que ocupa V. mi asiento.
10. J'ai le numéro... et c'est celui où vous êtes.	10. Tengo el número.... en que está V.
11. Je vous demande mille pardons, vous faites erreur.	11. Perdone V. pero creo que se equivoca.
12. C'est fort possible, il n'y a qu'à appeler l'ouvreuse.	12. Es muy posible, llamemos á la acomodadora.
13. Je désirerais un programme.	13. Desearia un programa.
14. Nous voici casés, ce n'est pas sans peine.	14. Ya estamos colocados, no sin trabajo.
15. Toutes les places sont occupées.	15. Todos los asientos estan ocupados.
16. Il y a beaucoup de monde.	16. Hay mucha gente.
17. On est beaucoup trop serré.	17. Está uno muy apretado.
18. Ces stalles sont trop étroites.	18. Estos sillones son muy estrechos.
19. Vivent les théâtres d'Italie, on peut y circuler.	19. Vivan los teatros de Italia en donde se puede circular.
20. La salle est grande, mais mal décorée.	20. La sala es grande, pero mal decorada.
21. L'éclairage est insuffisant.	21. El alumbrado es escaso.
22. Ne va-t-on pas lever le gaz ?	22. ¿ No levantan el gas ?
23. Pour la grandeur, rien n'égale les théâtres d'Italie, mais pour la beauté et la richesse, il n'y a que les théâtres français.	23. Como tamaño, no hay como el teatro de Italia ; pero como hermosura y riqueza el Teatro frances.

24. Il y a beaucoup de beau monde dans les loges et aux balcons.
25. Les jolies femmes sont rares.
26. Il y a de fort belles toilettes.
27. Le monde arrive bien tard.
28. Il me semble que les acteurs se font bien attendre.
29. Va-t-on enfin bientôt commencer?
30. Le chef d'orchestre est à son poste.
31. Taisons-nous, la toile se lève.

24. Hay mucha gente en los palcos y balcones.
25. Son pocas las mugeres guapas.
26. Hay trajes muy hermosos.
27. La gente llega tarde.
28. Me parece que los actores tardan mucho.
29. ¿ Empezarán por fin?
30. El jefe de orquesta está en su puesto.
31. Silencio, se levanta el telon.

Pendant un entr'acte.

1. Il fait très-chaud ici.
2. Voulez-vous sortir un instant?
3. Faut-il marquer sa place?
4. Me donnez-vous une contre-marque?
5. Alors vous me reconnaîtrez?
6. L'entr'acte est-il long?
7. Nous avons le temps d'aller prendre une glace.
8. Très-volontiers, car il fait très-chaud.
9. Je crois qu'il est temps de rentrer.
10. Dépêchons-nous, tout le monde est rentré.

Durante un entreacto.

1. Hace aquí mucho calor.
2. ¿ Quiere V. salir un rato?
3. ¿ Hay que marcar el asiento?
4. ¿ Me da V. una contraseña?
5. ¿ Entónces me reconocerá V.?
6. ¿ Es largo el entreacto?
7. Tenemos tiempo de tomar un helado.
8. Con gusto, porque hace mucho calor.
9. Creo que es tiempo de volver á entrar.
10. Despachémonos, todos han entrado.

11. Le rideau se lève, nous arrivons juste à temps.
12. Le tout est de regagner sa place.
13. L'orchestre est parfaitement conduit.
14. On ne se gêne pas pour faire du bruit.
15. On fait tant de bruit que je n'entends rien de l'ouverture.
16. Nous n'avons pas vu le foyer.
17. Le foyer est très-beau.
18. Comme les loges sont grandes!
19. La salle ne ressemble pas aux théâtres de Paris; il n'y a pas de galerie, et l'uniformité des loges est d'un effet peu élégant.
20. Indiquez-moi la loge du souverain?
21. Voici le signal pour le lever du rideau.

11. Se alza el telon, llegamos á punto.
12. La cuestion es volver á su asiento.
13. La orquesta está perfectamente dirigida.
14. Se divierten en hacer ruido.
15. Con tanto ruido no se oye la obertura.
16. No hemos visto la sala de descanso.
17. La sala de descanso es muy hermosa.
18. Los palcos son grandes.
19. La sala no se parece á los teatros de Paris: no hay galería, y la uniformidad de los palcos es de un efecto poco elegante.
20. Indiqueme V. el palco del soberano.
21. Hacen la señal de alzar el telon.

Comédie — Drame — Tragédie.

1. Comment appelez-vous cette pièce?
2. De quel auteur est-elle?
3. Je suis tout à fait incapable de juger la pièce.
4. Un étranger ne peut apprécier le mérite d'une

Comedia — Drama — Tragedia.

1. ¿ Cómo se titula esta pieza?
2. ¿ De qué autor es?
3. Soy enteramente incapaz de juzgar la pieza.
4. Un extranjero no puede apreciar el mérito de una

comédie — d'un drame — d'une tragédie.

5. Je ne puis apprécier que la physionomie et le geste des acteurs.

6. Heureusement que je connais parfaitement le sujet, sans cela je n'y comprendrais rien.

7. La comédie a fort peu de charme pour moi.

8. Je suis trop peu habitué à votre langue.

9. Je comprends fort peu de chose.

10. Autant que j'en puis juger, cet acteur est un véritable tragédien.

11. Le geste est noble et bien mesuré.

12. La pièce me paraît très-bien montée.

13. Cet acteur n'a pas l'air d'être apprécié du public.

14. Rachel et Ristori ont emporté le secret de la tragédie.

15. Ce sont deux farces auxquelles je ne comprends rien.

16. Pour un comique, il a l'air bien sérieux.

17. Cette actrice doit être bien mauvaise.

18. Le public n'a pas l'air de faire attention à la représentation.

comedia — de un drama — de una tragedia.

5. Solo puedo apreciar la fisonomia y juego de los actores.

6. Por dicha conozco muy bien el asunto, sin lo cual nada comprenderia.

7. La comedia tiene muy poco atractivo para mí.

8. Estoy poco acostumbrado à la lengua de V.

9. Comprendo muy poco.

10. En mi pobre juicio, este actor es un verdadero trágico.

11. Su gesto es noble y comedido.

12. La pieza me parece muy bien puesta en escena.

13. No parece que ese actor es apreciado del público.

14. Rachel y Ristori se han llevado el secreto de la tragedia.

15. No comprendo nada de esas farsas.

16. Para cómico tiene el aire muy grave.

17. Esa actriz debe ser muy mala.

18. No parece que el público atiende á la representacion.

Opéra — Opéra-Comique.

1. Pour un étranger, il n'y a vraiment que les opéras.

2. Je connais presque tous les opéras.

3. Le grand avantage de la musique est que, quel que soit le pays, on la comprend toujours.

4. Avez-vous une bonne troupe en ce moment ?

5. Je voudrais en comparer l'interprétation.

6. J'ai entendu cet opéra à Vienne et à Madrid.

7. Je ne mets rien au-dessus de Rossini.

8. Je préfère les œuvres des maitres italiens. La musique allemande est supérieure.

9. Cette musique est plus savante et plus difficile à juger.

10. Je mets Mozart au-dessus de tous les musiciens.

11. C'est aux Italiens de Paris que j'ai entendu la meilleure exécution.

12. La musique de Meyerbeer est trop bruyante.

13. Je serais très-heureux d'entendre le *Don Juan* de Mozart.

Opera — Zarzuela.

1. Para un extranjero nada como las óperas.

2. Conozco casi todas las óperas.

3. La gran ventaja de la música es que se comprende en cualquier pais.

4. ¿Tienen Vs. ahora buena compañía ?

5. Quisiera comparar su interpretacion.

6. He oido esta ópera en Viena y en Madrid.

7. Nada hallo superior á Rossini.

8. Prefiero las obras de los maestros italianos. La música alemana es mejor.

9. Esta música es mas sabia y mas dificil de juzgar.

10. Mozart está, para mi, sobre todos los músicos.

11. En los Italianos de Paris he oido la mejor ejecucion.

12. La música de Meyerbeer es demasiado estrepitosa.

13. Celebraria ver el *Don Juan* de Mozart.

14. Il ne faut pas dédaigner les maîtres de l'école française : Halévy, Auber, Boïeldieu, Adam, Hérold.

14. No son de desdeñar los maestros de la escuela francesa, Halévy, Auber, Boildieu, Adam, Herold.

15. Il y a peut-être chez eux moins de savoir, mais plus de mélodie et d'harmonie.

15. Tienen quizá ménos ciencia, pero mas melodía y armonía.

16. Les morceaux d'ensemble ont un très-grand caractère.

16. Los trozos concertantes son de gran carácter.

17. Les chœurs sont généralement bien exécutés.

17. Por lo general los coros estan bien ejecutados.

18. Les chœurs ne vont pas en mesure.

18. Los coros no van á compas.

19. Il n'est pas permis de chanter faux comme cela.

19. No es lícito desafinar de ese modo.

20. Les basses chantent trop fort.

20. Los bajos cantan muy fuerte.

21. On n'entend pas les ténors.

21. No se oye á los tenores.

22. Cette voix de contralto est admirable.

22. Esta voz de contralto es admirable.

23. Elle n'égale pas encore Alboni.

23. No iguala todavía á la de la Alboni.

24. Je vous félicite de l'avoir entendue.

24. Felicito á V. por haberla oido.

25. Avez-vous entendu la Patti ?

25. ¿Ha oido V. á la Patti ?

26. Je suis fort peu connaisseur en musique, et je préfère l'opéra bouffe.

26. Soy poco conocedor en música y prefiero la ópera bufa.

27. Vous aimez le genre d'Offembach ?

27. A V. le gusta el género de Offembach.

28. Je trouve ce genre beaucoup plus agréable que la musique classique.

28. Encuentro ese género mucho mas agradable que la música clásica.

29. Je ne puis souffrir les oratorios.

29. No puedo soportar los oratorios.

30. Les symphonies en *la* majeur ou en *si* bémol ont le privilége de m'endormir.

30. Las sinfonias en *la* mayor ó en *si* bemol tienen el privilegio de dormirme.

31. La barcarole a été bien mal chantée.

31. La barcarola ha sido bien mal cantada.

32. Savez-vous le nom de ce ténor ? il a une fort belle voix.

32. ¿ Sabe V. el nombre de ese tenor ? Tiene muy hermosa voz.

33. L'exécution est loin d'être parfaite.

33. La ejecucion está léjos de ser perfecta.

34. Je n'ai jamais entendu une meilleure exécution.

34. Jamás oí mejor ejecucion.

35. Ce duo est chanté d'une façon magistrale.

35. Este duo está cantado de un modo magistral.

36. Quelle ampleur et quelle souplesse dans la voix !

36. ¡ Qué amplitud, qué flexibilidad en la voz !

37. Elle vocalise admirablement.

37. Bocaliza admirablemente.

38. Je vois que vous êtes un vrai dilettante.

38. Veo que es V. un verdadero diletante.

Ballet.

Bailes.

1. Votre corps de ballet est-il bien composé ?

1. ¿ Está bien compuesto el cuerpo de baile ?

2. Comment appelez-vous cette danseuse ?

2. ¿ Cómo se llama esa bailarina ?

3. Elle donne de grandes espérances.

3. Promete mucho.

4. Je ne veux pas quitter l'Espagne sans voir les danses de caractère.

4. No quiero irme de España sin ver los bailes de carácter.

5. Les hommes, en dansant, ont toujours beaucoup de peine à ne pas être ridicules.

5. Al bailar los hombres se afanan siempre mucho por no ser ridículos.

6. C'est une véritable sylphide.

6. Es una verdadera silfide.

7. Ce ballet est très-bien monté.

7. Ese bailete está bien puesto en escena.

8. Je ne vous ferai pas compliment, en général, des jambes de vos danseuses.

8. No alabaré en general las piernas de esas bailarinas.

9. Les costumes sont très-élégants et la mise en scène est très-riche.

9. Los trajes son muy elegantes y el aparato escénico soberbio.

10. L'effet de ce décor est enchanteur.

10. El efecto de esta decoracion es precioso.

11. Pour la mise en scène, rien n'approche de celle de l'Opéra de Paris.

11. Para el aparato escénico nada se acerca al de la Ópera de Paris.

12. J'apprécie peu les ballets.

12. Aprecio poco los bailetes.

13. Je donnerais le plus beau ballet pour un morceau d'opéra.

13. Doy el mejor por un trozo de ópera.

14. Que pouvez-vous trouver d'intéressant à ces pirouettes continuelles ?

14. ¿En qué pueden interesar esas eternas piruetas?

15. La musique des ballets repose de la musique classique.

15. La música de los bailes consuela de la música clásica.

16. Vous dites que la musique de ce ballet est du chef d'orchestre ?

16. ¿Dice V. que la música de este baile es del director de orquesta ?

III. Au café.

III. En el café.

1. Il doit y avoir un café où se réunissent les Français — les Allemands — les Italiens — les Espagnols.

1. Debe haber un café donde se reunen los franceses — los alemanes — los italianos — los españoles.

2. Pour nous reposer, entrons dans un café.

2. Entremos á descansar en un café.

3. Voilà la pluie, allons dans un café finir la soirée.

3. Va á llover, vamos al café á concluir la noche,

4. Avant de nous séparer, vous me permettrez bien de vous offrir un rafraîchissement.

4. Permítame V. ántes de separarnos ofrecerle un refresco.

5. Je voudrais bien trouver un café où nous puissions nous rafraîchir.

5. Quisiera encontrar un café donde refrescarnos.

6. Avec un temps pareil, on ne peut songer à la promenade, allons au café.

6. Con este tiempo no hay que pensar en pasearse, vamos al café.

7 Indiquez-moi une brasserie.

7. Indiqueme V. una cerveceria.

8. Vous devez avoir ici de très-bonne bière?

8. ¿Aquí debe haber buena cerveza?

9. J'aime beaucoup la bière anglaise.

9. Me gusta mucho la cerveza inglesa.

10. La bière anglaise est trop forte pour moi.

10. La cerveza inglesa es muy fuerte para mi.

11. L'ale me grise.

11. El *pale ale* me emborracha.

12. La bière de Bavière est excellente.

12. La cerveza de Baviera es excelente.

13. Que dites-vous de cette bière?

13. ¿Que dice V. de esta cerveza?

14 Où tous ces gens-là peuvent-ils mettre tout ce qu'ils boivent de bière?

14. ¿En dónde pueden meter esos hombres todo lo que beben?

15. Garçon, servez-nous des glaces.

15. Mozo, traiga V. helados.

16. Quelles glaces avez-vous?

16. ¿Qué helados hay?

17. Ces glaces sont délicieuses.

17. Estos helados son deliciosos.

18. Il faut venir en Italie pour manger des glaces.

18. Preciso es venir á Italia para tomar estos helados.

19. Servez-nous de la glace et un citron?

19. Sirvanos V. helados y un limon.

20. Toutes ces boissons glacées sont délicieuses.

20. Todas estas bebidas heladas son deliciosas.

21. Comment appelez-vous cette boisson que l'on boit avec une paille?

22. Donnez-moi une orangeade glacée.

23. Il faut venir en Espagne pour trouver cela.

24. Servez-nous une tasse de café — de thé. Donnez-moi de la crème — une tasse de chocolat — un petit verre d'eau-de-vie — de rhum — de kirsch — d'anisette — de Madère — de curaçao?

25. Combien vous dois-je?

26. C'est à moi de payer, je ne souffrirai pas qu'il en soit autrement.

27. Combien comptez-vous ceci?

28. Vous devez vous tromper.

21. ¿ Cómo se llama esa bebida que toman con una paja?

22. Deme V. una naranjada helada.

23. Hay que venir á España para encontrar esto.

24. Sírvame V. una taza de café — de té. Deme V. leche — una jícara de chocolate — una copa de aguardiente — de rom — de kirsch — de anisete — de Madera — de curasao.

25. ¿ Cuánto debo?

26. Lo pagaré, no consiento que sea de otro modo.

27. ¿ Cuánto vale esto?

28. Debe V. equivocarse.

IV. Café chantant. Cirque.

1. N'avez-vous pas plusieurs cafés chantants?

2. La soirée est si belle, je préférerais un café en plein air.

3. A quel café chantant me conseillez-vous d'aller?

4. Dans un parc, c'est parfaitement situé.

5. A quelle heure le concert commence-t-il?

6. Paye-t-on une entrée?

IV. Café-concierto. Circo.

1. ¿ Hay varios cafés-conciertos?

2. La noche es bella, prefiero pasarla en un concierto al aire libre.

3. ¿ Á qué café-concierto me aconseja V. que vaya?

4. En un parque está muy bien situado.

5. ¿ Á qué hora empieza el concierto?

6. ¿ Se paga entrada?

7. On peut passer ainsi sa soirée fort agréablement et en dépensant très-peu.

7. Así se puede pasar una noche agradable y barata.

8. Avez-vous une carte des différentes consommations ?

8. ¿ Tiene V. la lista de las bebidas ?

9. Combien comptez-vous ceci ?

9. ¿ Cuanto es esto ?

(Voy. *Café*, p. 244.)

(Veáse *Café*, pág. 244.)

10. C'est un véritable concert.

10. Es un verdadero concierto.

11. La salle est bien décorée.

11. La sala está bien decorada.

12. Il fait une chaleur étouffante.

12. Hace un calor sofocante.

13. Je m'étonne que les artistes puissent chanter avec une fumée pareille.

13. No sé como pueden cantar los artistas con tanto humo.

14. On devrait bien donner un peu d'air, car on est étouffé par la fumée.

14. Deberian dar un poco de aire porque el humo sofoca.

15. Les chanteuses sont assez jolies.

15. Son bastante lindas las cantantes.

16. Joue-t-on ici de petites opérettes ?

16. ¿ Se dan aqui zarzuelas ?

17. Dans votre pays, on entend partout de bonne musique.

17. En el pais de V. se oye buena música por todas partes.

18. Ce comique est très-amusant.

18. Ese cómico es muy divertido.

19. Il y a aussi des clowns.

19. Tambien hay *clowns*.

20. Ils font une gymnastique impossible.

20. Hacen una gimnasia imposible.

21. Il faut qu'ils soient entièrement disloqués.

21. Deben estar descoyuntados.

22. J'en ai rarement vu d'aussi forts.

22. Pocas veces los he visto mejores.

23. Ils sont très-adroits.

23. Son muy diestros.

24. C'est un métier à se tuer un jour ou l'autre.

24. Es un oficio que tarde ó temprano los matará.

25. Ni vous ni moi ne serions capables d'en faire autant.

25. Ni V. ni yo seriamos capaces de hacer otro tanto.

26. C'est une représentation très-variée.

26. Es una representacion muy variada.

27. Pour bien connaître les mœurs d'un pays, il faut surtout aller dans ces petits théâtres populaires.

27. Para conocer bien las costumbres de un país es preciso sobretodo frecuentar esos teatrillos del pueblo.

V. Dans un bal public.

V. En un baile público.

1. Pourriez-vous m'indiquer un bal où l'on puisse passer une soirée agréable ?

1. ¿ Podría V. indicarme un baile en donde pasar la noche agradablemente ?

2. Indiquez-moi celui que vous croyez le plus beau.

2. Indiqueme V. el que le parezca mejor.

3. Ce bal est-il ouvert tous les soirs ?

3. ¿ Está abierto el baile todas las noches ?

4. Combien coûte-t-il d'entrée ?

4. ¿ Cuanto cuesta la entrada ?

5. A quelle heure le bal commence-t-il ?

5. ¿ Á qué hora empieza el baile ?

6. C'est, dites-vous, le rendez-vous du monde élégant, en hommes et en femmes.

6. ¿ Dice V. que es el punto de reunion de los hombres y mujeres elegantes ?

7. Vous ne m'avez pas trompé, ce bal est fort joli et l'orchestre est très-bon.

7. No me ha engañado V. : el baile es muy lindo y la orquesta muy buena.

8. Il y a de fort belles toilettes et de très-jolies personnes.

8. Hay muy hermosos trajes y muy lindas mujeres.

9. Mademoiselle, voulez-vous accepter mon bras pour faire un tour de promenade ?

9. Señorita, ¿ gusta V. aceptar mi brazo para dar una vuelta ?

10. Je regrette de ne pas savoir votre langue.

11. Si vous voulez bien y mettre un peu de bonne volonté, nous pouvons causer à l'aide de ce petit livre.

12. Voulez-vous bien accepter un rafraichissement ?

13. Entrons dans ce café.

14. Que préférez-vous ?

15. Vous serait-il agréable de faire un tour de valse ?

16. J'ai fort mal dîné et je souperais volontiers.

17. Je ne puis souffrir manger seul, vous seriez bien aimable de me tenir compagnie.

18. J'aurai recours à vous pour m'indiquer un restaurant.

19. Cela m'a l'air très-loin ; nous ne pouvons y aller à pied, prenons une voiture.

20. Dans quel quartier demeurez-vous ?

21. J'aurai le plaisir de vous revoir.

22. Voyagez-vous quelquefois ?

23. Avez-vous habité longtemps ce pays ?

10. Siento no saber la lengua de V.

11. Si V. quiere ser complaciente podriamos hablar por medio de este librito.

12. ¿ Gusta V. refrescar ?

13. Entremos en este café.

14. ¿ Qué prefiere V. ?

15. ¿ Gusta V. dar una vuelta de vals ?

16. He comido muy mal y cenaria de buena gana.

17. No me gusta comer solo, ¿ se serviria V. acompañarme ?

18. Tenga V. la bondad de indicarme una fonda.

19. Me parece muy léjos : no se puede ir á pié, tomemos un coche.

20. ¿ En qué barrio vive V. ?

21. Tendré el gusto de volver á ver á V.

22. ¿ Viaja V. alguna vez ?

23. ¿ Ha vivido V. largo tiempo en ese país ?

VI. Une rencontre.

1. Je suis étranger et je viens dans votre ville pour me distraire.

VI. Un encuentro.

1. Soy extranjero y vengo á esta ciudad para distraerme.

2. Il est fort ennuyeux de ne pas connaître la langue.

2. Es muy fastidioso no conocer la lengua.

3. Je n'ai jamais autant regretté mon ignorance.

3. Jamás me ha pesado tanto mi ignorancia.

4. Voulez-vous être mon professeur ?

4. ¿Quiere V. ser mi maestro ?

5. Il me semble que par la conversation j'apprendrais très-vite.

5. Creo que con la conversacion aprenderé muy pronto.

6. Avez-vous beaucoup voyagé ?

6. ¿Ha viajado V. mucho ?

7. Nous connaissons les mêmes pays, nous pouvons en causer.

7. Conocemos el mismo país, podemos hablar de él.

8. La vie ici doit être fort agréable, mais il faut y connaître quelques personnes.

8. La vida debe ser muy agradable aquí ; pero se necesita conocer algunas personas.

9. Ne serait-ce pas être indiscret que de vous prier de vouloir bien passer la soirée avec moi ?

9. ¿Será indiscrecion rogar á V. que pase conmigo la tarde ?

10. J'aurai, je vous en préviens, recours à vous pour beaucoup de renseignements.

10. Recurriré á V. se lo prevengo, para muchos informes.

11. Je vous prierai d'abord de m'indiquer un restaurant où nous puissions dîner confortablement.

11. Desde luego le rogaré me indique una fonda en donde podamos comer bien.

12. Vous avez eu la main heureuse, nous serons très-bien ici.

12. Ha tenido V. buena mano, estaremos aquí muy bien.

13. Y venez-vous quelquefois ?

13. ¿Viene V. aquí algunas veces ?

14. Je déteste les tables d'hôte.

14. Aborrezco las mesas redondas.

15. Je préfère de beaucoup dîner avec une ou deux personnes.

15. Prefiero mas comer con una ó dos personas.

16. Ne pouvez-nous nous faire servir dans une pièce séparée ?

16. ¿ Podemos hacer que nos sirvan en un cuarto separado ?

17. Je parle si mal que je ne veux attirer l'attention de personne.

17. Hablo tan mal que no quiero llamar la atencion de nadie.

18 Soyez assez bon pour commander le diner.

18. Sírvase V. ordenar la comida.

19. Veuillez me passer la carte, j'arriverai bien à commander le diner.

19. Páseme V. la lista, ya podré pedir la comida.

(Voy. *Diner au restaurant*, p. 105.)

(Véase: *Comida en la fonda*, pág. 105.)

20. Si vous le voulez bien, par un tour de promenade, nous terminerons la soirée que vous voulez bien me consacrer.

20. Si V. gusta concluiremos con una vuelta la tarde que ha tenido V. á bien dedicarme.

21. Préférez-vous prendre une voiture ?

21. ¿ Prefiere V. tomar un coche ?

22. De quel côté pourrions-nous bien aller ?

22. ¿ Hácia qué lado iremos ?

23. Il fait un si beau temps qu'il serait dommage d'aller s'enfermer dans un théâtre.

23. Hace tan buen tiempo que seria lástima encerrarse en el teatro.

24. Par un temps pareil, on ne peut aller qu'au théâtre.

24. Con este tiempo no se puede ir senon al teatro.

25. Vous devez connaitre les bals ?

25. ¿ V. debe conocer los bailes ?

26. Je serais très-curieux d'y aller.

26. Tendria curiosidad en ir allá.

27. Conduisez-moi au plus beau que vous connaissiez.

27. Lléveme V. al mejor que conozca.

(Voy. *Bal public*, p. 248.)

(Véase : *Baile público*, pág. 248.)

28. Je vois que vous préférez venir au théâtre.

28. Veo que prefiere V. ir al teatro.

29. Dites-moi franchement votre goût.

29. Diga V. francamente su gusto.

30. Pensez-vous qu'aussi tard nous trouvions encore de bonnes places?	30. ¿Cree V. que tan tarde encontraremos buenos asientos?
31. Si nous ne trouvons pas de place à ce théâtre, nous irons à un autre.	31. Si no encontramos asiento en este teatro, iremos á otro.
(Voy. *Théâtre*, p. 231.)	(Véase: *Teatros*, pág. 231.)
32. Est-ce qu'il y a tous les jours autant de monde qu'aujourd'hui ?	32. ¿ Hay siempre tanta gente como hoy ?
33. Il y a de fort belles toilettes et de beaux équipages.	33. Hay muy lindos trajes y hermosos coches.
34. Vous accepterez bien, avant de rentrer, une glace ou autre chose ?	34. ¿ Ántes de volver á casa aceptará V. un helado ú otra cosa cualquiera ?
35. J'ai, grâce à vous, passé une soirée charmante.	35. Gracias á V. he pasado una noche deliciosa.
36. J'aurai le plaisir de vous revoir.	36. Tendré el gusto de volver á ver á V.
37. A quel endroit vous rencontrerai-je ?	37. ¿ En dónde nos encontraremos ?
38. Vers quelle heure ?	38. ¿ Á qué hora ?
39. Je ne sais vraiment comment vous remercier.	39. Verdaderamente no sé como dar á V. las gracias.
40. Voici l'adresse de mon hôtel, vous avez promis de venir me voir.	40. Esta es la direccion de mi fonda, me ha prometido V. venirme á ver.
41. Je compte sur votre promesse.	41. Cuento con la promesa de V.

FIN.

TABLE DES MATIÈRES.

DIALOGUES FRANÇAIS-ESPAGNOLS.

CHAPITRE PREMIER.

CHAPITRE II.

CHAPITRE III.

CHAPITRE IV.

CHAPITRE V.

FIN DE LA TABLE DES MATIÈRES.

2920-81 — Corbeil, typ. et stér. Crété.

www.ingramcontent.com/pod-product-compliance
Ingram Content Group UK Ltd.
Pitfield, Milton Keynes, MK11 3LW, UK
UKHW020546180726
13838UKWH00001B/60

9 782329 350455